伊東 潤

歴史作家の城めぐり

〈増補改訂版〉

GS
幻冬舎新書
625

はじめに――城めぐりの楽しみ

城とは何か

皆さんは城というと、どのようなイメージをお持ちですか。一般の方は、大坂城、姫路城、熊本城のような石垣造りの天守台の上に載った大天守を思い浮かべるのではないでしょうか。もちろん天守も城の構成要素の一つです。ただし厳密には城の一部なのです。

つい数年前まで、大多数の方が城といえば天守だと思い込んでいました。

現に十五年ほど前、初めて八王子城に行った時、高尾駅で八王子城跡行きのバス乗り場はどこか聞いたところ、駅員さんに「八王子に城はありません」と断言されました。

それ以前の城跡に対する認識は、もっとひどかったと思われます。日本に三万以上あったと言われる城跡の多くは、昭和の高度成長期に壊されてしまいました。当時は歴史的遺物の保存など、官民共に歯牙《しが》にも掛けていなかったからです。それゆえろくな調査もせずに、多くの遺構が消滅しました。その中には、縄張り（城の設計構想）が永遠の謎になってしまった城もあります。

玉縄城

例えば玉縄城ですが、この城には昭和三十五年（一九六〇）の空撮写真があります。それを見ると、この時は、ほぼ完存状態でした。ところが、そこに学校を作ってしまったため、遺構のほとんどが破壊されてしまったのです。これは学校が悪いわけではなく、当時の日本人の遺構保存意識がなかったために起こってしまった悲劇なのです。

こうした背景を踏まえ、まずは城の基本知識を整理していきましょう。

城が築かれた時代とその目的

城とは、いつ築かれたのでしょうか。

狭義の城とは、「敵を防ぐために土を盛って造った土木構築物」となります。その定義に従えば、弥生時代の環濠《かんごう》集落も城と呼べるでしょう。

鎌倉時代末期から室町時代にかけても、城らしきものを拠点として戦ったという記録はありますし、幕末でも長岡城・会津城・松前城・五稜郭などを舞台にした激しい攻防戦がありました。明治時代に入ってからも、熊本城や人吉城を舞台にした近代戦が行われています。

それでも戦国時代の城郭攻防戦の数には敵いません。国内三万余と言われる城の大半が造られたのも、室町時代末期から江戸時代初期にかけてです。

その長い築城史の中で、太田道灌《どうかん》・馬場信春《のぶはる》・藤堂高虎・加藤清正といった城取り（築城家）の名人も現れました。

それでは、彼らが全知全能をめぐらし、城を造った目的とは何だったのでしょう。

「敵を防ぐためだろう」とお考えの方が大半だと思いますが、実は、城の用途は多岐にわたります。

ざっと思いつくだけでも、防衛拠点、侵略拠点、監視所、狼煙場、交通遮断拠点、補給基地、宿泊施設、関所、船舶停泊地などがあります。しかも、これらの役割が一つだけ課されているわけではなく、複数の役割を課されている城もあるのです。

城の魅力とは何か？

城の魅力を語るのは容易ではありません。大半の方が、「天守のない城なんて、どこに魅力があるのか」とお思いかもしれません。しかし最近では、多くの方が天守のない土だけの城に詰めかけています。なぜなのでしょう。

そんな好事家の話を総合すると、遺構を見て戦国時代の人々の息吹《いぶき》を身近に感じられることが魅力のようです。

わたしの場合は、四百年以上の歳月を隔てているにもかかわらず、そこに人の意志が感じられる点に魅かれます。なぜここに堀切（尾根筋を断ち切る堀）や竪堀《たてぼり》（山の斜面に対し縦方向に掘られている堀）を入れているのか。土塁や馬出（城の出入口を守る小曲輪）を築く必要があったのか。そうした築城者の意図が、遺構を見るだけで伝わってくるところに強く魅かれるのです。

また城というのは、自然地形と妥協しながら造っていくものなので、一つとして同じものがありません（平地に築かれる方形居館《ほうけいきょかん》は別ですが）。

さらに経済力や駆り出せる労働力との兼ね合いもあるので、それらを考えて造ることになります。こうした限られた条件下で、いかに効果的な防御構造を追求していくかという苦心の痕《こん》跡《せき》を見るのが面白いのです。

城歩きの注意点

ほんの十年ほど前までは限られた好事家だけの趣味だった城めぐりも、平成十八年（二〇〇六）に日本百名城が制定された頃から大ブームとなり、今では多くの方々が、山奥に眠る城にまで足を運ぶようになりました。

ただし自然を舞台とした趣味ですので、危険は付き物です。遊歩道やトレッキングコースが整備されている城もありますが、山城の大半は道も狭くて手すりもなく、雨が降った後など歩きにくいことこの上ありません。

そのため注意事項があります（以下は山城を前提にします）。

まず一人では絶対に行かないこと。山には何があるか分かりません。滑落して怪我でもすれば下山もままならないことさえあります（携帯電話の電波が届かない山もあります）。

神奈川県の北部にある津久井城に行った時のことです。頂上まで登ったものの、同行した女性が足を挫いて歩けなくなり、私ともう一人の男性二人で、代わる代わるおんぶして下山したことがあります。

私の友人の一人は城をめぐっていて道に迷い、山の奥深くに踏み入ってしまい、野宿したことがあるそうです。山に入れば携帯電話も使えず、真っ暗闇を歩けば怪我の確率も高くなります。彼の場合は冷静だったので、野宿というチョイスをしたからよかったのですが、一人だと迷ってパニックに襲われることさえ考えられます。それゆえ楽そうな山でも、必ず同行者と一緒に行動し、地図と磁石は各自持っていって下さい。

また足首を守れるトレッキング・シューズを履いていくことも必須です。私もスニーカーで山城に登り、足首をひねってしまったことがあります。その時は痛みを堪えて下山しましたが、一週間ほど足を引きずっていました。古靴を履いていったためソールが剥がれてしまったこともあります。この時はさほどの城ではなかったので、足裏が痛むほどではなかったものの、ハードな山城だったら、それどころではなかったはずです。古靴だけは禁物です。

両手を空けておくためにリュックは必須です。両手が空いていれば、突然滑っても両手で体を支えられますし、断崖絶壁を行かざるを得ない時も、両手が自由になります。

リュックの中には、少し多めに食料と水を入れておいて下さい。お菓子やドロップも気分転換に役立ちます。ただし山頂での飲酒は厳禁です。下山時にまともに歩けなくなればどうなるかは、説明するまでもありませんね。

半袖半ズボン姿は避けましょう。擦り傷の確率が高くなるのはもちろん、知らぬ間に松脂などが素肌に触れてしまい、かぶれることがあります。帽子・手袋・杖なども、ないよりあった方がよいものです。帽子は枝から目を守るので、藪の多い城に行く時は必須です。手袋は、手の感触が大事な断崖絶壁を行く場合などを除いて有益です。トレッキング用の杖にも同様のことが言えます。

最近は、害獣にも注意せねばなりません。日本の山で最も注意すべきは熊です。滋賀県の小谷城に行った時、熊に襲われたことのある方と知り合いになったことがありました。その方によると熊除けの鈴は必需品で、「熊注意」の看板のある危険地帯では、それを大きく鳴らしながら歩くとのことです。また爆竹も持っており、前方が死角となるコーナーなどで鳴らしながら歩いていました。熊の方も人間が恐ろしいので、向かってきた時は、ぎりぎりまで待って横に飛びのくのが効果的だそうです。熊は真っすぐ走っていく習性があるので、こうすると追い掛けてこないそうです。絶対にやってはいけないのは、突然、背を向けて逃げること、木に登ること、死んだふりをすることだそうです。

猿や蝮も危険です。猿は可愛いからといって餌をやれば、もっとほしいので襲ってきます。蝮はどこにでもいますが、長ズボンにトレッキング・シューズを履いていれば嚙まれても、ダメージを最小限に抑えられます。

恐ろしい注意事項ばかり書いてしまいましたが、常識を守って山に登れば、決して危険なことはありません。しかし山を侮ることもできないので、そこは自己責任で気を付けて下さい。

そのほかの注意点

言うまでもないことですが、城めぐりの際にはカメラの持参をお勧めします。その時の裏技をご披露しましょう。

城めぐりをするとなると、大半の方が一日一城ということはないと思います。そうなると、どこでどの写真を撮ったのか分からなくなりがちです。そこで、その城の一枚目に城の名が書かれた石碑や説明板を撮るのです。看板がない場合は、メモ書きでも持参しているガイド本のページでも構いません。これから撮る写真が、どこの城のものかをはっきりさせておくといいでしょう。そうすれば帰宅後、写真の整理をする時に混乱することはありません。

　また、城めぐりをする季節にも注意して下さい。お城は整備されている城址公園のようなものから、自然そのままのものまであります。とくに自然そのままのものは、夏前後に行っても、雑草がぼうぼうでよく見えません。それゆえ夏には、公園化されている城を楽しむことをお勧めします。

　雪国の城は、十月から十二月前半の短い間しか見られないこともお忘れなく。新潟の城などは夏は低木や下草に覆われ、冬は雪に閉ざされている期間が長いので、勝手に判断せずに、目的地の情報を把握してから行って下さい。

　夏場でも山頂などは意外に冷え込みますので、登山中の暑さを嫌がって薄着で行かないように。私も暑がりなので、それをやって何度も寒い思いをしています。

　さらに日没時間の把握は必須です。冬場は四時台でも太陽がかげってきますので、登山時間や見学時間を考慮してから行きましょう。せっかく山頂に着いたのに日がかげってしまい、よく見えなかったという話も聞きます。

　出発前夜までに、行く予定の城のことを勉強しておくと、いっそう城めぐりが楽しめます。

周辺の地図や縄張り図などを持参するのは常識ですが、私は持っている本の該当ページをコピーして持っていきます。その時はファイルケースのようなものを改造して首から下げられるようにしておくと便利です。記事を休憩の時に読むのも楽しいものです。史実を知っているのといないのとでは、面白さに格段の差が出ます。縄張り図だけではなく、そこから派生した人物情報とか、近隣の城についても予習しておくといいでしょう。とくに眺めがいい山城などでは、近くの城や地名の分かるものを持っていると、位置関係が摑め、城郭網などの理解が深まります。

そこで注意すべきなのは、城好きの方のサイトによる情報です。中にはWikipediaや専門家の情報を書き写しただけのようなものもあります。私の場合、信頼の置ける友人が運営しているサイト以外は閲覧しません。

城めぐりの楽しみは、ストイックに城をめぐることだけではありません。近くの観光地に行ったり、名物を食べたり、温泉につかったりすることで、楽しみも倍増します。そうした情報も仕込んでおけば、仲間から喜ばれます。

最初のうちは、城めぐりのオフ会などのイベントに参加することをお勧めします。というのも、詳しい人が同行者にいないと必見の遺構を見落としたり、どういうルートで城に入るのか分からなくて、時間を無駄にしてしまうこともあるからです。

地元の方に道を聞くのは、できるだけやめましょう。城の近くで出会う地元の方の多くは仕事をしている最中なので、声を掛けると迷惑になります。地元の方でも中世城郭遺構を知る方は、極めて少ないことも忘れないで下さい。

注意事項

なお本書は、以下のような基準で城を選択しました。

①東京と神奈川から行きやすい城（東京都、神奈川・埼玉・千葉・群馬・栃木・茨城・山梨・長野・静岡県に限定）
②歴史的に重要で記録によく出てくる城
③遺構の残存状態がよい城（見に行く価値がある城）
④大きな攻防戦や籠城戦があった城
⑤公園化されていてめぐりやすい城
⑥拙著『城を攻める　城を守る』（講談社現代新書）で取り上げていない城（重複する城は山中城だけ）

　また、本書内の単位は現代でも感覚として分かりやすいメートルや平方メートルという表記だけにしました。こうした単位は、ほとんどが概算値であり、「約～メートル」「おおよそ～メートル」「メートル前後」「メートル余」といった概算を示す表記が必要になるものばかりですが、本文中では省略しました。また歴史的記述部分に出てくる兵数や距離なども概数として表記しました。

歴史作家の城めぐり〈増補改訂版〉／目次

第二章　神奈川県　71

DTP　美創

序章

城の基本知識

太田金山城（群馬県）の大手虎口

城の種別

城は、どこに築かれるかによって種類が分かれます。城を築く場所を決めることを地選《ちせん》、城の立地のことを占地《せんち》と呼びますが、この占地によって城は種別されます。

大別すると山城、丘城（台地城）、平山城、平城に分けられます。もちろん明確な基準があるわけではなく、種別の判断は地元の大学教授や地域史家の判断に委ねられています。

それでも基準としては、比高（地上面からの高さ）五十メートル以上は山城、それ以下の台地上に築かれていれば丘城といった大雑把な区分けがなされています。さらに丘城の麓にも曲輪があるものを平山城、すべての曲輪が平地に展開されている城を平城と呼びます。

平城には戦国時代以前に築かれた方形居館、いわゆる屋敷城も、徳川幕藩体制下に築かれた天守のある巨大な城も含まれます。

また河川、湖、海に面した城のことを水城、さらに海に面した城のみ海城と呼ぶことがあります。ただしこの区分けは山城、丘城、平山城、平城に準じたもので、安土城、長浜城、坂本城などは「平城の水城」、長篠城、二俣城、滝山城などは「丘城の水城」、下田城は「山城の海城」、小田原城は「丘城の海城」といった感じになります。

このほかにも、用途によって種別を設けるケースもあります。本城《ほんじょう》・支城《しじょう》・出城《でじろ》・詰城《つめのしろ》・

境目《さかいめ》の城・陣城《じんじろ》・付城《つけじろ》・宿城《しゅくじろ》・つなぎの城・伝えの城・防塁といったものです。これらについては随時、説明していくことにしましょう。

典型的な平山城の一つ、滝山城（東京都）。写真は本丸と中の丸の間の空堀にかかる引橋。

城の基本用語

どんな分野でも専門用語は自然に覚えられるものなので気にする必要はありませんが、基本的なものだけでも紹介しておきましょう。

その前に築城のおおまかな手順から説明しておきます。

築城には城を築くおおよその場所を決める「地選」、縄張りを決める「経始《けいし》」、土木工事を意味する「普請」、建築工事を意味する「作事」といった工程があります。

これらは陰陽道によって日時と方位が重視されます。戦国時代の軍師は作戦参謀ではなく、そうしたものを決める軍配者だったことが分かっています。

堀切《ほりきり》
敵が尾根伝いに侵入してくるのを防ぐために、山の尾根を分断して空堀にしたもの。山城のもっとも一般的な防御施設。
曲輪《くるわ》
石垣や土塁、堀などで仕切られた一区画のこと。「郭」と書いたり、「丸」とも呼ばれる。
土塁《どるい》
敵の侵入を防ぐために土を盛ったり地山を削って造った台形状の塁壁。
竪堀《たてぼり》
山の斜面を縦方向に切って堀にしたもの。敵兵の横の動きを防いだり、敵軍を分断させる。
障子堀《しょうじぼり》
堀に入り込んだ敵の動きを奪うため、内部に仕切りを設けた堀。

中世城郭の構造

※イラストはイメージです

〈曲輪〉

戦国時代の城の中の区画を曲輪と呼びます。また「丸」という用語は、江戸時代になってから曲輪と同義の言葉として使われるようになりました。本丸、二の丸、三の丸といった呼び方ですね。ただし戦国時代にだけ使われた城でも、曲輪を丸で呼ぶ城もありますのでご注意下さい。

「郭」という用語も同義で使われてきましたが、これは「囲い」の意味で、最近では城の中心的曲輪以外の曲輪を指すという説も出てきており、定義が曖昧になってきました。基本的には城の区画を指す言葉として、曲輪、丸、郭があることを知っておいて下さい。

城の中心を成す曲輪は本曲輪、本丸、主郭などと呼ばれますが、それらの大半は城内の最高所に築かれています。そのため物見用の狭小な曲輪が本曲輪とされることもあります。

城によっては、曲輪を数で呼ばずに東西南北で呼ぶものもあります。この場合、本曲輪を中心とした方角で名付けたものです。曲輪の数が多い城の場合、「南二曲輪」「東二曲輪」といった呼び方をする場合もあります。これは高低差がほとんど同じで、方角で区別するしかなかったケースです。ただし曲輪と郭は別としても、丸は四という文字だけは使いません。四が死に通じるからです。曲輪と郭に四を使う場合があるのは、現在の研究者が便宜上付けたからです。城ごとに曲輪の呼称が異なることがあります。例えば城の中心となる曲輪が、本丸、本曲輪、主郭、本城、実城といったように異なるケースです。これは城ごとにそう呼び習わされていることなので踏襲しています。

さてこうした曲輪を組み合わせて城の構成を決めていく作業を縄張りと呼んでいますが、城ごとに自由度が高そうに見えて、実は類型化できます。それが曲輪配置の四類型です。これは輪郭《りんかく》式、連郭《れんかく》式、梯郭《ていかく》式、円郭《えんかく》式の四種ですが、これらは出てきた都度、説明していきましょう。

杉山城（埼玉県）の空撮写真。中世城郭の構造がよくわかる。

〈土塁〉

曲輪の縁部の盛り土を土塁と呼びます。もちろん土を盛るだけでなく、土を削ることもありますが、堀同様、城を外から遮断する役割を担います。

土塁には遮断性だけを追求した巨大なものもありますが、射撃のための胸壁として、背丈ほどの高さのものもあります（旭山城・高天神《たかてんじん》城・丸子城など）。

同一曲輪内で区画を区切るために使われることもあれば、喰違《くいちがい》虎口などの防御性を高めるために造られることもあ

小田原城（神奈川県）三の丸外郭の西側に位置する堀切。

ります。

土塁は土居とも呼ばれることがありますが、ニュアンス的には、土居は防御性よりも区画の仕切りとしての意味が強い気がします。代表例としては、秀吉が造った京都の御土居や堺の土居（環濠）が挙げられます。

土塁には曲輪の区画用に設けられたものだけでなく、山の斜面などに設けられる縦土塁もあります。これは寄手の横への移動を制限する役割があります。つまり土塁には、遮断・胸壁・区画の区分・移動の阻止といった役割があるのです。

〈堀〉

城にとって基本的かつ最重要な防御施設こそ堀です。堀とは地面を掘り下げ、敵の侵入を防ぐことを目的としたものですが、大坂城の堀のように最大幅七十五メートルのものから、山城に見られる幅三メートルほどの小さなものまで多種多様で、これらを総称して堀と呼びます。

堀はその大小にかかわらず、外敵から城内を守り、内と外を区分するという共通の目的を持っていることに変わりはありません。

堀も、水堀・泥田《どろた》堀・空堀といった底の状態による区分、箱堀・薬研堀《やげんぼり》・畝堀《うねぼり》・障子堀といった底の形状による区分、また堀切・横堀・竪堀といった目的による区分などがあります。これらも出てきた都度、説明していきましょう。

〈虎口〉

曲輪の出入口を虎口と呼びます。この虎口こそ寄手の攻撃が集中する地点であり、最も技巧が凝らされる場所となります。まずその形状から言うと、土塁が開口しているだけの平入《ひらいり》虎口、土塁を喰違いにして曲輪内を外からうかがわせないようにしている喰違虎口、桝形と呼ばれる空間を設けて侵入者を直進させない桝形虎口、坂状にして敵の進撃を遅らせる坂虎口などがあります。戦国末期には、箱根の山中城に見られる「屈曲スロープ型桝形虎口」といった様々な要素を併せ持った虎口も出現します。

また虎口を守る工夫として、前述の馬出や桝形があります。馬出は虎口を守ると同時に、陣前逆襲という防御法を取る上で必須の防御施設となります。形状としては、主に角馬出と丸馬出の二種があります。

東国では「北条《ほうじょう》氏は角を好み、武田氏は丸を好む」と言われています。こうしたことから、取ったり取られたりを繰り返した境目の城（最前線の城）は、どちらが最終的に改変を加えたのかの目安にもなっています。

桝形は、虎口の外か内に方形の空間を設けることで、そこをキルゾーン（死地）となし、虎口の防御力を高めています。

これらも出てきた都度、説明していきましょう。

第一章

東京都

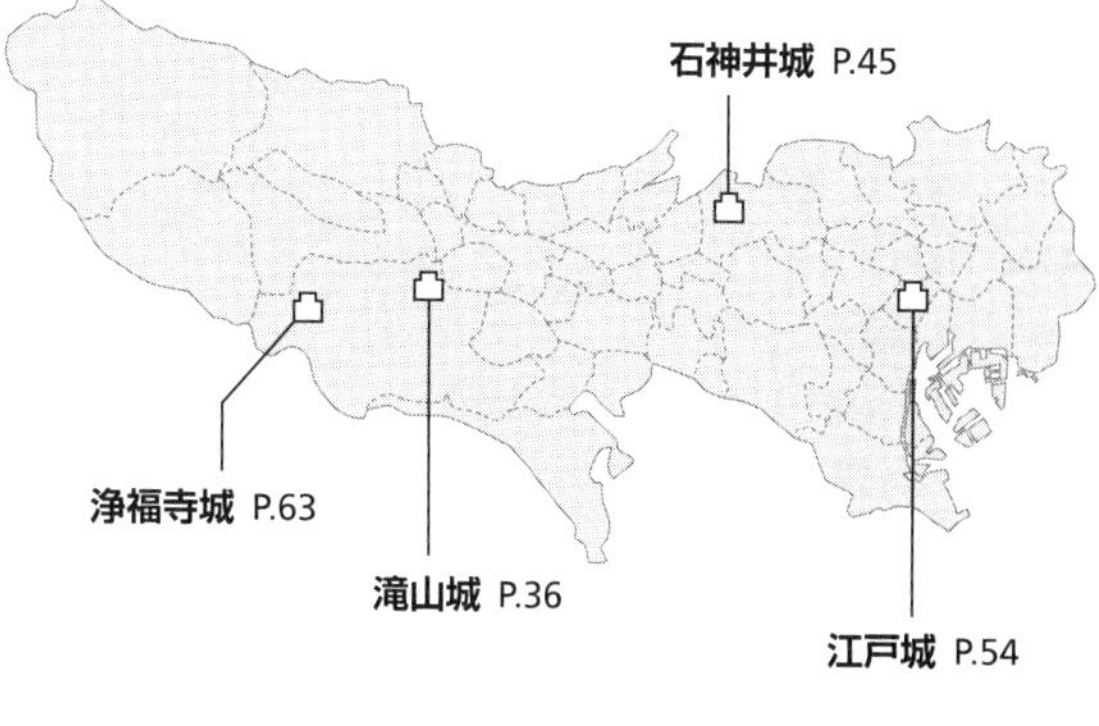

滝山城

東京都内に残る土の大城郭

所在地	東京都八王子市丹木町
城郭構造	連郭式山城
築城主	大石定重
築城年	大永元年(1521年)頃?
主な城主	大石定重、大石定久、北条氏照
廃城年	天正15年(1587年)頃
遺構	土塁、堀、曲輪、井戸
アクセス	八王子駅から「戸吹」行きバスで「滝山城址下」下車／ 拝島駅から「杏林大学行き」バスで「滝山城址下」下車

近世城郭と中世城郭の基本的差異

近世城郭が中世城郭と大きく異なる点として、自然地形への依存度の低下が挙げられる。幕藩体制と大名支配が徹底されている状況下での近世城郭は、普請作事技術（とくに石垣）の発達と絶対権力による労働力の容易な動員によって、より自由度の高い縄張りが描け、豪壮華麗な建造物をも築けるようになった。それは隣国との緊張が緩和され、「戦う城」から「見せる城」へと城の存在意義が変わっていくのと軌を一にしていた。

一方、中世城郭は限られた時間・労力・資金、そしてそれらを包括する権力構造によって、自然地形への依存度が変わってくる。すなわち大名や国人勢力の大小と、その地に根付いている時間によって、城の広さ、縄張り、防御法、完成度などが違ってくるのだ。

つまり中世城郭は、大名や国人がどれだけ強固な権力構造を、その地に築けていたかのバロメーターともなる。

滝山城の場合、創築者の大石氏とその所領を乗っ取る形で引き継いだ北条氏の力の差は大きく、城に対する要求もおのずと違ってくる。その違いから、城というものが必要とされた一つの側面が見えてくるだろう。

築城の起源と城主たち

滝山城こそ山城の醍醐味を知るにはうってつけの城だ。しかも都心からのアクセスがよい上、都立滝山公園として整備がなされているので、初心者でも見学しやすい。

この城は、十六世紀前半に関東管領《かんれい》・山内《やまのうち》上杉氏の家臣の大石氏によって築かれたとされる。大石氏は西武蔵五郡（多摩・入間・比企・高麗《こま》・新座《にいざ》）を勢力下に収める国人だった。これだけの所領を持つ国人は山内上杉傘下でもほかにおらず、家宰（執事）の白井《しろい》長尾氏に次ぐ勢力を誇っていた。

大石氏は多摩川の畔に築かれた本拠の滝山城を中心に、戸《と》倉《くら》・高月《たかつき》・浄福寺といった支城群を有する戦国大名と呼んでも差し支えない勢力基盤を有していた。ただし、これらの支城は発掘調査が行われていないので、大石氏の時代に支城として使われていたかどうかは分からない。

天文《てんぶん》十五年（一五四六）、北条氏が河越城の戦いで勝利することで、関東の勢力図は激変を遂げる。北条氏の武蔵国への進出と同時に、相模守護の扇谷《おおぎがやつ》上杉氏は滅亡し、古河《こが》公方と山内上杉氏の勢力は衰退していく。この北条氏の勢力伸長の前に膝を屈する形で、大石氏はその傘下に入り、北条氏三代当主氏康の三男（実質次男）・氏照を養子に迎え入れる。

同様に、武蔵国北部の秩父《ちちぶ》郡や大里郡を治める藤田氏の許に、氏康は四男の氏邦を養子入りさせ、両氏の勢力の吸収を図っていく。

ところが多摩川上流域の青梅や奥多摩地方に根を張る三田《みた》氏は、越後守護代の長尾景虎《かげとら》（上杉謙信）の支援をあてにして反旗を翻した。これに業を煮やした氏康は、氏照に三田氏討伐を命じた。

三田氏が北条氏に服属しなかった理由は定かでないが、森林資源をめぐっての軋轢《あつれき》が原因とされている。この地域の経済活動の根幹は森林資源にあり、三田氏はこの財源によって強固な領国支配体制を築いていた。

三田氏の領国で伐り出された木材は多摩川によって下流に運ばれ、江戸湾や相模湾に面した各地で売りさばかれていた。そこで氏照は、多摩川を下ってくる木材を滝山城の線で分捕ることで三田氏を経済封鎖し、永禄四年（一五六一）に三田氏を攻め滅ぼすことに成功する。つまり滝山城は多摩川河畔に築かれているという利点を生かし、関城《せきじろ》的な役割を果たしたのだ。

これにより三田氏の所領、すなわち多摩川上流部まで制した氏照は、多摩川が注ぐ江戸湾と相模湾を経由して小田原を結ぶという輸送ルートを確立した。この結果、小田原にいる氏康も、ふんだんに木材が入手できることになり、城や家臣団の屋敷はもちろん寺社の作事にまで主導権を握ることができ、その支配力を強めていくことにつながっていった。

三田氏の財力を吸収した氏照によって、滝山城は天正九年（一五八一）〜十年（一五八二）頃にかけて大幅な改修が施された。その結果、小田原城の支城でありながら、大石氏時代の三倍から四倍の城域を持つ大要害となった。これは、滝山城が西の強国・武田氏と国境《くにざかい》を接していることから、多くの兵員を籠もらせることを想定していたからだ。

すなわち氏照には、滝山城とその支城群を駆使して武田氏の侵攻を食い止めるという困難な使命が託されていた。その結果、四代当主の氏政の時代には、北条氏全体で二百三十万〜二百八十万石のうち六十万石が氏照の所領とされた。

防衛方針と防御法

滝山城は多摩川を北方眼下に望む河岸段丘《かがんだんきゅう》上に築かれている。これは加住《かすみ》丘陵と呼ばれ、滝山城はその北半分に築かれていた。つまり「後ろ堅固」というのが、第一の特徴になる。

その縄張りは、本丸の三方を取り囲むように中の丸、二の丸、千畳敷、小宮曲輪が配され、それらの外側を横堀が囲んでいる構造になる。すなわち横堀で外郭ラインを設定し、まず寄手をそこで防ぎ、外郭ラインを破られても考え抜かれた縄張りによって粘り抜き、外部からの支援を待つという防御プランになる。

最高所の本丸は標高で百七十メートルあるものの、比高は丘城の域を出ず、一見しただけでは要害堅固には思えない。とくに多摩川に面した北東部分を除くと、さほど高低差はなく、無理押しすれば攻め落とせそうな気もする。ところが横堀で造られた外郭ラインは突破できても、二の丸から先に進むのは容易なことではない。

二の丸は本丸と中の丸の前衛を成し、なおかつ東・西・南に延びていく尾根の結節点になっている。つまり二の丸を攻略できるか否かが、この城を落とせるかどうかの鍵になる。

まず氏照は二の丸の前方に大馬出を設け、大手道を登ってくる敵が二の丸へ接近するのを阻み、さらに大馬出が制圧されても、二の丸の三方に造られた桝形虎口で防ぐという防御法を考案した。二の丸の三つの虎口は馬出と内桝形を組み合わせ、道を屈曲させて敵の侵入速度を弱めるという念の入りようである。

もしも兵力差のある敵に攻められた場合、最初から二の丸の外側にある曲輪の防御をあきらめ、二の丸の線で防ぐことまで氏照は想定していたかもしれない。というのも籠城戦というのは時間との戦いであり、外部の味方が駆けつけてくるまで耐え抜けば、自力で敵を撃退できずとも、城を守るという目標が達成できるからだ。

つまり縄張りとは、どこで時間を稼ぐかを考えることであり、そのためには重要性の低い曲輪を放棄しても、兵力を温存しておいた方が賢明なのだ。

敵が二の丸に迫った時のシミュレーションについては、中田正光著『よみがえる滝山城』（揺鑑社）に詳しいので、関心のある方は、そちらを読んでほしい。

この城の特徴と見どころ

馬出や桝形虎口によって二の丸で敵を撃退するという防御法が徹底されているところに、この城の第二の特徴がある。だがそのほかにも、この城には大技と小技を融合した防御パーツがそろっている。

大技は幅二十〜二十五メートル、高さ十〜十五メートルの大きな堀に代表されるが、堀の屈曲によって横矢を掛けたり、畝堀や障子堀で堀の中の動きを制約したり（小宮曲輪の外側の堀には畝がある）、敵の攻撃経路を想定し、城方からの死角をなくすといった小技も満載されている。

それでは城に攻め入ってみよう。

大手口は南正面の古甲州道（滝山街道）に面している。ここから緩やかな坂を登り始めると、左手に小宮曲輪、右手に三の丸に挟まれた大手道に出る。ここを攻め上れば相当の損害をこうむることになる。そのため小宮曲輪の南西面の堀と並行に走る道を進んでいくことになる。このルートでも本丸に達することはできるが、この道も堀を隔てた対岸から狙い撃ちされる。そのため大手道を通り、大馬出から二の丸を攻撃するという経路を選ばざるを得なくなる。だが前述のように、それは寄手にとって大きな損害を覚悟せねばならない。

城の外郭部にも目を向けてみよう。

東西八百メートルにわたる遺構が明確に残るエリア以外にも、実は外郭として使われていた曲輪がある。例えば北東部の山の神曲輪と呼ばれている一帯には、土塁囲みの堡塁を胸壁で連結させたような構造がある。こうした構造は山中城の岱崎《だいざき》出丸や韮山《にらやま》城の主郭背後にも見られるもので、天正十年代の北条氏の築城法の一つと考えられる。

これまで近隣に住む人々の避難場所だったと言われてきた外郭だが、こうして丹念に調べて比較研究することで、新たな知見が得られることがある。

実戦で効果を発揮した二の丸集中防御法

永禄十二年（一五六九）、前年に甲相駿三国同盟が破綻し、武田氏と手切れとなった北条氏は、信玄の侵攻を受けることになる。その時、攻撃目標の一つとなったのが滝山城だった。

この時の攻防の詳細は軍記物にしか伝えられていないが、城方は二の丸まで攻め込まれたものの、構想通りに寄手の撃退に成功している。

だがこの時、武田氏傘下の小山田《おやまだ》氏によって小仏《こぼとけ》道が開発され、滝山城を経ずして小田原まで侵攻できることになったため、滝山城の存在意義が低下していく。また二の丸集中防御法では兵員の損耗が激しいためか（鉄砲が普及し始めたこともある）、氏照は本拠を標高四百三十メートルの八王子城に移すことにした。

天正十八年（一五九〇）の小田原合戦では、氏照は本拠の八王子城を家臣に任せて小田原城に籠もった。そのためか八王子城は壮絶な落城を遂げ、その後に小田原城も降伏開城する。氏照は前当主の氏政や二人の家老と共に自害し、北条氏は滅亡する。

小田原合戦の時、滝山城がどのような役割を果たしたのかは分からない。おそらく捨て城とされて、一帯の兵という兵は八王子城に籠もらされたのだろう。

いかに素晴らしい縄張りを持つ大要害であっても、新道の開通や鉄砲の普及といった外的要因によって急速に存在意義を失うことがある。城の占地や縄張りの巧妙さが永続することの難しさを、滝山城は教えてくれている。

石神井城

太田道灌に攻略された開発領主の城

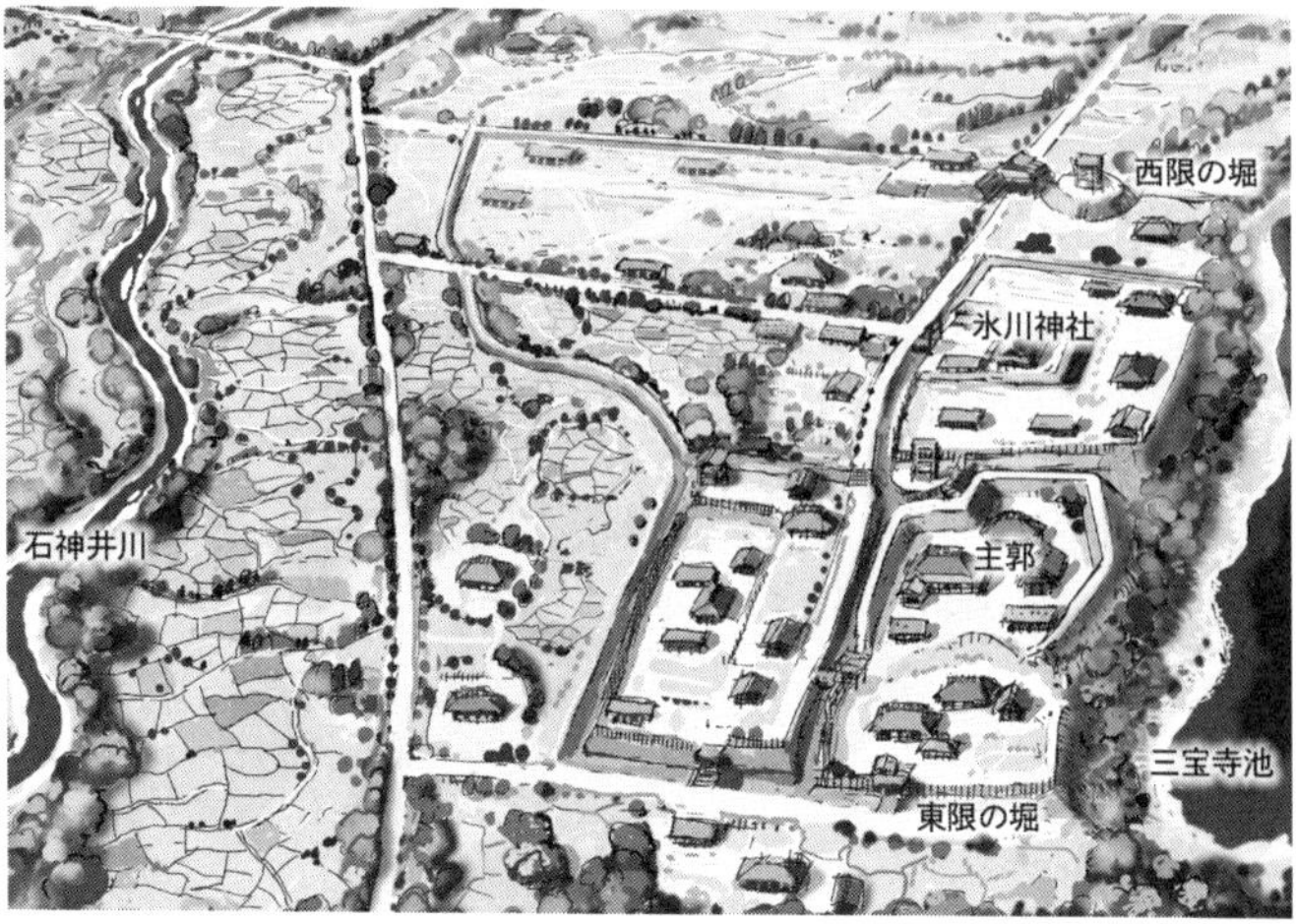

所在地	東京都練馬区石神井台（石神井公園）
城郭構造	梯郭式平山城
築城主	豊島氏
築城年	室町時代後期？
主な城主	豊島氏
廃城年	文明9年（1477年）
遺構	主郭、土塁、堀
アクセス	石神井公園駅から徒歩15分、 または上井草駅からバスで「三宝寺池」か「石神井公園」下車

城の成り立ち

城のルーツは縄文時代から弥生時代前期に造られた環濠集落に求められるが、当初の仮想敵は野生動物で、その侵入を防ぐために堀をうがち、土塁を盛り、柵列をめぐらせたのが始まりだという。それが二世紀頃から外敵の侵入を防ぐものに変わっていき、その後、北九州・中国地方に朝鮮式山城や東北地方に城柵《じょうさく》といったものが出現しては消えていくことになる。

鎌倉時代には、御家人を中心とした地方豪族（開発領主）の拠点として、方形居館が全国に広がっていく。これらは平地に築かれ、ほぼ正方形の区画で基本的に一町（百九メートル）を一辺の長さとしていた。

その後、方形居館は単濠単郭《たんごうたんかく》から複濠複郭へと発展していくが、これは周囲の緊張が高まり、防御力を強化する必要性から生じたもので、形式よりも実用性を重んじることで設計の自由度が高まり、われわれのよく知る城というものが出現してくる。

南北朝時代に入ると、城は居住性を重視した居館タイプよりも軍事拠点としての性格を濃くしていく。後醍醐天皇が旗揚げした笠置《かさぎ》山《やま》や北畠顕家《きたばたけあきいえ》が東北支配の拠点とした霊山城《りょうぜんじょう》、また楠木正成が鎌倉幕府軍を手玉に取った赤坂城と千《ち》早《はや》城などは、その典型だろう。

戦の形態も、騎馬武者どうしが互いに名乗り合って戦う野戦形式から、明確に寄手と城方に分かれて戦う城郭攻防戦へと、その中心を移していく。

南北朝時代末期、城は交通の要衝《ようしょう》に築かれることが多くなる。これが政庁機能を伴った守護大名や国人領主の館城《やかたじろ》である。また利便性と防御性の兼ね合いから、河岸段丘や台地上に造られるものも増えてくる。そうした中、典型的な国人領主の館城から戦国時代初期の城へと発展していく過程で、姿を消した城も多い。

この辺りについて詳しく知りたければ、齋藤慎一・向井一雄著『日本城郭史』（吉川弘文館）を読んでいただきたい。

さて、石神井《しゃくじい》城もそうした国人領主の館城の一つだ。この城は、平安時代末期から室町時代中期にかけて東京の北西部に勢力を広げていた豊島《としま》氏の居城の一つで、居館形式から徐々に拡張していった痕跡《こんせき》から、創築は鎌倉時代末期までさかのぼれるという。だが現在見られる遺構は、文明八年（一四七六）に勃発した長尾景春の乱に呼応した豊島氏が大幅に手を入れた後のものだと考えられる。

開発領主の城

石神井城は、武蔵野台地の東部を流れる石神井川の中流域にあたる河岸段丘上に築かれている。城のある比高七メートルほどの段丘は、南を流れる石神井川と北にある三宝寺《さんぽうじ》池の間を分断するように東西に延びている。つまり石神井川と三宝寺池を堀として利用できる点が、地選の理由だろう。

戦国期の城が台地の先端部に築かれ、背後を掘り切ることで極めて高い防御性を発揮したのに比べて、この城は台地が始まる基部に近い位置に築かれており、舌状《ぜつじょう》台地の先端部に築くことで防御性を高めるというセオリーからは外れている。

おそらく主郭を三宝寺池に突き出た半島状の小台地に築きたいがために、この場所を選んだと思われるが、そのため東西を掘り切らねばならなくなり、「西限の堀」と「東限の堀」と呼ばれる長大な堀切を二つも築くことになる。それゆえ城域は、南北がそれぞれ谷に落ちる斜面で限られているのに対して、東西は堀切によって画定されている。

「西限の堀」は長さ二百七十メートルという長大なもので、塁線に折れは入っていなかったらしい。塁線に折れを入れるのは横矢を掛けるためで、多くの城で取り入れられている。

この堀は住宅地となった今は完全に消滅しているが、昭和二十八年（一九五三）まで一部が残っており、その調査記録がある。それによると上幅九メートルで底幅一メートルなので、堀底にわずかの平面を持つ箱薬研堀《はこやげんぼり》だったと思われる。その東側には土塁が築かれていたが、その基底幅は七メートルという巨大なものだった。

一方、「東限の堀」の長さは百五十メートルで、こちらも箱薬研堀で、堀の規模は西側のものよりやや小さい。土塁については不明だが、西側のものと同等の土塁が築かれていたはずだ。

箱薬研堀とは箱堀と薬研堀を組み合わせた堀の形式で、堀の断面が箱形をしつつ堀底が尖っているもので、平時でも堀底の通行をさせない前提の堀になる。

豊島氏の歴史と実像

鎌倉幕府の御家人などに下賜される田畑の大半は未開の湿地で、それを開墾《かいこん》して米や野菜の穫れる地にするのは、人口が少ない上に鉄製農耕具が末端の農民にまで十分に普及していない当時、一大事業だった。そのため御家人たちは自ら開墾した土地に固執《こしつ》し、それが「一所懸命」という言葉を生み出した。

彼らは武士団という血縁関係を軸とした集団を形成し、外敵の侵入から土地を守っていた。これらの武士団は次第に大きな武士団に吸収され、勢力を拡大していく。とくに桓武《かんむ》平氏《へいし》の流れを汲む坂東八平氏《ばんどうはちへいし》と呼ばれる武士団は強力で、その中でも秩父《ちちぶ》氏系は、『吾妻鏡《あずまかがみ》』でもその名がよく見られる畠山・渋谷・河越・江戸・小山田《おやまだ》・稲毛《いなげ》・葛西《かさい》氏などから成り、関東一円に勢力を拡大していった。そうした中に秩父氏の流れを汲み、武蔵国豊島郡を本貫地とした武士団があった。

豊島一族である。

永承《えいしょう》六年（一〇五一）から康平《こうへい》五年（一〇六二）に東北地方で戦われた「前九年の役」に、

秩父（豊島）二郎武常《たけつね》が参陣することで、豊島氏は歴史の表舞台に登場する。

さらに永保《えいほう》三年（一〇八三）から寛治《かんじ》元年（一〇八七）にわたって戦われた「後三年の役」に、豊島常家《つねいえ》が源頼義・義家父子の家人となって参陣することで、豊島一族は源氏との関係を深めていった。

治承《じしょう》四年（一一八〇）の頼朝挙兵の折に、豊島清光《きよみつ》・清重《きよしげ》父子がいち早く頼朝の許に参じて以後、豊島氏は有力御家人の一人となっていく。

その後、豊島氏は赤塚・志村・板橋・宮城氏などに分かれ、南北朝時代には、武蔵国西部に強固な地盤を築いていた。

鎌倉幕府滅亡時、豊島氏は新田《にった》義貞《よしさだ》に与《くみ》して鎌倉を落とすことに貢献した。

その後、足利尊氏《あしかがたかうじ》・直義《ただよし》兄弟の内訌《ないこう》「観応《かんのう》の擾乱《じょうらん》」に尊氏方として参陣することで、さらなる飛躍の機会を得る。

室町時代後半に相次いで勃発した「永享《えいきょう》の乱」「結城《ゆうき》合戦」「享徳《きょうとく》の乱」にも、関東管領《かんれい》・山内《やまのうち》上杉方の一翼を担い、その勢力は盤石になっていた。

その後の関東は、古河公方陣営と上杉陣営に分かれて争われることになるが、豊島氏は山内上杉氏家宰の白井長尾氏の組下国人として活躍し、扇谷上杉氏家宰の太田道灌とも一緒に戦った（道灌が上州館林《たてばやし》城を攻略した折、豊島氏も参陣した）。

かくして開発領主として出発し、その後も巧みに時代の荒波をくぐり抜けてきた豊島氏だったが、行く手には暗雲が垂れ込めていた。

長尾景春の乱と豊島氏

文明五年（一四七三）、関東管領・山内上杉氏の家宰職にあった白井長尾景信《かげのぶ》が死去する。だが当主の山内上杉顕定《あきさだ》は、家宰職を景信嫡男の景春に継がせず、景春の叔父にあたる忠景に継がせた。この措置は家宰職が世襲と思い込んでいた景春にとって、極めて心外なことだった。これにより長尾景春の乱が勃発する。

この乱にあたり、豊島氏は一族を挙げて景春に与することになる。

文明九年（一四七七）一月、景春は五十子《いかっこ》陣を襲い、これを攻略することで、顕定と相模守護の扇谷上杉定正《さだまさ》を東上野《こうずけ》まで敗走させる。これにより三月、定正の家宰を務める太田道灌が江戸城より出馬してくる。

これに対して景春方の基本戦略は、「通路切り」と呼ばれる兵站《へいたん》破壊兼後詰《ごづめ》妨害作戦だった。

まず景春率いる主力勢が五十子陣を攻略すると、同時に景春与党が相模国で挙兵し、南関東の上杉方与党を引き付ける。さらに豊島泰明《やすあき》が練馬城で、豊島泰経《やすつね》は石神井城で旗揚げし、江戸城から東上野に向かおうとする道灌を食い止め、その間に、景春の別働隊が扇谷上杉氏の本拠の河越城を攻略するという広域作戦である。

すなわち関東を中央で南北に分断し、上杉方の兵力移動を妨害し、東上野に逃亡している顕定らと江戸城の道灌の連絡を断ち、道灌が豊島氏に牽制されている間に、景春自ら顕定と定正を討ち取るという目論見だった。つまり、この作戦の成否は豊島一族に懸かっていた。だが相手は道灌である。

三月下旬、相模国に侵攻した道灌は、瞬く間に相模国の景春与党を一掃すると、四月中旬、豊島泰明の籠もる練馬城に迫った。

この機を捉えて泰明の兄・泰経は石神井城から出撃し、道灌を挟撃しようとした。しかし道灌は練馬城周辺を焼き払って反転し、まず泰経にあたることにした。だがこの時、練馬城から出撃してきた泰明が、道灌の後備《うしろぞなえ》に襲い掛かった。豊島兄弟の見事な連携作戦である。

しかしこの危機にも道灌は動じず、泰明を江古田原《えこだはら》と沼袋《ぬまぶくろ》で撃破すると、返す刀で石神井城に押し寄せ、四月末にはこれを攻略した。この合戦で泰明は討ち死にし、泰経は逃亡した。これにより景春の河越城攻略作戦も水泡に帰す。

五月、道灌は用土原《ようどはら》と針谷原《はりがやはら》の野戦で景春率いる主力勢を破り、その勢いで景春の籠もる鉢《はち》形《がた》城を囲むものの、七月、古河公方の足利成氏《しげうじ》が景春支援に乗り出してきたため、翌文明十年（一四七八）一月、和睦を結んで兵を引く。

ところが、逃亡していた豊島泰経が武州平塚城で蜂起したため、道灌はこれを鎮圧し、さらに泰経が小机城に逃げ込むと、これを攻略して泰経を討ち取った。これにより豊島一族は滅亡する。その後、反旗を翻した景春も本拠の鉢形城を攻略され、長尾景春の乱は終息する。

石神井城の攻防戦が、いかなるものだったのかは記録にない。だが豊島一族がその勢力のすべてを傾け、道灌と戦ったことだけは確かだ。

ここまで慎重に血脈を伝えてきた豊島一族が、なぜ大義のない景春方に与したのかは謎だ（泰経が景春の妹を室としていたが）。しかしその全力を傾けた戦い方からすると、豊島一族は自らの勢力を過信していた節がある。

かくして戦国時代が黎明《れいめい》を迎える前に、豊島一族は滅亡した。これも典型的な開発領主の宿命だったのかもしれない。

江戸城

世界史上最強の城郭

所在地	東京都千代田区千代田
城郭構造	輪郭式平城または平山城
築城主	太田道灌
築城年	長禄元年（1457年）
主な城主	（戦国期）太田氏、扇谷上杉氏、後北条氏 （江戸期）徳川将軍家
廃城年	—
遺構	現存櫓、門、石垣、土塁、堀
アクセス	東京駅、大手町駅より徒歩5分

江戸城の新しい発見

平成二十九年（二〇一七）二月、城郭史を塗り替えるほどの画期的な発見が、島根県松江市から伝えられた。松江歴史館に所蔵されていた「極秘諸国城図」七十四枚の中に、「江戸始図《はじめず》」と呼ばれる徳川家康時代の江戸城の絵図が見つかったのだ。これは慶長十二年（一六〇七）〜十四年（一六〇九）頃の江戸城を描いたものとされている。

江戸城は二代秀忠と三代家光が改修を重ねており、これまでは、家光時代の江戸城の姿が「江戸図屏風《びょうぶ》」によって分かる程度だった。しかし「極秘諸国城図」には、初期江戸城の姿が比較的正確に記されていた。

「極秘諸国城図」は松江藩士の一人が藩主の軍学の勉強用にそろえたとされ、戦国時代末期から江戸時代初期の城造りがいかなるものだったかを歴代藩主に学ばせるべく、代々受け継がれてきた。

家康の江戸城を推定する手掛かりとしては、「慶長江戸絵図」という慶長十三年（一六〇八）頃の江戸城を描いた絵図がある。だがこれは概念図でしかなく、細部について歪《ゆが》みが生じており、推測を交えずに本来の姿を縄張り図に描き直すのは困難だった。しかし「江戸始図」の発見により、江戸城の中心部、天守、門、石垣などを正確に読み取れるようになった。

それでは、どんなところに家康の江戸城の特徴があるのだろう。

最も分かりやすい発見は、大天守に複数の小天守を多聞櫓《たもんやぐら》で接続した連立式天守にしていたという点だ。しかも大天守の高さは、姫路城が四十七メートルなのに対し、江戸城はなんと六十八メートルもあったというから驚きだ。小天守もそれに比例して大きかったに違いない。

続いて、本丸大手が連続外桝形になっていたこともはっきりした。

桝形とは城門と城門の間に狭い空間を設け、そこに敵を誘い込んで土塁や石塁上から敵を狙い撃つという仕掛けのことだが、この時代、四角いものはすべて桝と呼ばれたことから、この空間は桝形と呼ばれるようになった。

また本丸の南側には、外桝形が五つも連続していたことが分かった。熊本城にも五つの連続した桝形があるが、それが中核部のスペースを著しく狭くしていた。そこから学んだのか、江戸城の場合、本丸のスペースを侵食しないように、桝形を外周部に築いていくという工夫がなされている。

さらに、本丸の搦手にあたる北側に、丸馬出を三つも重ねている点だ。馬出は東国の有力大名の武田氏や北条氏が好んだ攻防兼備の防御施設だが、丸馬出というところに、武田氏の旧臣を多く召し抱えていた徳川氏の特徴が表れている。

太田道灌の江戸城

東西五・五キロメートル、南北四キロメートル、周囲十四キロメートル（広さで二位の小田原城は九キロメートル）という途方もない広さを誇る徳川期江戸城は、名実共に日本一広い平城であり、その建築物の多さや豪奢《ごうしゃ》な点でも他の追随を許さないものがあった。今回の発見では、それに加えて強靭《きょうじん》さでも、ほかに引けを取らない城であることが証明された。

それでは江戸城の歴史を振り返ってみよう。

長禄元年（一四五七）、太田道灌によって築城されたのが江戸城の始まりとされるが、それ以前の十二世紀初頭、この地を鎌倉幕府から拝領した秩父《ちちぶ》重継《しげつぐ》の館があったとも言われる。

その後、江戸の地は秩父氏の名跡を継承した江戸氏の本貫地となり、江戸氏が没落した後、扇谷上杉氏の所領となっていた。享徳の乱の折、古河公方勢力の攻勢を押しとどめるべく、河越・岩付両城と共に取り立てられたのが江戸城である。築城は太田道灌と言われてきたが、グランドデザインは道灌としても、最近は扇谷上杉家の宿老たちと手分けして築いたとされる。

当時の江戸は日比谷《ひびや》入江が大きく入り込んでおり、その東側に半島状の前島と呼ばれる砂州が広がり、入江の最奥部に平川の河口があった。

江戸城は、隅田川、荒川、入間《いるま》川が江戸湾に注ぐ河口付近の高台にあり、城の東を流れる利根川（現・隅田川）と太日《ふとい》川（現・江戸川）という二大河川の出入口を管制する役割を果たしていた。つまり日比谷入江を通って江戸湊まで運ばれてきた荷は、いずれかの河川を使って関東内陸部へと運ばれていった。

海路だけでなく陸路も四通八達していた。浅草や松戸を経て水戸まで抜ける鎌倉街道下道《しもつみち》、中野を経て岩付、古河、宇都宮に向かう同中道《なかつみち》、府中を経て甲斐まで抜ける古甲州道の合流点に、江戸は位置していた。つまり江戸城を押さえることは、江戸湾だけでなく関東各地に通じる陸路をも押さえることにつながっていたのだ。

道灌の江戸城は平川の造り出す三十メートルの河岸段丘上に築かれ、子城《ねじろ》、中城《なかじょう》、外城《とじょう》の三つの曲輪から成っていた。周囲を覆う垣《かき》（板塀のようなもの）は数十里に及び、その外側には満々と水をたたえた堀があった。門は二十五もあり、それぞれに跳ね橋が架かっていたという。

道灌の江戸城の正確な位置だが、現在の北の丸から本丸に続く台地上にあったと考えられ、また同等の大きさの三つの曲輪から成っていたことも、万治三年（一六六〇）に書かれた『石川正西聞見集《いしかわしょうさいぶんけんしゅう》』の「家康公入城以前の江戸城は本丸のほかに二つの曲輪があり、これを一つにまとめて（家康の江戸城の）本丸にした」という記述と一致する。

子城には、道灌が「わが庵《いお》は　松原つづき　海近く　富士の高根（高嶺）を　軒端にぞみる」という歌を詠んだ静勝軒《じょうしょうけん》という居館があり、その東に泊船亭《はくせんてい》、西には含雪斎《がんせつさい》という楼閣建築群があったとされる。

ちなみに静勝軒という名は、『尉繚子《うつりょうし》』の「兵は静を以ってすれば勝ち」という一節から取られている。

これらの楼閣建築物の背後に高櫓があったとされるので、それが天守のようなシンボルの役割を果たしていたのだろう。

城下町となる平河宿の賑わいはこの頃からで、城門の前には常設の市が立ち、常見世《じょうみせ》（常設店舗）も姿を見せ始めていた。江戸湊には多くの商船が集まり、交易も盛んに行われていたという記録もある。

こうしてわずかに残された道灌の江戸城の様子を再現してみると、これまでのイメージとは異なる繁栄に沸く中世城郭都市が浮かび上がってくる。

しかし、北条氏の時代になると、軍事拠点としての江戸城の記述は多くなるものの、城郭都市としての姿を記したものは見られなくなる。

小田原合戦で秀吉が関東を制した時の記録によると、石垣はなく、すべて芝土手（土塁）で、城内の建物もすべて板葺きで破損がひどく、土間ばかりの田舎屋だったという（『落穂集』）。

しかし北条氏末期の実質的江戸城主は氏政であることから、重要拠点の一つとして重視され、奥羽と関東を結ぶハブとして栄えたという事実もあり、そこまでひどくはなかったと思われる（一説に『落穂集』が描いているのは民に乱取りされた後の様子だという）。

家康の江戸城

天正十八年（一五九〇）、家康は三河・遠江《とおとうみ》・駿河《するが》・信濃・甲斐五カ国を豊臣政権に返上し、関東へと移封される。北条氏の遺領にそのまま入る形だ。

秀吉の思惑は別にしても、これにより在地性が強かった三河武士団が根無し草にされ、家臣団を再編制できたことは、家康にとってプラスに働いた。

元々、徳川家臣団は独立性が強い上に既得権益を主張することが多かったが、それもできなくなり、家康と徳川家に対して忠節を尽くすようになる。

同年八月一日、家康は江戸入りを果たす。本拠を江戸にしたのは秀吉からの勧めがあったからとされるが、もちろん家康本人も「江戸には小田原や鎌倉にない舟入（日比谷入江のこと）があるので、これから繁栄する」（『石川正西聞見集』）と言ったとされ、移封にも前向きだったと思われる。

関東入部から江戸幕府が発足する慶長八年（一六〇三）までの十四年間は、家康が豊臣大名として江戸城に入っていた期間だが、この頃の城の記録はあまりない。二百四十万石の大大名とはいえ、豊臣大名の一人という立場から、北条氏時代の江戸城を大きく改変できなかったのかもしれない。

それでもこの時期、本丸と二の丸を一つにし、平川の流路を複雑に分岐させて外堀の役割を担わせ、また小河川を堰き止めて千鳥ヶ淵や牛ヶ淵を造ったと言われる。

その慶長八年、家康は征夷大将軍に就任する。これにより江戸幕府が創設され、天下普請として江戸城の大改修が始まる。この普請作事は、「徳川公儀の確立」という政治性の極めて高い城を造るという大方針の下に進められた。

天下普請は日比谷入江の埋め立てから始まり、そこに武家地や町人地を造っていった。作事はとくに大がかりとなり、諸大名が将軍に拝謁する巨大御殿、統治の象徴としての五重の高層天守、屈曲を繰り返す高石垣といった、当時の最高技術を駆使した城造りとなった。

かくして近世城郭としての江戸城ができ上がった時、徳川政権が安泰になると同時に、戦国時代に終止符が打たれたのだ。

家康の死後、江戸城は軍事的堅固さを弱めつつ、使い勝手のよさを目指した改修が加えられていく。三代家光の時代まで大小の改修は続き、遂に江戸城は完成する。

天守は慶長十二年（一六〇七）、元和《げんな》九年（一六二三）、寛永十五年（一六三八）の三度上げられたが、それぞれ火災で焼失し、それ以後は二度と上げられなかった。

しかも四代家綱以降は、飢饉《ききん》や大火災による財政難のため大きな改修を施せなかった。明暦の大火によって、徳川三代が貯め込んできた金銀が溶けてしまったからだ。

最終的に江戸城は、内郭は本丸・二の丸・三の丸・西の丸（上下二段）・北の丸・吹上《ふきあげ》の七つの曲輪から成り、さらに外郭も造られた。かくして四代将軍家綱の代になった万治三年（一六六〇）に天下普請は終了した。今日見られる江戸城の縄張りは、その時代からほとんど変わっていないはずだ。

そして明治維新を迎え、江戸城の主は徳川家から天皇家へと代わっていくが、江戸城が日本どころか世界最強の城郭であることは未来永劫、変わらないだろう。

浄福寺城

八王子城の搦手防衛線を担う小技の利いた山城

所在地	東京都八王子市下恩方町
城郭構造	連郭式山城
築城主	大石定久？
築城年	大永5年（1525年）頃
主な城主	大石氏、北条氏
廃城年	天正18年（1590年）
遺構	土塁、堀
アクセス	高尾駅から「陣馬高原下」行きバスで「大久保」下車すぐ

浄福寺城の位置と歴史

山城というのは地形に左右されやすく、縄張りとしての面白みに欠ける一面がある。それでも防御パーツを効果的に組み合わせることで、その防御力は格段に上がる。今回は、その典型例である浄福寺城を紹介していこう。

浄福寺城と聞いてピンと来る方は少ないだろう。また隣接する八王子城ではなく、なぜ浄福寺城を取り上げるのかという疑問をお持ちかもしれない。しかし、これまで私は様々な機会を通じて八王子城について書いてきた上、既刊の『城を攻める　城を守る』でも取り上げた。それゆえ今回は、八王子城の搦手防衛線に焦点を当て、その重大な任務の一端を担っていた浄福寺城について書きたいと思う。

浄福寺城は、東京都八王子市の西部にあたる下恩方町にある標高三百六十六・四メートル、比高百六十メートルの千手山《せんじゆさん》の尾根沿いに築かれた山城だ。その南には、八王子城という北条氏創築の大城郭があるため目立たない存在になっているが、八王子城ができるまでは、甲斐国から関東平野に出るための重要ルートだった北浅川沿いの古案下《あんげ》道（陣馬街道）を扼する重要な城だった。

その名の由来は北麓に新義真言宗の浄福寺があるためで、当時の文書には由井城の名で登場する。確かに由井城の名は、北条氏の永禄年間（一五五八〜一五七〇）の古文書に頻繁に出てくるが、由井城と浄福寺城が同一かどうかについては議論の余地がある。

ちなみに浄福寺城は、新城《にいじょう》、松竹《まつたけ》城、案下城、千手山城とも呼ばれている。新城は新たに築かれた城だからで（何に対して新たなのかは分からない）、松竹はその字《あざな》から、案下は城の南を通る古案下道から、千手山は浄福寺の山号から取られている。

築城は大永《だいえい》五年（一五二五）頃で、『新編武蔵国風土記稿』という史料に、「大石源左衛門尉入道道俊《どうしゅん》と云う者当地に居城を構えし」とあるので、創築者は大石道俊入道（定久か）と考えていいだろう。

大石氏は、十四世紀末期に武蔵守護職にして関東管領の山内上杉能憲《よしのり》の守護代として歴史の表舞台に登場する。この時の当主の憲重《のりしげ》は武蔵・下総《しもうさ》両国の守護代を務めるなどして、その権勢は、同じく上野国の守護代を務めていた白井《しろい》長尾氏と並び立つものだった。

一代挟んでその跡を継いだ憲儀《のりよし》は、永享の乱から享徳の乱にかけて活躍したものの討ち死にし、その後継の源左衛門尉（房重か）も古河公方勢力との一連の戦いで討ち死にを遂げた。その源左衛門尉から二代後の当主が、浄福寺城を造ったという定久こと道俊になる。

その後、大石氏は西武蔵に強固な地盤を築いていくが、大永年間（一五二一～一五二八）に入ると、北条氏が関東管領の山内上杉氏や相模守護の扇谷上杉氏の領国への攻勢を強めてきた。

両上杉氏の衰退と小田原北条氏の興隆が天文十五年（一五四六）の河越城の戦いによって明

らかになると、当主の大石定仲は北条氏に接近していく。結局、岩付城の太田全鑑《ぜんかん》（資顕《すけあき》）、勝沼城の三田綱秀（後に裏切って討伐される）、天神山城の藤田康邦といった武蔵国の有力国衆と共に、大石氏も北条傘下に入ることになる。

だが杣保《そまほ》郡だけを領有する三田氏などとは違い、多摩、入間、比企、高麗、新座の五郡を領し、主城の滝山を中心に、戸《と》倉《くら》、高月《こうげつ》、浄福寺といった支城群を擁する西武蔵最大勢力の大石氏は、傘下入りするだけでは済まされなかった。

北条氏三代当主の氏康は、三男の藤菊《ふじぎく》丸を大石定仲に養子入りさせ、その勢力を漸進的に吸収しようとした。この藤菊丸が後の氏照である。

氏康は大石氏との無用の軋轢を避け、まず西武蔵に根を張る国人の由井氏に藤菊丸を養子入りさせ、その姓を名乗らせた。さらに氏康は藤菊丸を大石氏の本拠の滝山城に入れず、由井氏館にとどめて大石氏との合議制による領国経営策を推し進めようとした。大石氏の家臣には由井氏の血縁者も多かったとされ、大石姓よりも西武蔵で名の通っている由井姓の方が、勢力の浸透を図るのに好都合だった。

その後、氏康は藤菊丸を大石定仲に養子入りさせ、その娘か妹と縁組させた上、永禄元年（一五五八）頃になって、ようやく氏照を滝山城に入れた。河越城の戦いから実に十年以上の歳月を経てのことだった。在地国人に対する北条氏の慎重な融和策の一端がうかがえる。

氏照は三田氏討伐戦、第二次国府台合戦、第一次・第二次関宿合戦などで指揮官の一人として活躍し、西武蔵の差配と下野《しもつけ》・下総方面侵攻の責任者、すなわち北条氏の東部方面軍司令官の座に上っていく。

最終的には四代当主の氏政の片腕として辣腕《らつわん》を振るい、豊臣氏と軋轢が生じた折も強硬論を唱えて決戦を主張したため、小田原合戦が終わった後、氏政と共に切腹させられている。

いずれにせよ小田原合戦前後の記録に、浄福寺城は一切出てこない。氏照が主力を率いて小田原城に入っていたこともあり、残る兵力では八王子城を守るのに精いっぱいだったからで、おそらく捨て城とされていたのだろう。

そして徳川家康の関東入封《にゅうほう》後、浄福寺城は廃城となり、長い眠りに就くことになる。

その役割と構造

浄福寺城の南を流れる北浅川は、千手山の南西端の尾根先端部にあたって流路を南に変え、八王子城外郭部の竪堀の終端部に再びあたることで、今度は北西に流路を変えていく。つまり千手山の南西端の尾根と八王子城の外郭部の竪堀は、北浅川を介して一直線になっている。

これが、西から和田峠（案下峠）を越えてやってくる仮想敵の武田氏（後には徳川氏）に対する防衛線になっていたという説がある。つまり八王子城搦手と浄福寺城は、一体化とまではいかないまでも、古案下道を南北から連携して防衛、ないしは遮断することを目的としていたことが分かる。

ちなみに古案下道は、甲斐国から小仏峠を越えて関東に入る小仏道が開発されるまでの甲斐国と関東を結ぶ主要道で、永禄十二年（一五六九）の武田信玄の関東侵攻直前に北条家中でやり取りされている書状などから、極めて重視されていたと分かる。

では、城の構造を見ていこう。

この城の特徴は痩せ尾根を無理に削平して曲輪にしている点にあり、居住性は極めて悪い。それゆえ山麓居館とセットと考えるのが自然だろう。

構造的な特徴としては、五筋の痩せ尾根（支尾根を入れると、もっと多くなる）を細かく掘り切り、狭小な曲輪を段状に造り、遮断に徹している点が挙げられる。つまり尾根伝いに登攀《とうはん》してくる寄手に対し、狭い尾根筋を逆に強みにして防御し、劣勢となれば先端部から曲輪を捨てていくという防御法を取っていたのではないか。

戦術的には「反撃して寄手を撃退する」ないしは「特定の曲輪を死守する」という考え方ではなく、「尾根筋を上部へと後退していく」という防御方針でいたのだろう。

いわばこの城は「守り抜く」ことを目的としたものではなく、「時間を稼いで外部からの救援を待つ」という構想の下に造られたはずだ。おそらく緊張時でも、常備兵力はせいぜい百人程度だったと思われるので、手足（尾根の先端部）から徐々に切り落としていき、八王子城からの後詰を待つつもりでいたはずだ。

このように、この城は尾根筋を刻んで造った典型的山城なので、縄張りについて語るところは少ない。つまり何か工夫があるとしたら、縄張りよりもパーツにある類の城だからだ。

かといってつまらない城かというと、そういうことはなく、城道が見渡せる櫓台、尾根道にいくつもある堀切や虎口、寄手の迂回を阻止する竪堀、寄手の進撃ルートを限定する切岸といった技巧に溢れている。

例えば本曲輪付近の見通しのよい道で、寄手に城方を右側に見せることで、弓矢や鉄砲による攻撃をしにくくさせている場所がある。

人は右利きが大半なので、矢を射るにしても鉄砲を撃つにしても、こうした道では体を開かねばならなくなる。こうなると城方にとってはターゲットが大きくなる上、寄手の動きが鈍るというメリットが生まれる。

しかも尾根の随所に、「勢隠し」のように狭い平場が設けてある。こうした平場に数名の兵を籠もらせ、敵の登攀を邪魔する思惑だったのだろう。また寄手が横に動きやすい地形などは、しっかり竪堀を落としている。緩斜面には三本の連続竪堀を落としている箇所もある。緩斜面での竪堀は、連続畝状阻塞《そさい》と呼んだ方がいいかもしれない。

山城であっても、こうした考え抜かれた技巧に溢れているのが浄福寺城の特徴で、そうしたことから創築者は大石氏でも、北条氏の城となってから、経験豊富な北条氏の築城家が、こまめに手を入れていた可能性が高い。

この城の登城口は現在二つある。一つは浄福寺の墓地から観音堂を経て西から本曲輪を目指すルート。もう一つは恩方第一小学校を回り込んで民家の間から登るルートだ。こちらは東端から本曲輪を目指すことになる。私は二度ほどこの城に行き、両方のコースを試したが、後者の方が全体を回りやすいと思う。双方共に傾斜が厳しく、それほど生易しい登攀ではないが、それは寄手にとっても、厳しい戦いを強いられることを意味する。

本曲輪は、こうした城には珍しく三十メートル四方ほどの広さがある。中央部に土壇があるのは、かつてここに千手山の語源である千手観音が祀られていたからだという説がある。ただし本曲輪に設けるものとしては不自然な土壇なので、廃城となった後の江戸時代、地域の人々が地主神を祀るために、ここに土を盛ったと考えるのが妥当だろう。

浄福寺城は急峻な山城だが、手の込んだパーツが連続している上、その土木量もこの手の山城としては多い方だ。こうした地形的に制約の多い城でも、工夫次第で堅城足り得ることを、浄福寺城は証明している。

第二章

神奈川県

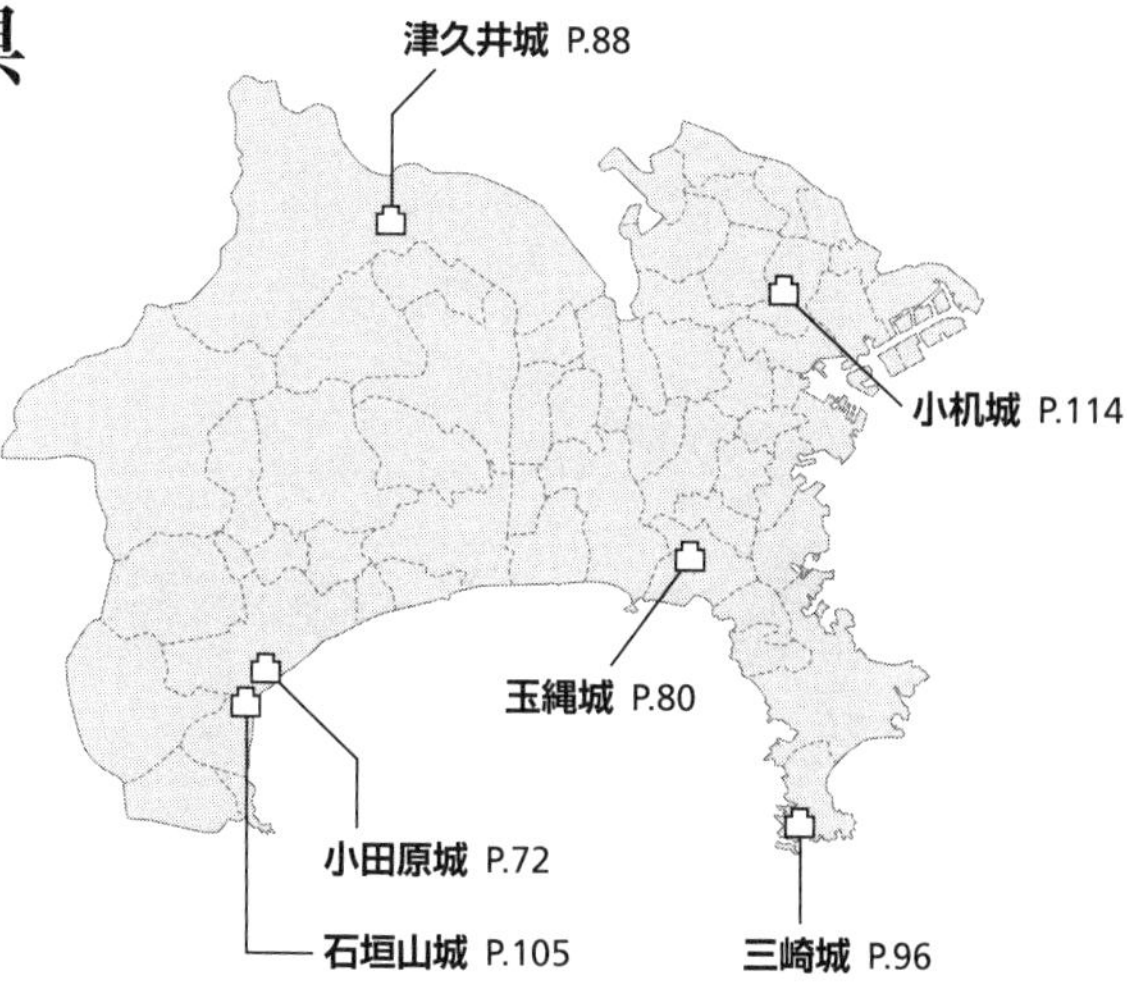

小田原城

難攻不落という罠

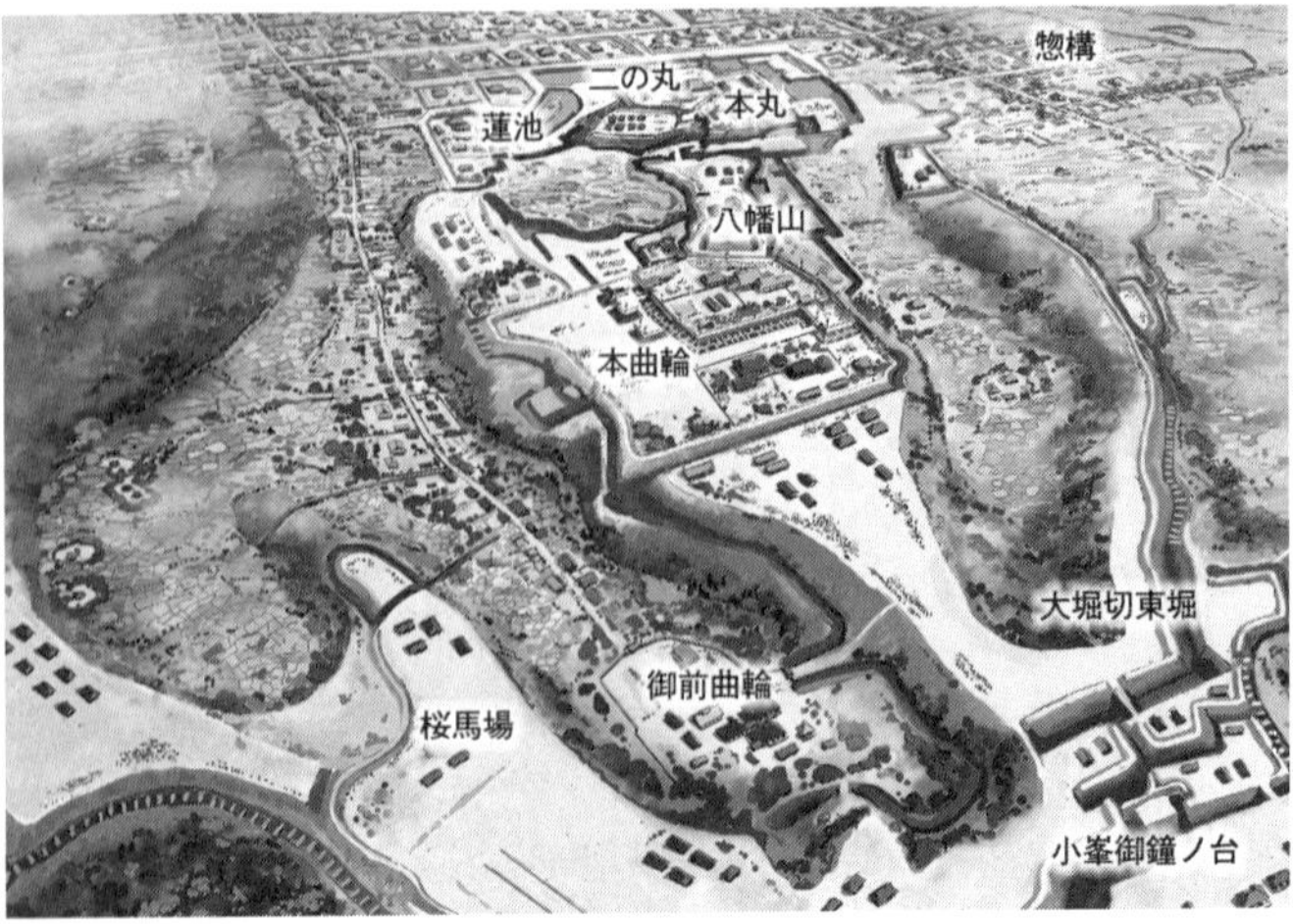

所在地	神奈川県小田原市城内
城郭構造	平山城
築城主	大森氏頼?
築城年	1454年(享徳3年)から1456年(康正2年)頃
主な城主	後北条氏、阿部氏、稲葉氏
廃城年	1870年(明治3年)
遺構	土塁、水堀、空堀、大堀切、曲輪
アクセス	小田原駅から徒歩10分

小田原合戦の歴史的意義

諸説ある前提だが、戦国時代最大の合戦は何かと問われれば、多くの人が関ヶ原の戦いと答えるのではないだろうか。この戦いで動員された兵数は両軍合わせて十七万に上るが、大坂冬の陣ではこれが二十九万となり、動員数で関ヶ原の戦いを大きく上回る。

大河ドラマの影響もあり、今は多くの方が「大坂の陣こそ戦国最大の合戦」と思われているかもしれないが、実は、これとほぼ同規模の合戦があった。関東に覇を唱えた北条氏が、豊臣秀吉率いる天下軍を迎え撃った小田原合戦だ。この戦いで双方は、三十一万もの兵を動員し（北条方五万〜六万）、戦域は関東全域にわたった（『戦略戦術兵器事典②［日本戦国編］』〔学研プラス〕）。

むろん秀吉の大軍を引き受けることができたのは、関東に最大版図を築いていた北条氏の国力のなせる業だが、精神面で支えたのは、北条氏の本拠の小田原城にほかならない。この巨大城郭が小田原合戦の帰趨《きすう》を決したことになる。

小田原城の歴史

鎌倉時代初期、駿河国の大森を発祥の地とする大森氏は、早くから源頼朝に付き従い、平家追討戦で功を挙げることで、駿河国鮎沢荘《あゆさわしょう》を与えられた。

応永《おうえい》二十三年（一四一六）に起こった上杉禅秀《ぜんしゅう》の乱では、関東公方に味方して勝利に貢献し、この時、「小田原関所の預人《あずかりにん》」として相模国小田原一帯の所領を下賜された。これにより大森氏は小田原に本拠を移し、相模守護の扇谷上杉氏を支える寄子《よりこ》国衆の一人となっていく。『鎌倉大草紙』によると、大森氏が小田原城を創築したのは、禅秀の乱から四十年後の康正《こうしょう》二年（一四五六）だという。この頃、関東公方（鎌倉公方）・足利氏と関東管領・山内上杉氏との間で享徳の乱が戦われており、扇谷上杉氏の被官である大森氏も、こうした緊張から無縁ではいられなかったのだろう。

享徳の乱によって関東公方が鎌倉から古河に本拠を移した頃、相模守護代の太田道灌らが江戸・河越・岩付の三城を取り立てている。これらの城は、それまでの城の概念を一変させるほど複雑な構造をしており、防御力も格段に高まっていた。

しかし同時期に大森氏によって造られた小田原城が、どのような規模で、どのような縄張りで、どこに造られたかは定かでない（北条氏の小田原城内のどこかという意味）。

長享《ちょうきょう》元年（一四八七）、今度は山内上杉氏と扇谷上杉氏との間で長享の乱が勃発する。この戦いに扇谷上杉方として参戦した大森氏だったが、途中で寝返り、北条早雲（伊勢宗瑞《そうずい》）の弟の弥二郎を殺してしまう（生き残ったという説もあり）。しかし早雲の攻撃を受け、明応《めいおう》五年（一四九六）六月から文亀元年（一五〇一）の間に小田原から追われる。かくして小田原城は早雲のものになる。

この時、早雲がいかなる経緯から小田原を獲得したかは、残念ながら分かっていない。推定期間も五年と長いが、研究者の方々によると、残存文書の関係から、これ以上は絞り込めないという。

北条氏二代氏綱は本拠を伊豆の韮山城から小田原城に移し、これ以降、小田原は東国の政治・経済・文化の中心になっていく。

その後、小田原城の実像ははっきりしないが、天文二十年（一五五一）、小田原に滞在した京都南禅寺の僧東嶺智《とうれいち》旺《おう》の書状で、その姿が垣間見える。

これによると小田原の城は、「太守（三代当主の氏康）の塁（城）は喬木森々《きょうぼくしんしん》、高館《たかだち》は巨麗《きょれい》にして、三方に大池あり。池水は湛々《たんたん》として浅深《せんしん》はかるべからず」という有様だったという。

つまり当時の小田原城は、城内に巨木が鬱蒼《うつそう》と生い茂り、巨大で華麗な城館があり、三方に大きな堀を持つ城だったと分かる。ここからは、防御力を重視する戦国後期の城とは異なる、神韻とした古刹《こさつ》の雰囲気を漂わせる戦国前期の城の姿が伝わってくる。

すでにこの時、二の丸を囲む蓮池《はすいけ》と東と南にある水堀の存在が確かめられるが、注目すべきは城内に巨麗な高館があったという点だ。瓦葺《かわらぶき》ではないにしろ、京都に住む智旺が「巨麗」という表現を使うほど立派な館や高楼が、すでにあったのには驚かされる。

すなわちこの頃の小田原城は、足利将軍家の御所的な趣と、戦国後期の城の防御性を併せ持つ過渡期的形態だったと考えられる。

智旺の頃から二十六年を経た天正五年（一五七七）の小田原城は、二曲輪の外側にさらに三曲輪をめぐらし、東西千三百メートル、南北七百五十メートルの規模に広がっていた。後に造られる大外郭（惣構《そうがまえ》）は、城下町や農地を城内に取り込むことを目的としていたので、この時に小田原城の中核部分は完成したことになる。

永禄四年（一五六一）には上杉謙信、永禄十二年（一五六九）には武田信玄の侵攻を受けるものの、撃退に成功した北条氏は小田原城での籠城戦に自信を深めていく。

その後、小田原城が危機に晒されることはなかったが、織田信長の衣鉢《いはつ》を継いだ豊臣秀吉が天下統一を目指すことで、北条氏が関東で独立を貫くのは難しくなっていった。

そうした情勢の変化もあり、豊臣政権との緊張が高まり始めた天正十五年（一五八七）初頭から、北条氏は総延長九キロメートルに及ぶ惣構（大外郭）の普請を始め、三年半後の小田原合戦の直前、戦国期小田原城を完成させる。

そして天正十八年（一五九〇）、小田原合戦が勃発すると、十八万余の豊臣軍に包囲された小田原城は三カ月半の籠城の末に降伏し、北条氏は九十五年の歴史に終止符を打った。

定説では、籠城戦での成功体験が忘れられず、それにこだわったため墓穴を掘ったとされるが、それは当たらずといえども遠からずだろう。

小田原城が難攻不落であるという神話が、北条方の将兵に与えた影響は大きい。そうした心理が小田原城一個を頼むことにつながり、その結果、屏風山《びょうぶやま》・鷹巣《たかのす》・宮城野・塔ノ峰といった箱根山城塞群や、深沢・足柄・浜居場《はまいば》・新《しん》といった小田原の西北方面を守る諸城で、敵の姿が見えれば小田原城に逃げ込むといった心理を生み出してしまった。まさに北条氏は、難攻不落の罠にはまってしまったと言えるだろう。

北条氏の滅亡後、徳川家康が関東に入部し、江戸を本拠に定めた。小田原城には大久保忠世《ただよ》が四万五千石で入ったが、次代の大久保忠隣《ただちか》の時、不始末から改易《かいえき》処分となり、阿部氏と稲葉氏が入った後、再び大久保氏が入ることで、小田原城は近世城郭として生まれ変わっていく。

こうした変化の中、かつての本曲輪があった山地部分が次第に打ち捨てられ、より海に近い低地部分へと城の中心が移っていき、明治三年（一八七〇）の廃城を迎える。

小田原城の構造と縄張り

小田原城は箱根古期外輪山から延びる三《み》筋《すじ》の尾根の上に築かれている。つまり城内（惣構内）には台地と谷底低地が入り組んでおり、それが小田原城の第一の特徴になっている。

最も北側の谷《や》津《つ》山《やま》尾根は、桜馬場、山の神台、岩槻台、谷《や》津《つ》御《お》鐘ノ《かねの》台《だい》を経て大稲荷神社付近で消えるが、大外郭線に沿っているため、荻窪、久野《くの》、井細田《いさいだ》の三口が設けられた。

八幡山《はちまんやま》尾根と呼ばれる中央の尾根には、八幡山古郭から近世小田原城の本丸までの中核部分が築かれている。この尾根筋が三代当主の氏康期の小田原城となる。

最も南側の天神山尾根は、小峯《こみね》御鐘ノ台から早川二重戸張《とばり》を経て早河口まで続くラインを構成している。つまり南北の二つの尾根は、惣構を構築する上で重要な役割を果たした。

さらに小田原城の北東から南西にかけて東海道が通っているため、城下町もできやすく、港に近いので交易も盛んだった。

要害性の面でも小田原は極めて優れている。東は海に面し、南に早川が流れ、北東には酒匂《さかわ》川、山王川、渋取川が走っている。

唯一の弱みは北西方面（箱根方面）で、箱根山の塔ノ峰付近から小峯御鐘ノ台まで大きな尾根が延びてきており、そこから侵攻されるとひとたまりもない。そこで、三本の尾根の根元部分に三重の大堀切を設けて尾根筋を断ち切ることで、城の独立性を高めて北西からの侵入を阻んでいる。これが今も見られる小峯御鐘ノ台の大堀切となる。

三つの大堀切の中でも、東堀は幅二十～三十メートル、深さは土塁の頂上から地面まで十二メートルあり、堀の法面《のりめん》も五十度という急勾配《こうばい》で、空堀としては全国一の規模だ。さすがの豊臣軍もこれでは力攻めはできない。

続いて縄張りを見ていこう。

小田原城は平山城で、縄張り的には輪郭式になる。その特徴としては、戦国時代後期から本丸となった現在の天守のある一帯と、それ以前の時代の中心だった八幡山古郭群一帯の二極構造になっている点が挙げられる。

当初は八幡山古郭と呼ばれる場所に本曲輪が置かれ、背後に西曲輪・藤原平・鍛冶曲輪が、前衛として東曲輪と南曲輪が配されていたが、三代氏康の時代に、江戸期の小田原城の本丸や二の丸と同じ一帯に城の中心部を移した。

その後、四代氏政から五代氏直の時代にかけて、小田原城は改変と拡張を繰り返し、小田原合戦の直前、惣構を備える巨大城郭になる。しかも城内には膨大な武具や兵糧の備蓄があり、籠城戦を貫徹しようとすれば、数年は戦える余力があった。

ただし、そうした過去の籠城戦の成功と巨大な惣構により、北条氏に籠城戦一辺倒という方針を取らせ、また近隣諸城に籠もる兵たちから「その場に踏みとどまって戦う」という意識を奪ってしまったことも否めない事実だろう。いかに難攻不落の名城であっても、人の心には勝てないのだ。

玉縄城

武士の都を守った天然の要害

所在地	神奈川県鎌倉市玉縄
城郭構造	平山城
築城主	北条早雲
築城年	永正10年（1513年）
主な城主	北条氏時、北条綱成、北条氏繁、北条氏勝
廃城年	元和5年（1619年）
遺構	堀切、土塁、大土塁、曲輪、虎口跡
アクセス	大船駅から徒歩15分。 ※本丸跡は清泉女学院中学高等学校の敷地内のため、 見学は事前に許可が必要

鎌倉鎮護の王城

元弘三年（一三三三）、新田義貞率いる反幕府勢力の乱入により、鎌倉幕府は滅亡する。これにより鎌倉は歴史の表舞台から姿を消し、二度と政治の中心に返り咲くことはなかった。だが室町時代末期、鎌倉の北辺をめぐる戦いによって、歴史が大きな転換点を迎えたことは、あまり知られていない。この戦いで相模守護の扇谷上杉氏の没落が決定付けられ、北条氏が台頭してくる。つまり一つの城をめぐる戦いが、関東における下剋上の端緒となったのだ。

鎌倉は東西北の三方を山に囲まれ、南の一方だけが海に開けた馬《ば》蹄形《ていけい》の地形をしていることから、九条兼実《くじょうかねざね》の日記『玉葉《ぎょくよう》』では鎌倉城と呼ばれている。だが城という概念で鎌倉という中世都市が構築されたわけではないので、一括りにするのは注意が必要だろう。ただし外部から来た場合、鎌倉七口のいずれかを通らなければ中に入れないことから、旅人は城のような感覚を抱いたのかもしれない。

それゆえ一見、堅固そうな鎌倉城だが、実は意外にもろい一面もある。

歴史上、鎌倉を舞台にした戦いは四度行われている。まず前述の新田義貞によるもの、建武《けんむ》二年（一三三五）の北条時行《ときゆき》によるもの（中先代《なかせんだい》の乱）、建武四年（一三三七）の北畠顕家によるもの、そして文和《ぶんな》元年（一三五二）の新田義興《よしおき》（義貞の子）によるものだ。いずれも鎌倉は落城ないしは自落しており、寄手方が勝利・占拠している。

最も激戦となったのは鎌倉幕府滅亡時の戦いで、軍記物の記載によると、鎌倉七口のうち化《け》粧《わい》坂、極楽寺、巨《こ》福呂《ぶくろ》坂という三つの口をめぐって熾烈《しれつ》な攻防が展開された。だがこの時、稲村ヶ《いなむらが》崎《さき》がいつもよりも広く干上がったため、そこから新田勢に乱入されて鎌倉は陥落したという。その時の教訓からか、それに続く三度の戦いで、守備側はさして抵抗もせずに鎌倉から自落している。

結論から言うと、鎌倉城は七口を防衛するだけでは守れない。すなわち強固な前衛陣ないしは出城を築き、そこを拠点として、鎌倉を攻めようという敵に損耗を強いる戦い方が必要になる。それにいち早く気づいた男こそ、北条早雲だった。

北条早雲の戦い

北条氏（伊勢氏）は「他国の兇徒《きょうと》」と呼ばれ、東国ではよそ者扱いされていた。それゆえ武士の都・鎌倉を守るという立場に就くことで、御家人を祖とする者が多い関東国衆の認知を得ようとした。早雲は早くから鎌倉の大社大寺《たいしゃだいじ》に多額の寄進をし、味方になるよう調略《ちょうりゃく》していったとも言われる。

それでは早雲が、どのようにして相模一国を制圧したかを見ていこう。

永正《えいしょう》七年（一五一〇）、関東管領・山内上杉顕定が越後国で討ち死にを遂げることで、南関東でも新旧の戦いが激しくなる。旧とは山内上杉氏と手を組む相模守護の扇谷上杉氏で、新とは北条氏である。

当初は上杉方が優勢だったが、永正九年（一五一二）六月、山内上杉氏の家督争いが勃発し、これが古河公方家の跡目争いを再燃《さいねん》させ、その結果、今度は山内上杉憲房《のりふさ》と扇谷上杉朝良《ともよし》が仲違いし、干戈《かんか》を交えるようになる。これを見た早雲は同年八月、扇谷上杉方の最前線に位置する相模国中郡平塚の岡崎城に攻め寄せた。この城は朝良が二年前に取り立てたものだが、この頃は三浦道寸《どうすん》（義同《よしあつ》）が守っていた。

相模国の東郡は扇谷上杉氏の所有のままなので、朝良自らは関東北部で憲房と戦い、三浦道寸に中郡を与え、早雲の抑え役を託していたと思われる。

だが道寸の奮戦空しく岡崎城は落城する。この戦いに勝利した早雲は、三浦勢を追って鎌倉に迫る。一方の三浦勢は鎌倉を素通りし、逗子にある住吉《すみよし》要害まで撤退した。

双方は鎌倉を挟んで四カ月余もにらみ合いを続けるが、永正十年（一五一三）一月、鎌倉の材木座から由比ヶ浜の辺りで両軍は衝突し、敗れた三浦勢は三浦半島へと撤退していく。

早雲は三浦勢を追って三浦半島沿いに南下し、四月には三浦一族の本拠・新井城を包囲する。これを聞いた朝良は憲房と和解し、共に早雲を討つことにした。

早雲は鎌倉以南に扇谷上杉勢を入れないことを戦略目標とし、玉縄の地に城を築いた。

早雲の玉縄築城からさかのぼること二十年ほど前の明応三年（一四九四）、長享の乱の折、山内上杉顕定によって玉縄要害が取り立てられたという記録が残る。だが一時的な砦なのは明らかなので、玉縄城の創築は早雲と考えて差し支えないだろう。

ちなみに玉縄築城の少し前、早雲は玉縄城の西六・七キロメートルの地点にある大庭《おおば》城に駐屯していた。この城は永正元年（一五〇四）頃に扇谷上杉氏が築いたもので、廃城になっていたものを早雲が取り立てたのだ。ただし玉縄城に移った後は、再び廃城としたらしい。

やがて扇谷上杉勢が三浦半島への侵入を開始する。だが上杉方の先手を担った太田資康（道灌の嫡男、道寸の娘婿）は、相模の粟船《あわふね》（後の大船）まで攻め寄せたものの、この地で撃退される（一説に、この戦いで資康は討ち死にする）。

さらに永正十三年（一五一六）六月、玉縄近郊まで攻め寄せた朝良の養子・朝興《ともおき》が惨敗を喫することで、上杉方は万策尽き果てる。

玉縄という拠点城を持つ北条方と遠征してきた上杉方の差が、そこにはあったはずだ。城とは枕を高くして眠れる安全圏であり、それだけ将兵の心理を安定させる存在なのだ。

同年七月、早雲は満を持して新井城に攻め寄せる。これにより、新井城は陥落し、三浦道寸は自刃《じじん》して果てた。かくして三浦一族は滅亡し、早雲は相模国の領有を成し遂げた。

早雲の勝因は玉縄城近郊での二度にわたる戦いに勝利し、鎌倉以南に敵を入れなかったことに尽きる。これまで誰も成し得なかった鎌倉城防衛を、早雲は玉縄に城を築くことで成し遂げたのだ。

その後、玉縄城主は早雲次男の氏時、一族の為昌《ためまさ》、綱成《つなしげ》、氏繁《うじしげ》、氏舜《うじとし》、氏勝と引き継がれていくが、氏勝の時に小田原合戦が勃発し、降伏開城という形で豊臣方の徳川氏に引き渡された。

その結果、関東に家康が移封され、玉縄城には家康腹心の本多《ほんだ》正信《まさのぶ》が入る。しかし、すぐに本多氏も転封《てんぽう》となり、城主は長沢《ながさわ》松平氏に代わった。その後、長沢松平氏も転封され、元和五年（一六一九）、玉縄城は廃城となった。

「鎌倉鎮護《ちんご》の王城」（『快元僧都《かいげんそうず》記《き》』）も、遂にその役割を終えたのだ。

玉縄城の構造と防衛構想

「いざ鎌倉」という言葉にもあるように、中世関東の道は鎌倉を起点として四通八達していった。幕府から招集が掛かった時、御家人たちは鎌倉へと馳せ参じねばならないからだ。

これらの道を総称して鎌倉街道と呼ぶが、鎌倉を発した街道は主に三つの幹線に分けられる。上道《かみつみち》、中道、下道である。戦国期には小田原が相模国の中心になるため、いくつかの街道が小田原中心に造られるが、三道の優位は変わらなかった。

玉縄の地は、藤沢から江戸方面へと続く鎌倉街道下道、三浦半島に向かう街道、さらに江戸湾に面する六浦《むつら》湊へと続く街道が交差する交通の要衝にあった。また玉縄城の近くには、舟運《しゅううん》拠点の粟船があり、相模国中央部への物資の供給を担っていた。

粟船は相模原台地と呼ばれる丘陵の東端にあたり（現在の大船駅西口から望める大船観音が、その突端部にあたる）、その台地突端付近の複雑な丘陵と谷を利用して造られたのが、玉縄城になる。

その外堀の役目を果たしている柏尾《かしお》川は、幾筋もの支流を作りつつ屏風ヶ《びょうぶが》浦《うら》から江戸湾に注いでおり、そこから運ばれてきた物資を内陸部に運ぶための中継基地が粟船だった。つまり粟船の近くに拠点城を築いたことは、早雲晩年の念願である江戸湾制圧・房総半島進出の布石となっただろう。

また玉縄城の東には柏尾川が、南には境川が、西には滝ノ川が、北には大面《おおも》川が流れており、それらを外堀と見立てることができるので、玉縄は防御性にも優れた地だった。

東国の城に多いのは、舌状台地の背後を掘り切り、その先端部に至るまで串団子状に曲輪を連ねるという縄張りだが、玉縄城は全く異質だった。

この城は、たまたま自然地形としてあった火山の火口状の擂鉢《すりばち》地形を本丸とし、それを取り巻くように連なっていた小山を土塁に見立てて切岸《きりぎし》とし、その上にも曲輪を築くという構造をしている。切岸とは斜面を削って急斜面の断崖としたものだ。

こうした外輪山状に尾根がめぐっている地形は極めて珍しく、そうした地形に城を築いた類例もない。

本丸は現在、女子校のグラウンドになっており、九千平方メートルもの広さがある。そこに城主の屋敷などがあったという。虎口は南北の二カ所に設けられており、大手は南側とされている。また標高八十メートル、本丸との比高二十メートルの最高所にあたる本丸東側には、諏訪壇と呼ばれる曲輪があり、籠城戦をする場合、ここを指揮所にするつもりだったのだろう。

玉縄城本丸跡から眺めた諏訪壇。こうした土塁状の小山が四方を取り巻いていた。

周囲には多くの曲輪が設けられていたが、宅地化が進むことで、現在は大半が消滅している。だが最近になり、往時《おうじ》の玉縄城の姿を再現すべく、行政はもとより、地元の有志や地域史家の方々が努力を続けている。

津久井城

武田氏の来襲に備えた北条氏の境目の城

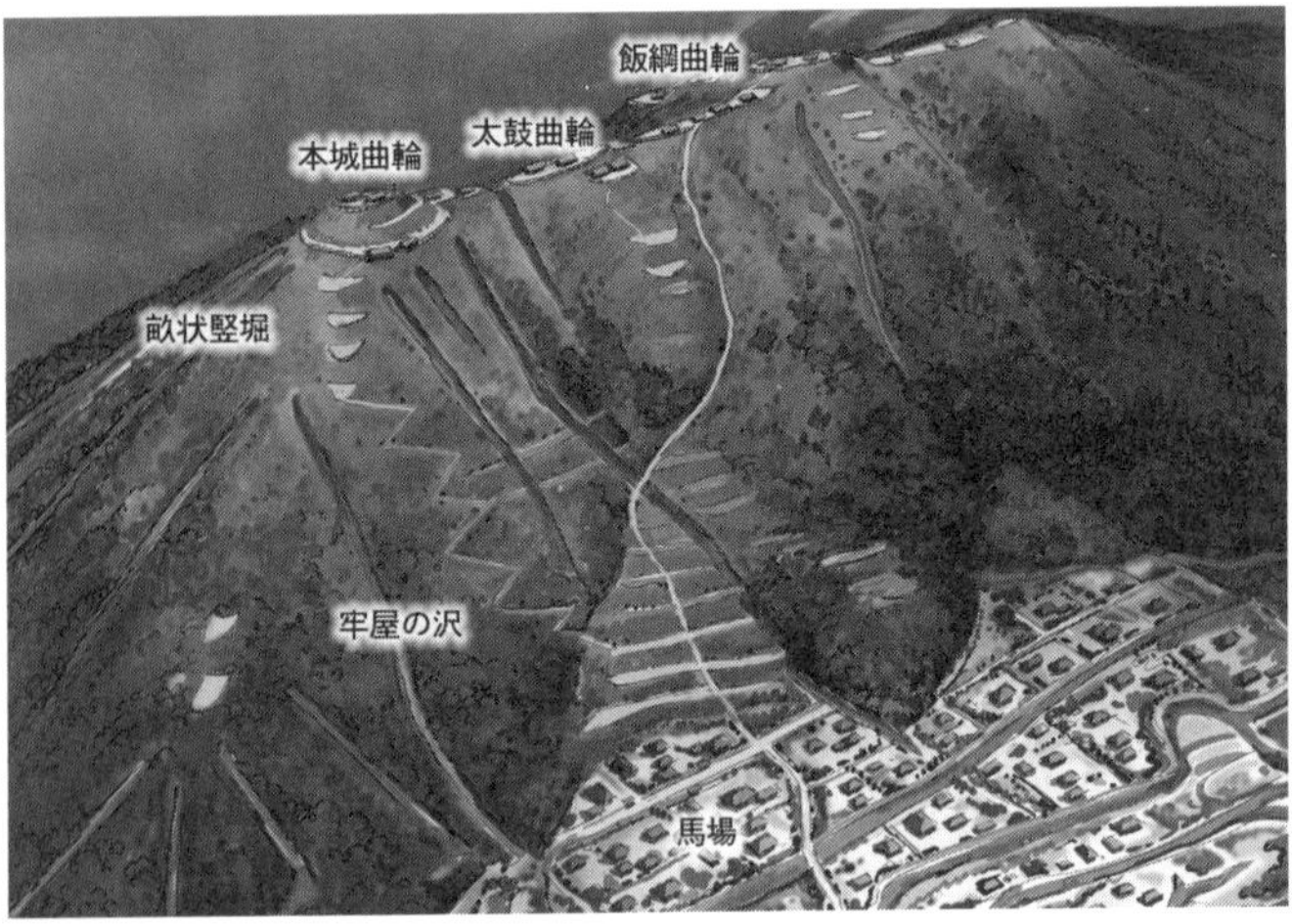

所在地	神奈川県相模原市緑区（津久井湖城山公園）
城郭構造	根小屋式山城
築城主	扇谷上杉氏
築城年	15世紀末
主な城主	内藤氏、北条氏
廃城年	天正18年（1590年）
遺構	土塁、堀切、曲輪、土橋、虎口、石垣など
アクセス	橋本駅からバスで「城山高校前」または「津久井湖観光センター前」下車

境目の城

二十一世紀に至っても、自国の勝手な解釈によって領土や領海を広げようとする国があるが、戦国時代もそれは同じで、ゆえなく他国に押し入り、その領土・作物・人的資源を収奪することは日常的に行われていた。むろん実力しか拠り所のない時代には、自らの所領を広げることが、自らの安全保障に結び付くという一面もあるので、こうした行動を一概には否定できない。

むろん「侵略して奪う」という行為は、勢力伸長を図れるだけの実力を蓄えている場合で、そうでない場合、「奪われる」というリスクがある。そのリスクを軽減させるために、国境付近に、それなりの防御施設を築く必要が出てくる。それが境目の城だ。

戦国時代の紛争の多くは侵略軍と防衛軍との間で行われる。それだけ境目と呼ばれる国境は緊張が強く、堅固な城が築かれた。

元々、街道は国境を度外視して造られているため、国境には街道監視と封鎖ができる城を築く必要が出てくる。そのため境目の城の大半は街道の近くに築かれているか、北条氏の御坂《みさか》城、山中城、湯坂城、足柄城などのように、城の中に街道を通していた。

また境目の城は、自国の勢力が国境を接している隣国に対し、相対的に強まった場合には侵攻拠点になる。これは軍事用語で言うところの策源地《さくげんち》ないしは支撐《しとう》陣地（ベースキャンプ）のことで、兵糧の備蓄や侵略部隊の駐屯地、また作戦行動を取るための最前線拠点としての役割を担う。今回、ご紹介する津久井城は、北条氏が武田氏の侵攻を警戒して築いたもので、典型的な境目の城と言えるだろう。

津久井城の成り立ち

神奈川県の北西部、山梨県との県境に近い宝ヶ峰という独立峰にある津久井城は、津久井湖の南側を走る国道四一三号の頭上にそびえている。

　この城の歴史は古く、鎌倉時代に三浦一族の支族の筑井《つくい》氏によって築かれたとされている。筑井氏は、衣笠《きぬがさ》城主の三浦義明の弟・義行が津久井（当時は奥三保《おくさんぼう》と呼ばれていた）に入り、筑井氏を称したことに始まる。築城はその子の太郎次郎義胤《よしたね》によると言われるが、十二世紀後半にこれほど高い山頂に城を築くことはなかったので、史実とは認め難い。

　室町時代末期になると、この城は扇谷上杉氏の支配下にあり、主に山内上杉氏との抗争（長享の乱）などで何度か記録に出てくる。軍記物の記述だが、明応五年（一四九六）七月、南下してきた山内上杉勢に対して、扇谷上杉方の長尾景春と伊勢弥二郎（北条早雲の弟）が防戦にあたったとされるが、この時は城を出撃拠点としただけで、近郊での戦闘となったので、厳密には津久井城をめぐる戦いとは言えない。

その後、相模国は北条氏の支配下となり、津久井領と津久井城は元扇谷上杉氏家臣の内藤氏に託される。だが津久井の地は「半敵地」「敵地行半所務」と文書に出てくるように、北条領でありながら、武田氏の勢力も及んでおり、武田氏の滅亡までは、「半手」と呼ばれる中立的な立場に置かれることになる。

その内藤氏だが、以前は室町幕府の奉公衆をしており、最初に内藤氏の津久井領支配が文書で確認されるのが大永四年（一五二四）なので、長らく早雲の誘いに応じて東国に下向したとされてきた。しかし扇谷上杉氏の家臣として、それ以前からこの地を預けられていたとも言われている。最近は後者の説が有力になりつつあるが、いずれにせよ内藤氏は、北条氏の草創期からその滅亡まで歩を一にしていくことになる。

内藤氏は初代の大和入道に始まり、二代朝行《ともゆき》（この朝の字が扇谷上杉朝良《ともよし》の偏諱《へんき》ではないかという）、三代康行（康は北条氏康の偏諱）、四代綱秀（一族の田代内藤氏の出で一時的な中継ぎか）、五代直行（直は北条氏直の偏諱）と続いた。

この一族の特徴としては、北条氏の外征に出た記録はなく、外征の軍役を課されていない防衛専門の軍団だったと思われる点だ。つまり常に緊張を強いられる武田氏（後に徳川氏）の境目防衛を託されていたので、常の国人よりも兵も武器も備えねばならず、そのコストが馬鹿にならないことから、外征の軍役を免除されていた可能性がある。

こうしたことから、北条家中において内藤氏は独立的立場を保証され、津久井領の一元的支配を任されていた。ただし次第に譜代家臣化が進み、所領が国役（軍役や普請役など）の賦課対象とされるなど、最後まで独立性の高かった忍《おし》領の成田氏、蒔田《まいた》・世田谷領の武蔵吉良《きら》氏、松山領の上田氏などと比べると、その独立性は相対的に低いと言っていいだろう。

津久井城の戦い

津久井城が大きな役割を担った合戦といえば、城の南三・五キロメートルほどにある金谷《かなや》台地で行われた三増《みませ》峠の戦いだろう。

永禄十二年（一五六九）、武田信玄は二万の兵を率いて武蔵国から相模国へと侵攻し、鉢形・滝山両城を攻撃した後、小田原城を囲んだ。だが多分に威嚇目的の外征でもあり、信玄は早々に囲みを解いて撤退に移った。

小田原から甲斐国に戻るには、いくつかのルートがある。この時、信玄は津久井から道志川沿いに甲州に戻る三増峠越えのルートを選んだ。それは北条方の予想とも一致し、北条方は氏照・氏邦兄弟を中心とした二万の部隊によって迎撃態勢を布《し》いて待ち受けていた。同時に、当主の氏政率いる主力勢が信玄の追跡に掛かった。挟撃によって武田勢を殲滅《せんめつ》しようというのだ。

一方、信玄は小幡重貞《おばたしげさだ》（憲重《のりしげ》）率いる千二百の兵を津久井城の押さえとして先行させ、さらに山県昌景《やまがたまさかげ》の別働隊五千を三増峠の西方三・五キロメートルの志田《しだ》峠方面に進出させた。

その頃、氏政率いる北条方主力勢は武田方の殿軍によって進軍を押しとどめられ、挟撃が困難になりつつあった。そのため迎撃部隊の主将の北条氏照は、武田勢に道を空ける形で相模川西岸の三増宿、道場原《どうじょうはら》、志田原といった低地に陣を移した。挟撃によって敵を殲滅できないまでも、追い落とすという形で勝利を得ようというのだ。

ところが信玄は高所を占めた時点で、方針を決戦に切り替え、北条方に襲い掛かった。当初は互角の戦いだったが、山県勢が伏兵として北条方の側背《そくはい》を突いたことで、北条方は総崩れとなった。この時、武田方が討ち取った首は三千二百六十九、北条方が討ち取った首は九百に上り、この戦いがいかに激戦だったかを物語っている。

この時、津久井城は何もできなかった。せめて撤退する小幡勢を追い討ちするくらいのことをしてもよさそうなものだが、内藤氏が北条氏から叱責されたという記録はない。つまりこの時の内藤氏は、かなり自己裁量を許された国人だったと思われる。

その二十一年後、小田原合戦が勃発し、津久井城は最初で最後の籠城戦を展開した末、最初で最後の落城を経験する。内藤氏の主力は小田原城に入っていたこともあり、津久井城に籠もっていた兵力は百五十騎で、足軽小者を入れても五百程度だったと言われている。これに対して豊臣傘下の徳川方の兵力は一万二千なので話にならない。

この時の戦いの経緯についての記録はない。しかし降伏開城ということはなく、ある程度は戦ったようだ。その証拠に、近隣の農村に様々な落城秘話が伝わっている。これ以降、津久井内藤氏の消息は途絶えるので、この時の戦いで滅亡したのだろう。

津久井城の縄張り

津久井城は相模国の北西部にあり、内藤氏の居城として、また小田原城と八王子城（その前は滝山城）という北条氏の二大拠点をつなぐ支城として機能していた。

この城からは甲斐・相模両国が見渡せた。とくに津久井城の根小屋《ねごや》（城下町）から三増峠の戦いが行われた金谷台地にかけての眺めは抜群で、武田・北条両軍の戦いが大パノラマのように眺められたに違いない。

根小屋を持つ根小屋式山城の典型例としても、津久井城はよく取り上げられる。山城部と山麓部の遺構の残存状態も良好で、見どころの多い城となっている。

山城部は、宝ヶ峰の西峰と東峰という二つのピークに展開される曲輪、土塁、堀などから成り、西峰は本城曲輪群、東峰は飯綱《いづな》曲輪群と呼ばれている。

西峰の本城曲輪群は、本城曲輪と大堀切を隔てた太鼓曲輪から成っている。こちらには三つの桝形虎口と無数の竪堀が見られる。とくに南端の畝状竪堀群は、相模国で唯一の貴重なものだ。飯綱神社が鎮座する飯綱曲輪群にも二カ所の桝形虎口といくつもの竪堀がある。この飯綱曲輪には、宝ヶ池という水場がある。井戸なら分かるが、これだけ峻険《しゅんけん》な山城で湧水《ゆうすい》は極めて珍しい。この城は縦横無尽に竪堀が掘られていることが特徴で、山頂直下から北側に延びる「トバボリ」や山頂南側から「牢屋の沢」と呼ばれる山麓部に延びる二筋の竪堀は、相模国屈指の長大さを誇る。

津久井城城主屋敷跡。

山麓部には、内藤氏の居館跡と言われる「御屋敷」、またそれに付属する「馬場」「新殿」「左近馬屋」と呼ばれる曲輪など多くの平場がある。発掘調査の結果、この一帯からも多くの堀や土塁が見つかっている。また最近の発掘により、石敷き通路などの石垣ないしは石積みを使った遺構が多く出土してきている。

山麓部曲輪群の外側には城下集落の「根小屋」が広がり、そこには内藤氏の菩提寺の功雲寺もある。根小屋は西北にもあり、こちらは「北根小屋」と呼ばれる。こうしたことから、津久井城は広大な城郭都市として、この地域の要となっていたことが分かってきた。

三崎城

江戸湾を守った水軍拠点

所在地	神奈川県三浦市城山町
城郭構造	海城
築城主	三浦氏?
築城年	不明
主な城主	三浦氏、北条氏
廃城年	不明
遺構	土塁、堀切など
アクセス	三崎口駅から徒歩70分

江戸湾海賊の歴史

戦国時代の文献で「前海《まえうみ》」「内海《うちうみ》」という名で出てくる江戸湾（現・東京湾）は、房総半島南端の洲崎《すのさき》から三浦半島南東端の剱崎《つるぎざき》を結ぶ線から内側の海を指す。

この海には、戦国時代以前から「海夫《かいふ》」や「海部《かいふ》」と呼ばれる漁業や物資運搬といった海の仕事に携わる人々がいた。後の「海賊」である。

三浦半島の海夫は、平安時代から同地を支配していた三浦一族との間に緩やかな主従関係を築き、自らの権益を保護してもらう代わりに、三浦氏から依頼された兵員や物資の輸送、時には海上戦闘に参加することで、互いに持ちつ持たれつの関係を築いていた。

永正十三年（一五一六）、扇谷上杉氏傘下の三浦氏を滅ぼして三浦半島を制した北条早雲が次に目指したのは、江戸湾そして「向地《むかいち》」と呼ばれた房総半島だった。早雲の狙いは江戸湾交易網を押さえることで、そのためには房総半島にも水軍拠点を築かねばならない。

当時の江戸湾は、まさに関東の心臓部だった。というのも太日川、利根川、多摩川など多くの大河川が流れ込む江戸湾を押さえることは、関東内陸部への物資の輸送を掌握でき、敵対する扇谷上杉氏を衰退させることにつながるからだ。

早雲は、三浦氏傘下の海夫衆である出口氏・亀崎《かめざき》氏・鈴木氏・下里《しもさと》氏・三富《みとみ》氏らを自らの家臣団に組み入れることで水軍力の強化を図っていく。彼らは「三崎十人衆」と呼ばれ、平時には海運業を生業《なりわい》とし、戦時には北条氏の兵員や物資を輸送するという仕事を担っていた。

さらに北条氏は「三崎十人衆」以外にも江戸湾海賊の掌握に努め、水軍力のある江戸氏や横須賀氏を傘下に収めて江戸湾支配に力を注いだ。

ちなみに江戸湾ほど海夫勢力が育っていなかった伊豆半島西岸の防衛には、紀伊半島から海賊に近い国衆を招致し、知行地と港を預けて駿河湾東部の制海権を掌握しようとした。これが、梶原氏・愛洲《あいす》氏・橋本氏・安宅《あたか》氏といった傭兵的性格を持つ船手衆である。

二代氏綱の時代になると、房総半島を根城とする里見氏との抗争が激しくなる。北条・里見両氏は互いの海賊勢力を駆使し、敵船の拿捕《だほ》や略奪によって敵勢力に打撃を与えようとした。その一方、沿岸防衛と商船保護用の水軍、すなわち警固衆を随時出動できるようにした。

その後、江戸湾海賊だけでは手が足りなくなった北条氏は、紀州から招いた海賊的国衆や伊豆の有力海賊も江戸湾に回し、「浦賀定《じょう》海賊」として組織化していく。

江戸湾をめぐる攻防

陸戦では里見氏に対して優勢だった北条氏も、江戸湾をめぐる海戦では里見氏に後れを取っていた。というのも広大な房総半島の海賊衆を掌握した里見水軍は強力で、北条方の拠点を急襲するだけでなく、商船を襲い、沿岸の漁村に上陸し、そこに住む人々や財産を略奪することを頻繁に行っていたからだ。

とくに大永六年（一五二六）、里見氏に鎌倉まで攻略され、鶴岡八幡宮を焼き払われたことは、鎌倉の外護者《げごしゃ》を自任する氏綱にとって衝撃だった。続く天文年間（一五三二〜一五五五）も、江戸湾の主導権争いは里見氏優位のまま推移していった。

弘治二年（一五五六）、突如として三浦半島に上陸した里見義弘が鎌倉まで攻め寄せ、許婚《いいなずけ》だった青岳尼《しょうがくに》を奪回するという事件が起こる。

実は小弓《おゆみ》公方府健在の頃、義弘の父義尭《よしたか》は小弓公方・足利義明との間に盟約を交わし、まだ幼い義弘と青岳尼の婚約の儀を執り行っていた。

ところが天文七年（一五三八）の第一次国府台合戦において、北条氏綱・氏康父子によって義明は討たれ、小弓御所に残されていた二人の姉妹は相模国に連行され、鎌倉尼五山筆頭の太平寺と次席の東慶寺の住持に据えられた。

そうした経緯から義弘は上陸作戦を敢行し、青岳尼を取り戻したのだ。後に青岳尼は還俗《げんぞく》して義弘の正室となり、後嗣《こうし》の義頼を産むことになる。

一方、青岳尼を奪還されて面目をつぶされた氏康は、住持不在となった太平寺を廃寺とした。青岳尼が自らの意志で海を渡ったと知ったからだ。

こうした戦いを通じて、北条氏は里見氏の上陸作戦を阻止できる強靭な水軍拠点構築の必要性を痛感していた。その結果、取り立てられたのが浦賀城と三崎城である。

ただし三崎城がいつ創築されたのかは定かでない。おそらく三浦氏が支配していた時代から何らかの拠点があったはずで、徐々に拡大と改変を遂げていったと思われる。

永禄十年（一五六七）、三崎城主に指名された氏康五男の氏規《うじのり》は、北条水軍の統括も兼ねることになり、三崎城の大改修に取り組んだ。この大改修は天正五年（一五七七）まで続く。

三崎・浦賀両城が完成したことだけが原因ではないものの、同年十一月、陸海からの北条氏の圧迫に耐え切れなくなった里見氏は、北条氏との間に降伏同然の和睦を結ぶことになる。

実は九月、里見氏の本拠・佐貫《さぬき》城の沖で海戦があり、里見水軍を破った北条水軍は上陸作戦を敢行し、佐貫城を攻め立てていたのだ。

この時の海戦について詳しく書かれた記録はない。だが里見水軍に相当な打撃を与えない限り、北条水軍は上陸作戦を行えず、その後の補給もままならないので、里見水軍は壊滅的な打撃をこうむっていた可能性がある。

かくして四十年余にわたった江戸湾をめぐる戦いは終息する。以後、浦賀城は江戸湾警固の城、三崎城は三浦半島の統治拠点となっていく。

北条流築城術の到達点

三崎港は前面に城ヶ島が横たわっていることで、台風が来ても風波が穏やかな天然の良港だ。その三崎港を城ヶ島と共に守るかのように、北西から張り出した台地先端部に築かれたのが三崎城である。

城域は東西六百メートル、南北三百六十メートルで、海に面した城としては比較的広い上、その縄張りは北条流築城術の粋を集めたと言ってもいい完成度を示している。

城域には本曲輪（現・青少年会館）などの主郭部と、南西の大堀切を隔てた出丸と呼ばれる領域があり、その分離性は高い。

まず入江（現・三崎港）を背にした断崖上に本曲輪を置き、その東端にあたる先端部に馬出状の伝笹曲輪（七曲輪）を設けている。この伝笹曲輪も断崖上だが、入江側からの登攀《とうはん》も可能なため、あえて本曲輪との間に土塁を設けて区画し、入江から登ってくる敵を、そこで食い止めようとしたのだろう。

本曲輪の西側には土塁を隔てて二曲輪（現・体育館）がある。研究家によっては本曲輪と二曲輪を逆にしているケースもあるが、確かに東西両曲輪は同程度の高さにあり、城主がどちらにいたか分かりにくい。それでも入江に近い位置にあり、倍近い広さの東側の曲輪を本曲輪とするのが妥当ではないだろうか（里見氏との和睦後に本曲輪を変えた可能性はある）。それゆ

三崎城の伝笹曲輪から見下ろした三崎港。

え本書では、東側を本曲輪、西側を二曲輪とさせていただく。

この二曲輪に通じる本曲輪の虎口は二つ折れの桝形となっており、さらに北側の土塁上には櫓台があり、虎口を射程内に捉えている。

また二曲輪の南には現在、福祉会館のある六曲輪と呼ばれる小さな曲輪がある。この曲輪も断崖上にあるが、南から二曲輪に入ることを防ぐために設けられた曲輪だろう。

二曲輪と本曲輪の北にあるのが三曲輪と四曲輪である。この両曲輪の間には、三崎城の最大の特徴である五角形の馬出がある。この馬出は二曲輪の北側に付けられた虎口を守る形になり、本曲輪と二曲輪内には敵を一歩も入れさせないという強い意志を感じさせる。

三曲輪と四曲輪の北側には外曲輪（現・三崎中学校）が広がっている。この外曲輪にも、かつては土塁と堀が取り巻いていた。こうした緩衝地帯的曲輪を設けることで、鉄砲攻撃から城の中核部を守ろうとしたのだろう。

北条氏の城は塁線を屈曲させて横矢を掛け、さらに寄手の侵入路にキルゾーンを設けることで寄手勢力を漸減《ぜんげん》し、寄手の攻勢が停滞した時に陣前逆襲によって撃退するという縄張りを取っていることが多い。

　ところが三崎城は曲輪の高低差を利用し、通路に死角なく横矢を掛けることで、敵の侵入を押しとどめようとしている。ほかの拠点城と比べると、より縄張りの妙によって敵の損耗率を上げ、味方の損耗率を低下させようという意図がうかがえる。つまり杉山城のように塁線の折れによって横矢掛りを丹念に施していく方法とは違い、曲輪の位置関係によって横矢を掛けているのだ。この方が塁線に余計な長さを生じさせないため、平時の居住性がよく、戦時も曲輪内の移動がしやすい縄張りと言えるだろう。

　三崎城のように、天正期に入ってからの北条氏の城はより洗練され、それに比例するように守備兵の練度も上がっていたと思われる。つまり城兵の練度や防御方法に自信があるから、これだけ無駄なく論理的な縄張りを十分に機能させられたのだ。

　堀切を隔てた西側には光念寺《こうねんじ》や本瑞寺《ほんずいじ》、さらにその北には広大な五曲輪（現・三崎小学校）がある。これらの曲輪にも土塁や空堀跡が確認されており、増援兵がやってきた時の駐屯地として使われていたのだろう。

　三崎城は、江戸湾における北条水軍の本拠だった可能性が高い。というのも西の相模湾側に新井城、東の江戸湾側に浦賀城があり、自らの前面には城ヶ島が横たわるという地形のため、半島全体を城と考えると、三崎城自体が本曲輪のような位置にあるからだ。

ただし浦賀城が対里見戦の出撃拠点として最適の場所にあるのに対し、三崎城は狭い湾の奥にあり、どちらかというと船溜まり（係留地やドック）の要素が強い気がする。つまり対里見戦において、警固衆の出撃拠点である浦賀城と統治拠点兼船溜まりを担った三崎城は、分業化が図られていたとも考えられる。

また三崎城は入江を守る城というよりも、陸からの攻撃を防ぐことを主眼にした城である。それは陸戦主体の北条氏の限界というよりも、里見氏との和睦後、三浦半島南部の支配を重視するという改変が加えられたと考えるのが妥当だろう。

石垣山城

北条氏を驚かせた石垣城の威力

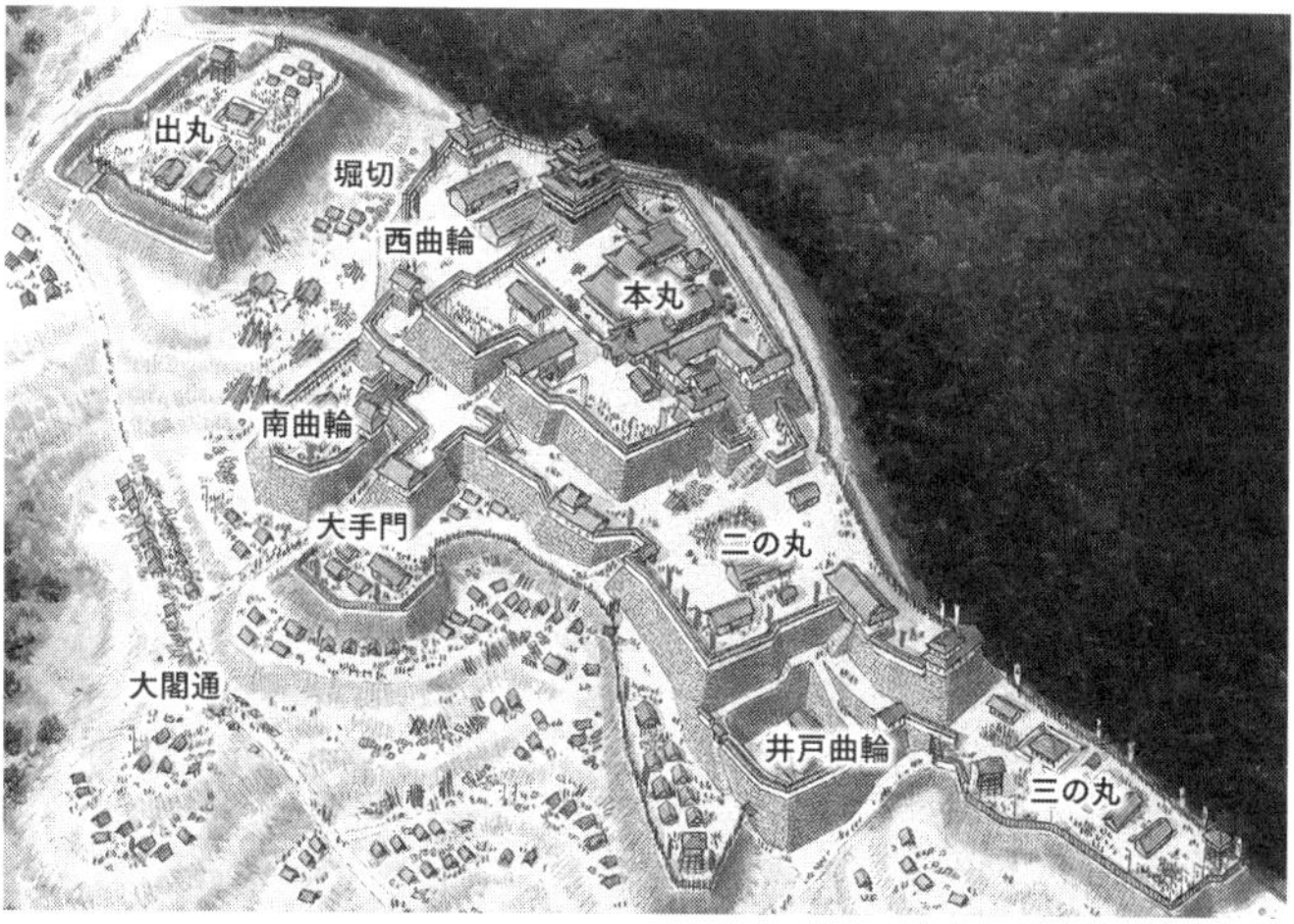

所在地	神奈川県小田原市早川
城郭構造	梯郭式山城
築城主	豊臣秀吉
築城年	天正18年（1590年）
主な城主	豊臣氏
廃城年	天正18年（1590年）
遺構	石垣、曲輪、堀切、井戸
アクセス	JR東海道本線早川駅または 箱根登山鉄道箱根板橋駅からタクシー10分

石垣山城築城の経緯

天正十八年（一五九〇）二月、小田原北条氏に宣戦布告した豊臣秀吉は三月一日、京都を出陣し、同月二十九日に北条領国の西の玄関にあたる箱根口の要衝・山中城に攻め寄せた。この時、豊臣勢七万は犠牲を顧みない総攻撃により半日で山中城を落とした。

豊臣勢の戦意の高さに驚いた北条方は、屏風山・鷹巣・宮城野・塔ノ峰などの箱根山城塞群を放棄し、小田原の西北方面を守る深沢・足柄・浜居場・新の諸城からも兵を退去させた（もしくは将兵が勝手に退去した）。

相次ぐ敗報に北条方は慌てふためき、近隣の農民・漁民・商人・僧侶から女子供までを小田原城内に収容し、籠城戦の準備を急いだ。

四月三日には、先手を受け持つ徳川勢先遣隊が小田原近郊に姿を現し、六日には、秀吉が箱根山を越えてきた。箱根湯本の早雲寺に本陣を構えた秀吉は長期戦を見据え、小田原城を一望の下に収める標高二百五十七メートル（比高二百メートル）の笠懸山《かさがけやま》に、総石垣造りの付城の構築を命じた。

この城のある山の名は、今は石垣山となっているが、当時は笠懸山と呼ばれていた。

ちなみに付城とは二つの意味がある。一つは、本城を補完する役割を持つ出城という意味で使う場合。もう一つは、敵の城を攻めるために寄手の陣として築いた城を指す場合だ。もちろん後者の意味で使われるケースが圧倒的に多い。

なお付城と陣城の意味は異なる。陣城は陣としている城という意味で、城攻めでない場合にも使われる。長篠の戦いを例に取ると、武田方が長篠城を包囲するために築いた鳶ヶ巣山《とびがすやま》砦は付城だが、武田勝頼が連吾川を挟んで、織田・徳川連合軍と対峙するために築いた設楽原《したらがはら》の才ノ神本陣は陣城になる。また、それに対する織田・徳川連合軍の弾正山《だんじょうやま》陣なども陣城になる。

小田原城を攻めるにあたり、秀吉はどこか安全性の高い場所に付城を築こうとした。というのもこの戦いは長期戦が予想され、じっくり腰を据える必要があったからだ。

早速、地選が行われ、小田原城を一望できる笠懸山に決まった（小田原城までの距離は三キロメートル）。

これ以前、北条氏はこの地に出城を築いていたらしい。石垣山城となってからの堀切を隔てた最西端にある出丸と呼ばれる曲輪は、北条氏時代のものだという伝承がある。

石垣山城の築城記録は四月末頃から見えてくるが、当然その前に経始（設計や測量といった準備作業）は行われていたはずで、城造りの作業が本格化したのは四月下旬以降だろう。しかも驚くべきスピードで、同時並行的にすべてが進んでいたらしく、五月中頃には石垣普請どころか、秀吉の御座所（御殿）の作事まで終わる見込みだという書状が残っている。

同月十四日付けの北政所あて秀吉書状には、「大どころはできた。やがて広間（御殿のこと）と天守もできるだろう」と書かれている。実際に同月中に、広間と天守の作事にも着手していたらしい。石垣普請は五月半ばに終わり、台所もでき上がっていたという。

石垣山城におけるエピソードで最も有名なのは、伊達政宗の出仕だろう。秀吉の出した「関東・奥両国惣無事令」（奥両国とは陸奥《むつ》・出羽のこと）を無視して蘆名《あしな》氏を滅ぼした政宗を、秀吉は許すつもりはなかった。しかも明らかに様子見の遅参であり、当初、秀吉は政宗に会おうとしなかった。

それでも六月九日、千利休らの取り成しで秀吉は政宗を引見した。その時、政宗は鎧の上に純白の陣羽織を着て、髪の毛を禿刈《かむろ》り（ざんぎり頭）にして現れた。その奇抜な姿を見た豊臣政権の重鎮たちは一様に顔をしかめたが、秀吉は一目で気に入り、拝跪《はいき》する政宗の首筋を馬鞭《ばべん》で三度叩き、「もう少し遅かったら、この首が落ちていたところだぞ」と言って笑ったという。

この時、政宗は「奪い取った蘆名領は、すべて殿下に献上します」と言って平伏したので、秀吉は上機嫌となり、この場で伊達家の本領を安堵したという（異説あり）。

秀吉が奇抜で派手な演出を好むと誰かから聞いていた政宗は、異様な姿をすることで、秀吉の歓心を買うことに成功したのだ。

築城に関する政宗の逸話には以下のものがある。九日に続いて十日にも伺候した政宗は、前日にはなかった白壁が完成しているのを見たが少しも驚かず、「白紙が貼り付けてあるだけです」と見抜いたというものだ。言うまでもなく自らの白装束になぞらえてのものだが、このユーモアに秀吉は感心したという。塀や壁に白紙を貼って白塗りにしたように見せかけたという話は、ほかの史料にも見られるので真実の可能性が高い。

　同月十四日には頑強な抵抗を続けていた武蔵国の鉢形城が降伏開城し、二十三日には同じく八王子城が壮絶な落城を遂げた。いまだ籠城を続けている城はいくつかあるものの、小田原城への惣懸りの条件は調った。

　二十六日、秀吉は小田原城から見える東側の大樹を一斉に伐採《ばっさい》させた上、鉄砲を盛んに撃ち、石垣山城の誕生をドラマチックに演出する。

　二十九日には、落成を祝す盛大な大茶会が開かれた。大坂から側室の淀殿を呼び、さらに公家、楽師、連歌師、能楽師などを招集していたので、賑やかな催しとなったはずだ。

　秀吉の人生の頂点はここに極まった。その舞台装置こそ石垣山城だった。

　これに度肝を抜かれた北条方が戦意を喪失したというのは、軍記物の定番エピソードだが、あながち偽りとは言えない。

　こうしたことから七月五日、北条方は当主の氏直が小田原城を出て降伏開城することになる。

　七月十一日付けの文書には、近江国から来ていた石垣積みの技術者集団・穴太《あのう》衆三十五人を帰したという記述が見られ、北条氏が降伏した時期と一致している。

つまり小田原城を手に入れた秀吉は、石垣山城をこれ以上、整備拡張するつもりはなく、この後に予定している奥羽征伐の中継基地としてだけ使うつもりだったと思われる（実際に奥羽鎮定の際に物資の中継基地として使われた）。

かくして後に「一夜城」と呼ばれることになる石垣山城は、一応の完成を見た。延べ人数で四万人が動員され、工期はおおよそ八十日だった。

石垣山城の縄張りと構造

箱根外輪山南部から北西方向に下ってきた尾根の先端部に築かれたこの城は、北を除く三方の見晴らしがよく、また小田原城内の大半を視野に収められるので、城を築くのに理想的な場所にあった。この城へのアクセスは、早川沿いに走る国道一号から脇道に入り、太閤道《たいこうどう》を東から西へと登っていく形になる。この道は築城時、早川港から物資を石垣山城に運び入れるために造られたという。

山頂部の駐車場は広い平場（東曲輪）になっており、豊臣方の雑兵《ぞうひょう》たちは、ここに宿営していたと思われる。

登城ルートとしては、駐車場となっている東曲輪から大手道を進むことになるが、城好きなら、まず左手にある南曲輪を見てほしい。実は、この城は大正十二年（一九二三）の関東大震災の時に石垣が激しく崩落《ほうらく》したことで（震源地は小田原沖）、ほかの豊臣系城郭に見られるような高石垣が消滅している。そうした中、南曲輪から西曲輪にかけては、当時の様子をかろうじて残しており、一見の価値がある。

ただし城破《しろわ》り（城を壊して使えなくすること）のあった肥前名護屋城を詳しく検分すると分かるのだが、この城も同様のことが行われたのではないだろうか。つまり石垣の一部で隅角部《ぐうかくぶ》の破壊がなされているのだ。断定は避けたいが、廃城時に破壊された可能性がある。

関東大震災にも耐えた南曲輪の石垣の隅石が石垣山城では最大のものだが、この城の石は城の西側斜面の石切場から切り出されたと分かっている。元々、笠懸山は箱根山の噴火で生じた溶岩流が冷えて固まった山なので、安山岩の岩盤が地下の浅い位置にあり、石垣用の石を採掘するには便利な場所だった。

ちなみに南曲輪からの登城路は、南曲輪と二の丸からの攻撃を受けつつ屈曲を繰り返し、本丸に至るという複雑な構造になっている。

縄張りは比較的シンプルだ。最も高所になる山頂部に本丸（本城）と天守台を置き、尾根続きに二の丸（馬屋曲輪）と三の丸（北曲輪）が配される梯郭式と呼ばれる構造になる。城域は東西五百五十メートル、南北二百七十五メートルに及ぶ。

不思議なのは、小田原合戦の翌年にあたる天正十九年（一五九一）の銘が入った瓦が発見されていることだ。北条氏滅亡後もこの城を使い続けるために、板葺きで完成していた屋根を全面的に瓦に葺き替えたことになる。つまり北条氏滅亡後、関東に入部した家康には、この城を何らかの目的で使い続ける意図があったのかもしれない。

　三の丸と井戸（後述）を見学してから二の丸に戻ると、眼前に本丸の石垣が迫ってくる。本丸北側の石垣は惜しくも崩落しているが、十メートルの高さだったとされ、小田原城からよく見えるように工夫されている。

　一方、本丸の南西側には西曲輪を、その南東側に南曲輪を配し、双方にまたがる大堀切を隔てて出丸となる。

　本丸には天守台を築き（現在は円墳状の小丘《しょうきゅう》）、東と北に二カ所の虎口を設けている（桝形ではない）。本丸からは瓦が多数出土しているので、最終的には本格的な瓦葺天守があったと思われる。

　最後に、二の丸と三の丸の間に掘られている巨大な井戸について触れる。この井戸は、野面《のづら》積みの石垣を三段に張りめぐらせた堅固な造りとなっている。上辺部の一辺は二十メートルほどあり、深さは十メートルほどだが、石垣をびっしりと積み上げた造りは壮観だ。

　こうしたことからも、当初は長期戦をにらんで本格的な拠点にしようとしていた石垣山城だったが、予想以上に北条方の崩壊が早く、途中から丁寧さよりも速度を重視した普請作事に変わったと推測できる。

城は目的を持って築かれる。石垣山城の場合、当初は長期戦を想定した本格的な城を築くつもりでいたが、北条方の反撃の可能性がほとんどない上、関東諸城の攻略が予想を上回る速さで進んだことで、基本コンセプトが「堅固な城」から「見せる城」に変わったのだ。

小机城

太田道灌に落とされた河畔の要害

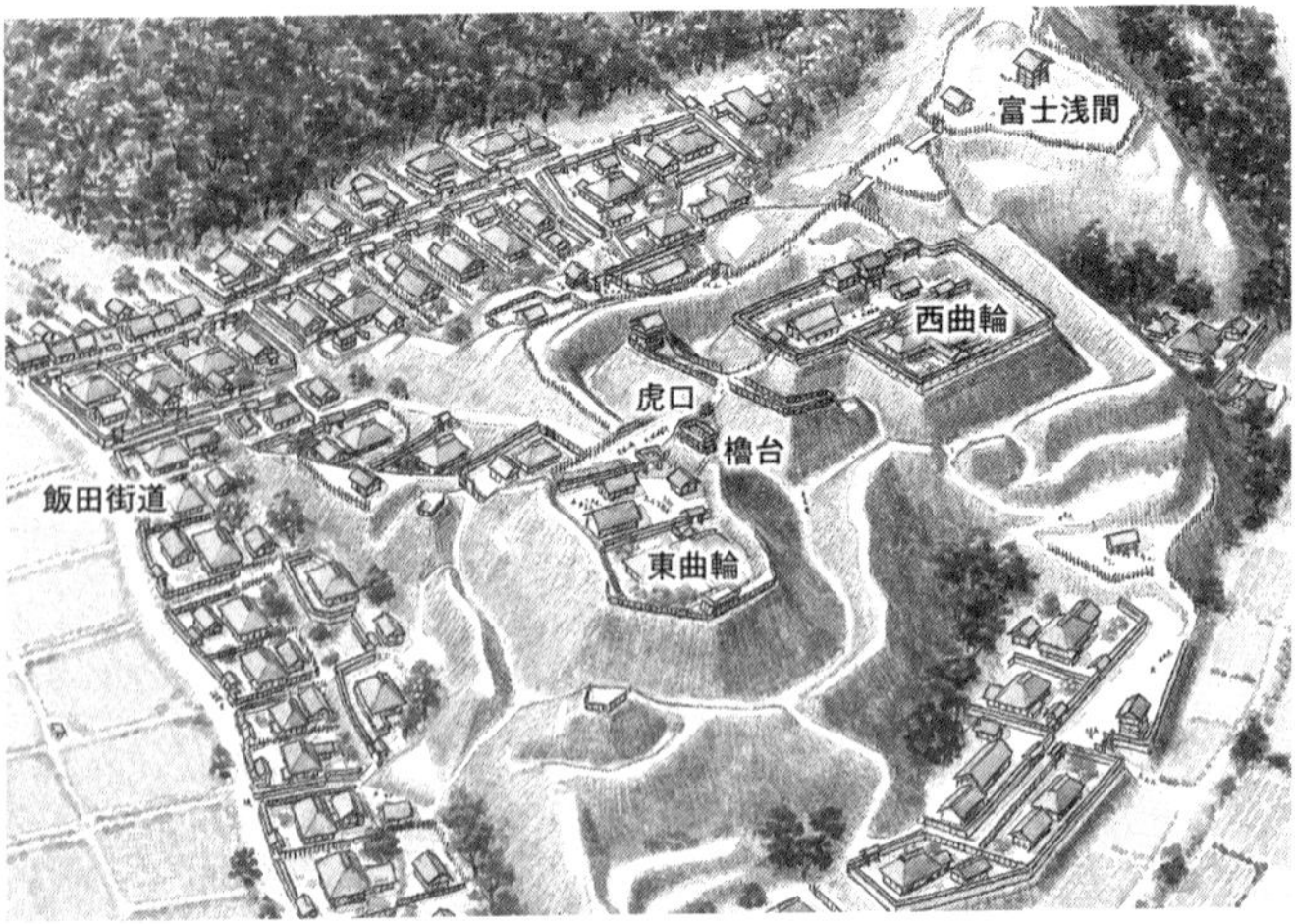

所在地	神奈川県横浜市港北区小机町
城郭構造	連郭式平山城
築城主	上杉氏?
築城年	永享年間(1429～1441年)?
主な城主	山内上杉氏、長尾氏、笠原氏、北条氏
廃城年	文明10年(1478年)、天正18年(1590年)
遺構	空堀、土塁、土橋、堀切、櫓台、帯郭
アクセス	小机駅から徒歩約10分

傲岸不遜な男

小机は　まず手習ひの　はじめにて　いろはにほへと　ちりぢりになる

この狂歌は文明十年（一四七八）、太田道灌が小机城を攻めた際、陣所を構えた亀ノ甲山の南西に見える小机城を望んで詠んだ歌だという。味方を鼓舞するために詠んだとされるが、文意は、「小机城なんざ手習いの初めのようなもので、いろはにほへとと書くように落としてみせるさ」となる。

この狂歌を道灌本人が詠んだかどうかは分からないが、これが後世の偽作だとしても、これほど道灌の性格をうまく言い表している歌もないだろう。

以前に『敗者烈伝』（実業之日本社）という歴史人物の評伝集を出した時、私は敗者の中に道灌を入れ（厳密には、道灌は敗者でなく失敗者だが）、「己の手腕を恃《たの》みすぎた大軍略家」という副題を付けた。それほど道灌という男は、いい意味で己を恃むところが大きく、その自信は実績に比例するように巨大になっていった。

ところが文明十八年（一四八六）七月、道灌は扇谷上杉氏の本拠相模国の糟屋《かすや》館で、主の扇谷上杉定正によって暗殺された。この事件の原因は過度の自負心と油断によるものとしか思えず、道灌にとって想定外のことだったと思われる。

なぜ道灌の性格が分かるのかというと、実は「太田道灌状」という長文の書状が残っており、そこには関東管領・山内上杉氏への不満や鬱憤が書き連ねられているからだ。それは当時の価値観に照らしても決して男らしいものではなく、ある意味、独善的で唯我独尊な一面が垣間見られる。その道灌に攻められて落城したのが、小机城である。

今回は道灌の戦いを追いつつ、小机城の歴史や構造に迫っていきたいと思う。

「太田道灌状」は、『【図説】太田道灌――江戸東京を切り開いた悲劇の名将』（黒田基樹著 戎光祥出版）に読み下し文と口語訳で全編が収録されている。

小机城をめぐる戦い

太田道灌は永享《えいきょう》四年（一四三二）、相模守護・扇谷上杉氏の家宰を務める太田氏の嫡男として生まれた。幼少時よりその才は傑出し、九歳から十五歳まで預けられていた鎌倉五山の学所では、「五山無双《むそう》」（『永享記』）と謳われるほどだった。また文学にも造詣が深く、とくに和歌や漢詩にその才を発揮した。

享徳三年（一四五四）、関東管領の山内上杉憲忠《のりただ》が、古河公方の足利成氏に謀殺されることで享徳の乱が勃発する。

道灌が太田家当主となる享徳四年（一四五五）六月、成氏は鎌倉から下総国の古河に本拠を移した。以後、古河公方陣営と山内・扇谷上杉両陣営は、利根川を挟んで衝突を繰り返すことになる。

文明八年（一四七六）六月、山内上杉氏の家宰職に指名されなかった長尾景春が、主君の関東管領・山内上杉顕定に反旗を翻す。長尾景春の乱である。この頃、道灌は駿河今川氏の家督争いを収めるため駿府《すんぷ》に赴いており、景春は道灌の留守を狙って挙兵したのだ。

同年十月、道灌は江戸に帰還したが、顕定との間に不和が生じており、事態を静観していた。しかし翌文明九年（一四七七）一月、景春が顕定と定正のいる上州の五十子陣を襲い、これを攻略することで事態は緊迫する。

五十子陣から上野国まで敗走した顕定と定正は、江戸城にいる道灌に景春征伐を懇請した。これにより三月、ようやく道灌も重い腰を上げる。

そして見事な駆け引きで景春方を各個撃破した道灌は、翌文明十年（一四七八）一月、景春の援軍として駆けつけてきた古河公方を幕府に認めさせることを条件に和睦を成立させた。

これで関東に一時の平穏が訪れたかに見えたが、逃亡していた豊島泰経が武蔵国の平塚城（実際は練馬城か）で蜂起したため、道灌はこれを鎮圧し、泰経が小机城に逃げ込むと、道灌は惣懸りで泰経を討ち取った。さらに道灌は敵方となっていた二宮城・磯部城・小沢城を落城に追い込むと、七月には景春の本拠・鉢形城を激しく攻め立てて攻略を果たした。だが道灌はその後、主君の定正に謀殺される。

一方、道灌に落とされた小机城は、いったん廃城となった後、南関東に勢力を伸ばしてきた北条氏の所有するところとなり、初代早雲と二代氏綱の重臣の笠原信為《のぶため》、その後は早雲の息子の一人・宗哲《そうてつ》（幻庵《げんあん》）率いる小机衆の本拠となる。

おそらく北条氏は小机城の北を流れる鶴見川水運の掌握という目的と、相模国から武蔵国へ進出していくための兵站基地として、小机城を取り立てたのだろう。確かに小机城は、この頃の最前線拠点の江戸城と、背後の拠点城の玉縄城をつなぐ役割を果たす絶妙の位置にある。

なお一説に、道灌が落としたのは現在の小机城ではなく、その南を東西に横切るＪＲ横浜線の線路を隔てたところにある金剛寺の裏山だという説がある。今は墓地となり、遺構は全く残っていないが、地元では「古城」と呼ばれていたという伝承もある。そうなると小机城自体は、後に北条氏によって創築されたことになる。

三代氏康期から四代氏政期にかけて、小机衆は玉縄衆と並ぶ北条氏を代表する戦闘集団となり、関東各地の戦いに投入された。しかし永禄十二年（一五六九）十二月、駿河国の蒲原《かんばら》城を守っていた小机衆は、武田信玄の猛攻を受け、幻庵次男の氏信《うじのぶ》、三男の箱根少将長順《ちょうじゅん》ら名だたる武将が討ち取られて壊滅する（氏信は小机北条氏の現当主）。

二人の息子を失った宗哲は、氏康七男の三郎（後の景虎）を養子に迎え入れ、小机衆の再編を託すが、わずか二カ月後に三郎が越相《えつそう》同盟の証人とされたため、養子縁組を解消せざるを得なくなった。氏政の代になると、小机衆はあまり戦場に出なくなり、その代わりに氏政の弟たちが率いる滝山衆や鉢形衆が戦闘集団となっていく。

小田原合戦において小机城の攻防戦の模様は全く伝わっておらず、すでに廃城となっていたか、捨て城にされていた可能性が高い。

小机城の位置と構造

横浜市内にあり、ＪＲ横浜線小机駅から徒歩十分ほどで着くこの城は、首都圏に住んでいる方にとって、手軽に中世古城を楽しめる貴重な遺跡だ。

この城は十五世紀半ばに山内上杉氏が築城したとされるが、元は国人の小机氏の居城だったという伝承もある。しかし小机氏自体の記録が全くないため、真偽は不明となっている。また山内上杉氏の家臣で、後に長尾景春に与した矢野兵庫助憲信《ひょうごのすけのりのぶ》の城とも伝えられるが、矢野氏の場合、一時的に駐屯していたと見るのが妥当だろう。つまり築城者は謎ということになる。

この城は、南から延びる標高四十二メートル、比高二十二メートルの台地が、鶴見川に張り出す突端部分に築かれた連郭式平山城で、河川交通を掌握する目的で築かれたと思われる。

当時の河川は街道と同じくらい重要で、河川交通を押さえることで経済的にも軍事的にも優位に立てた。とくに鶴見川流域は古代から多くの人が住みつき、江戸湾へも迅速に出られるので、河川交通を管制できる小机城の位置は理想的だった。

また城の東南には、神奈川湊から武蔵府中へと続く飯田街道が走っており、江戸湾から武蔵国中心部への陸上交通路も押さえることができた。つまり小机城は、城の北を流れる鶴見川と、東南を通る飯田街道に挟まれた交通の要衝に築かれた城ということになる。

城の中心は東西二つの曲輪から成っており、その間に馬出状の細長い帯曲輪が挟まり（実はここが最高所になる）、周囲を堀で囲むという至ってシンプルな縄張りだ。

東曲輪は西側の一部に土塁が残され、南西には櫓台跡がある。南端に虎口跡もあり、西曲輪に通じているが、どのような虎口だったかは分からない。一方、西曲輪は方形を成していることと、東曲輪以上に独立性が強いので、おそらく当初の小机城は、ここだけではなかったかと思われる。定説では東曲輪が戦国時代以前、西曲輪が戦国時代の築造とされるが、西曲輪南面の喰違虎口などは、平入虎口から改変するのは難しいことではないので、実見した限りにおいては、こちらの方が古い気がする。

その根拠としては、西曲輪は方形で、四面が東西南北で正確に取れており、居館城の延長線上で造られたと思われる一方、東曲輪は直下に城下町（家臣団屋敷）を抱えており、西曲輪の前衛を成す曲輪という感じがすること。さらに西曲輪の西には現在、南北に第三京浜道路が走っているが、それを隔てた西側にも尾根伝いに遺構があり、搦手を守る形になっているからだ。ちなみに西曲輪を取り巻く堀は、最大幅十二メートル、深さは十メートルという規模で、滝山城にも匹敵する。ただし都心に近い立地なので遺構の破壊が激しく、また第三京浜道路とJR横浜線の線路が遺構の中でクロスしている上、周囲も宅地造成が進んでいる状況なので、東西のどちらを本曲輪とするか、結論を出すのは難しい。

面白いのは、第三京浜道路を挟んで「富士浅間《せんげん》」「出城」などと呼ばれる遺構から尾根が南に延び、さらに直角状に東に曲がり、金剛寺の裏山に達している点だ（不整形な馬蹄状になる）。確かに、ここに一城別郭的な砦があってもおかしくない（一城別郭については、３９９ページ参照）。

この城は、グランドデザインのない古い城をベースに拡張していったという感じがする。その理由としては、例えば杉山城や山中城といった縄張りの優れた城と比較すると、地形に任せて場当たり的に増築していった感が強く、曲輪間の連携が弱い気がするからだ。

この城は都心に近い城としては土塁や堀をよく残している上、「小机城址市民の森」として整備も行き届いており、戦国時代の雰囲気を手軽に味わうには最適の城と言えるだろう。

第三章

埼玉県

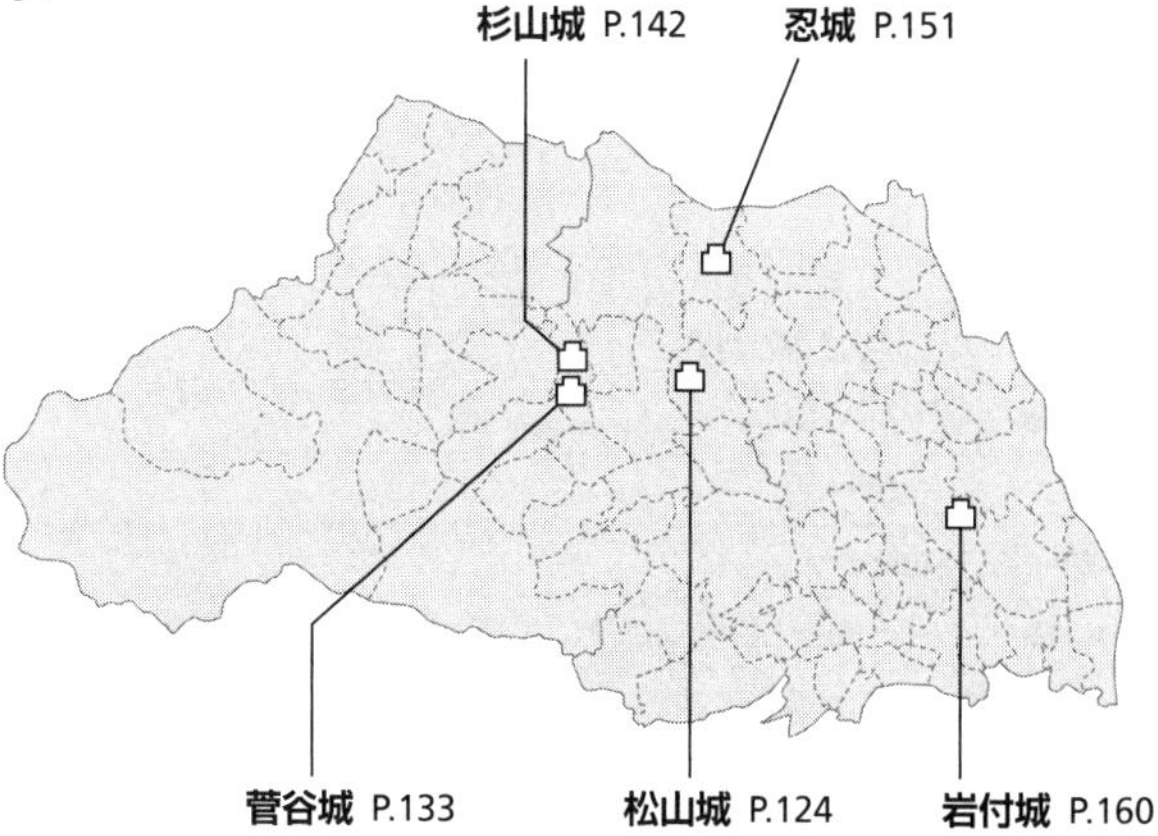

松山城

交通の要衝に築かれた堀だらけの城

所在地	埼玉県比企郡吉見町
城郭構造	梯郭式平山城
築城主	上田上野介?
築城年	15世紀後半
主な城主	上田氏、扇谷上杉氏、北条氏、太田氏
廃城年	1601年(慶長6年)
遺構	空堀、土塁、土橋、虎口、井戸
アクセス	東松山駅からバスで「百穴入口」下車、徒歩2分

堀について考える

いかなる時代も、城を造るにあたって最も重要なパーツは堀であり、日本国内で堀のない城というのは、一時的な使用目的で造られた陣城や付城を除けば極めて少ない。

堀には内と外を区別するという目的があり、敵の侵入を阻む「遮断」という役割が課せられている。これは堀とセットで築かれることの多い塁（土塁や石垣）にも共通しているが、常に塁の外側に設けられるのが堀であり、寄手がまず乗り越えねばならない関門が堀となる。

観光地として整備された近世城郭に行った際、最初に目にする城の施設は堀のはずだ。近世城郭は平地や低地に築かれることが多いため、大半は水堀となる。一方、山城は水量が豊富でない高地に築かれるため、空堀が多い。

どちらも一長一短はあるが、防御性は水堀の方が高いのは歴然だろう。ただし敵を引き入れて殲滅するという戦術を取るなら、空堀を誘導路に使うのは有効であり、攻撃的な性格を持つ城では、平城でも空堀のままというものがある。

堀底の形状は大きく分けて二つある。一つは箱堀で、文字のごとく堀底を平らにしたもので、水堀の大半は箱堀にして水を溜まりやすくしている。箱堀は浅くても幅が取れるので、とくに鉄砲普及期以降は有効だった。

もう一つは薬研堀で、堀底を鋭角にしているので、寄手の堀底での動きを制約する効果がある。そのため空堀に多い。

このほかの堀の形式としては、二つの長所を融合した箱薬研堀といったものや（「石神井城」を参照）、堀底に衝立《ついたて》を設け、敵の動きを制限する畝堀や障子堀といったものもある。

また堀には、横堀、堀切、竪堀といった用途による種別がある。いずれも遮断を目的としているが、その地形的性格から、平城では横堀が、山城では堀切と竪堀が採用されることが多い。横堀とは曲輪の周囲を取り巻くように掘られた堀のことで、堀切とは尾根を断ち切る目的で設けられた堀、竪堀とは斜面に対して縦方向に掘られた堀のことだ。

こうして堀は、必要不可欠の遮断パーツとして大半の城で採用されてきた。しかしその有用性を過信するあまり、過剰なまでに堀を掘りすぎた城がある。松山城である。

松山城の位置と縄張り

関東平野は日本最大の平野であり、その中央に位置する武蔵国は六十六万七千石という全国屈指の生産高を誇っていた（慶長三年〔一五九八〕の豊臣政権の検地）。

戦国時代中期には、南から勢力を伸ばしてきた北条氏、北から越山《えつざん》を繰り返す越後上杉氏、西から侵略する武田氏という三者角逐《かくちく》の場として、激しい戦いが繰り広げられた。

そうした中、江戸・滝山・河越・鉢形・忍、そして松山といった城は、武蔵国の要衝として幾度となく攻防戦の舞台となってきた。

中でも松山城のある埼玉県比企郡には、杉山城、小倉《おぐら》城、腰越城、菅谷城、青山城など遺構をよくとどめている戦国期の城が近接し、それぞれが個性的かつ技巧的な縄張りを持っている。

この地域に多くの城が築かれた理由としては、比企郡は武蔵国北部中央に位置し、交通の要衝にあたるからだろう。

とくに松山は鎌倉街道上道下野線の宿駅の一つで、下野方面に向かう下野線だけでなく、北条氏の開発した「山の辺《べ》の道」と呼ばれる街道（小田原から鉢形を経由し、上州方面に通じる道）との連絡道が松山で合流しており、軍勢がぶつかり合うことの多い地となっていた。

河川交通という点でも、松山城は北方から南流してきた市野《いちの》川が荒川に合流する手前に築かれていたので、河越や江戸との距離感は意外に近かったと思われる。荒川は大河なので氾濫することが多く、逆に市野川の方が船溜まりしやすかったのかもしれない。

その占地だが、ちょうど市野川が北方から延びてきた台地にぶつかり、西に蛇行するところに築かれている。そのため北・西・南の三方が市野川に囲まれ、自然の外堀を形成していた。既述の石神井城もそうだが、長野県南部の大島《おおじま》城なども類似した地形に築かれている。

大手は唯一地続きの東に設けられており、その前面には家臣団の屋敷地が広がっていたと推定されている。

城は五つの丘から成るアップダウンの激しい地形に造られており、最も西側すなわち市野川に沿った最高所（比高五十八メートル）に本曲輪が築かれている。つまり台地は突端部に向かって高くなっており（多くは逆）、その突端部のある西側に河が蛇行して流れているという、河岸段丘に築かれた丘城としては理想的な地形にあった。

その縄張りだが、西から東に向かって本曲輪、二曲輪、春日丸、三曲輪等が直線的に並び、それらを補強するように、笹曲輪、太鼓曲輪、兵糧蔵、惣曲輪といった名の曲輪が取り囲んでいる。

基本は連郭式の縄張りだが、無秩序に曲輪が配置されているように見える。しかし曲輪間の連携は考えられており、意味もなく曲輪の間に堀をうがっていったわけではない。

大手は三曲輪の北東部で、その先には根小屋曲輪（四曲輪）、さらに惣曲輪と呼ばれる外郭部が存在していたとされている。これが前衛部の家臣団屋敷地にあたり、寄手はここを制圧しないと、城の中核部に近づけない構造になっていた。

縦横無尽に切られた空堀

この城の堀は曲輪面積を圧迫するかのように掘られており、曲輪の居住性は至って悪かったと思われる。戦時だけ使用された城なのかもしれないが、兵が駐屯できたのかという疑問さえわくほどだ。

ちなみに、この城は東西一キロメートル、南北五百メートルの広さで楕円形をしており、その城域二万七千平方メートルのうち、曲輪が四十八パーセントに対して堀が五十二パーセントもあり、堀の方が平坦地よりも広いという、ほかに類例のない城となっている。

簡単に考えれば、この城は堀による防御に重点が置かれており、各曲輪の居住性を犠牲にしても構わないという城取り（設計者）の方針が貫徹されているのだ。確かに守備兵力に限界があれば、曲輪面積があっても意味がないわけで、こうした堀重視の縄張りも分かる気がする。

城主は国人の上田氏だが、その最大動員力は三百から四百と考えられるため、こうした堀に頼った防御法も、考えに考え抜かれた末の縄張りだったのかもしれない。

ただし曲輪上の平坦部を多く取りたいがために、この城には土塁が極めて少なく、切岸、折れ歪み、横矢掛り、馬出といった技巧の複合技で守っていくという方針が徹底されている。

土塁がなくても塀をめぐらせればよいわけだが、その塀さえも曲輪の面積を削減する要素となるため、細長い形状の曲輪では、人が擦れ違うのさえ困難だったに違いない。

それでは、どのような攻防戦が行われたのだろうか。この城は三方に市野川がめぐっているため、寄手は東側の低地、すなわち大手側の緩斜面から攻め寄せることになる。

まず寄手は曲輪を制圧しつつ堀底道を進むことになるが、この城の堀はクランクが多くて先が見通せないだけでなく、どこをどう進めばよいのか分からない迷路状になっている。中には行き止まりや隘路もあり、上方からの格好の標的とされてしまう。

　そのため一つひとつの曲輪を制圧しておかないと、常に上方からの攻撃に晒され、相応の出血を覚悟せねばならなくなる。しかも各曲輪は九十度近い角度で切岸にされているため、堀底道から曲輪に上ることは容易ではない。つまり曲輪を制圧しながら進むということは、寄手が次第に損耗疲弊していくことであり、その攻撃が限界点に達した時に城方に反撃されれば、ひとたまりもなかったに違いない。つまり弱みとなる東側の緩斜面を補うには、ずたずたに堀を切り、堀をキルゾーンにするしかなかったのだ。

　一方、東側以外から攻める場合、市野川を渡河できても、腰曲輪や竪堀が登攀を妨害するので、自然に堀底道に誘い込まれるという構造になっている。つまり、ここでもキルゾーンとなる堀が立ちはだかる。

　まさにこの城は、堀の有効性を極限まで突き詰め、いかに寄手の損害を最大化するかということを考えた究極の「堀城」なのだ。

城というのは不思議なもので、どんなに素晴らしい遺構を有していても、戦闘のなかった城がある。その一方で交通の要衝に築かれた城などは、幾度となく攻防戦の舞台となった。松山城は、そうした「戦う城」の典型であろう。

この城は、応永年間（一三九四〜一四二八）に上田上野介という国人によって築かれたとされるが、その存在が史料上で確認できるのは、十五世紀後半になってからだ。

十五世紀後半から十六世紀前半にかけて、山内・扇谷両上杉氏の間で戦われた長享の乱において、松山城は扇谷上杉方の城として何度か史料に登場する。その後、天文年間（一五三二〜一五五五）初頭に武蔵国侵攻を開始した北条氏と、それを阻止せんとする山内・扇谷両上杉氏との間で、幾度か攻防戦が繰り広げられた末、天文十五年（一五四六）の河越城の戦いに大勝利を収めた北条氏が周辺一帯を手中に収める。この時、松山城も北条氏のものとなった。

だが翌天文十六年（一五四七）、北条氏三代当主の氏康が房総半島の里見氏討伐に出向いている隙に、氏康に領国を追われた太田資正《すけまさ》が松山城の奪還に成功した。太田氏は岩付城を本拠としていたが、松山城はその傘下国衆の上田氏の城だったからだ。

資正は松山城主だった上田朝直を入れるが、すぐに朝直は離反し、再び松山城は北条氏の手に落ちる。

その後も松山城は、北条氏と太田氏の争奪戦の舞台となっていく。

永禄四年（一五六一）には上杉輝虎（謙信）の助力によって、資正は松山城を回復し、城主には上杉憲勝《のりかつ》（扇谷上杉朝定《ともさだ》の弟）が据えられた。しかし翌年、氏康と武田信玄が協力して攻め寄せてきた。

憲勝は輝虎に救援を要請し、輝虎も駆けつけてくるが、上野国の北条方国衆に行く手を阻まれた末、永禄六年（一五六三）二月に降伏開城する。以後、松山城は北条氏の城となり、城主に上田朝直が復帰した。

しかし天正十八年（一五九〇）の小田原合戦で、北国勢を率いる前田利家《としいえ》と上杉景勝《かげかつ》に攻められたことで、さしもの松山城も長い歴史に終止符を打つことになる。その後、徳川家康の関東入部によって一時的に使われたものの、慶長六年（一六〇一）に廃城となった。

松山城は交通の要衝にあったためか攻防戦が多い城だった。ほかの比企郡の城がほとんど記録に出てこないのに比べ、松山城は一次史料にも軍記物にも頻出している。それだけこの城は、武蔵国を制するための重要拠点だったのだろう。

なお太田資正については『太田資正と戦国武州大乱――実像と戦国史跡』（中世太田領研究会著まつやま書房）に詳しいので、関心のある方はお読みいただきたい。

菅谷城

畠山重忠屋敷という伝承を持つ城

所在地	埼玉県比企郡嵐山町
城郭構造	平城
築城主	不明
築城年	不明
主な城主	畠山重忠?、山内上杉氏、北条氏?
廃城年	不明
遺構	土塁、横堀、虎口、土橋など
アクセス	武蔵嵐山駅から徒歩15分

謎多き比企郡の城

中世古城というのは縄張りの研究だけでなく、地道な文献研究や発掘調査などによって築城者や築城目的、また攻防戦勃発時の守備方法などが明らかになってくる。ある程度の規模以上の城、優れた縄張りの城、文献記録によく出てくる城などは調査も進んでおり、その歴史や存在目的が解明されているものも多い。

だが城というのは不思議なもので、短期間しか使われず記録に残っていないものでも集中的に土木量を注ぎ込めば、ある程度の規模と、それなりの縄張りを持つ城になる。そうした城は短期的に重要な役割を担っていたはずだが、記録に出てこないことで、謎の城とされることがある。

そうした城の典型が菅谷城だろう。この城の三キロメートルほど北西には、同じように謎の城と呼ばれる杉山城があるのも面白い。

埼玉県比企郡の城郭群には、築城者、創築時期、目的、攻防戦の有無といった歴史が分かっていない城が多く（松山城を除く）、研究者たちの頭を悩ませてきた。菅谷城もその一つで、いったい誰が何のために築城したのか、また改修したのか、攻防戦があったのかなかったのかなどが一切分かっていない。だがそうした謎があるからこそ、人は中世城郭に引き寄せられるのも事実なのだ。

畠山重忠屋敷なのか

菅谷城は菅谷館として昭和四十八年（一九七三）に国指定史跡とされたが、その時の理由が、「畠山重忠の屋敷だから」ということだった。

重忠は鎌倉時代初期を生きた御家人の代表とも言える武将で、治承《じしょう》・寿永《じゅえい》の乱や奥州合戦でも鎌倉幕府軍の先陣を務めることが多く、その武功には比類なきものがあった。

しかし元久《げんきゅう》二年（一二〇五）、北条時政の謀略によって鎌倉に向かう途次の二俣《ふたまた》川で討ち死にを遂げ、畠山氏は滅亡する。

その重忠の所領は菅谷城の辺りにあったというが、それは『吾妻鏡』の元久二年六月条にある「（重忠）は小衾《おぶすま》郡の菅谷館《すがやのたち》を出て」という記述を根拠にしているだけで、その位置までは特定できていない。

小衾郡は現在の男衾《おぶすま》郡のことで、埼玉県比企郡小川町《おがわまち》および嵐山町《らんざんまち》の一部を指す。菅谷城が嵐山町にあるため、短絡的に畠山重忠の屋敷とされたが、菅谷城内に重忠の屋敷があったかどうかまでは分からない。

しかも現存する遺構は戦国時代中期から後期のもので、仮に畠山屋敷があったとしても、重忠の頃の遺構は湮滅《いんめつ》していると思われる。

この城は嵐山町にある菅谷台地南端の断崖上にあり、南面には都幾《とき》川《がわ》が流れ、東側と西側には都幾川に合流していく小河川が造った谷があるため、地続きは北側だけとなる。

とくに東谷は北方へ大きく回り込んで城を囲む形になっていることもあり、北西部の守りを堅固にすれば事足りるという後ろ堅固の地形である。これらの浸食谷は深く台地を刻み込み、幅もあるため、谷を渡って攻撃を仕掛けるとなると、寄手は相当の損害を覚悟せねばならない。

この城の東方には鎌倉街道上道もあり、鎌倉時代から続く集落や寺院が密集している。その点からすれば、この城が都幾川の河川交通と鎌倉街道上道の陸上交通を押さえる要衝だったと分かる。

結論としては、菅谷城が畠山氏の屋敷だったという確証はないものの、位置的には屋敷を築いてもおかしくはなく、その可能性を全く否定することはできない。

菅谷城の歴史

では、菅谷城はどのような形で歴史に登場するのだろう。

戦国時代初期の長享年間（一四八七～一四八九）、関東管領山内上杉氏と相模守護扇谷上杉氏との間で長享の乱が勃発した。その時、激戦の一つとなった須賀谷原合戦において、山内上杉方となった太田資康が菅谷城から目と鼻の先の平沢寺《へいたくじ》に陣を置き、「敵塁に相対す」と『梅花無尽蔵』に記されていることに注目したい。ここで言う「敵塁」が菅谷城だったという確証はないが、位置的には蓋然性が高いと思われる。

須賀谷原合戦に山内上杉方として出陣した新田家純《いえすみ》の陣僧の松陰軒西堂《しょういんけんせいどう》は、この戦いの後、家純に敵方の河越城の向城《むかいじろ》として、「須賀谷の旧城」を再興するよう進言している。確証はないものの、これも菅谷城の可能性が高い。

その後、菅谷城は北条氏の改修を受け、現在見られる姿になったというが、北条氏関連文書にも、この城に関するものはない。つまり菅谷城ないしは須賀谷城に関する記録は皆無に等しく、謎の城と言ってもいいだろう。

これまで五回にわたって発掘調査が行われたが、その結果、畠山重忠時代の遺物は出てきておらず、十四～十五世紀は墓となっていたらしく、大量の人骨が発掘された。さらに十五世紀後半から十六世紀前半にかけて城として使用されたとおぼしき痕跡はあるものの、十六世紀後半の遺物は出てきていない。そこからは、この地域が十六世紀前半までは北条氏と上杉氏勢力との戦いによって不安定だったが、それ以降は、武蔵国が北条氏の領国として安定したので使われなくなったという史実と合致する。

おそらく北条氏の北進策の策源地（兵站基地・駐屯地・出撃拠点）として極めて短い期間だけ使われ、その後、その存在意義がなくなったので廃城になったと考えるべきだろう。

これは推測だが、大永四年（一五二四）の北条氏綱の河越領への初めての侵攻から、天文十五年（一五四六）の河越城の戦いの頃まで使われていたのではないだろうか（その時は、上杉方に占拠されていたかもしれない）。

この城は横矢掛りの折れを多用し、角馬出、桝形虎口といった技巧的な遺構が見られることから、河越城の戦いの後も改変が続けられていたとされる。可能性として、小田原合戦の直前に、いったん使うことにして手を入れたが、結局は捨て城にされたということも考えられる。

城の概要

この城は南北四百メートル、東西四百五十メートルの広さを持つ複郭式平城で、明らかに戦国時代中期から後期の特徴を有している。

まず全体像を概括すると、長方形の本曲輪を段丘の南東端に寄せ、それを二曲輪が取り囲み、さらに地続きの北側に向けて、土塁と堀で区切られた三曲輪と西曲輪を東西に並べて配置している。さらに背後の都幾川方面からの攻撃を配慮し、南曲輪を築いている。ほかにも小さな曲輪が付随しているが、この五つの曲輪が主要な曲輪となる。

この城の特徴としては、どの曲輪も比較的広いことが挙げられる。しかし広いからといって小技が利いていないことはなく、横矢が掛かるように随所で塁線が折れ、虎口には角馬出や桝形などの技巧も施されている。

本曲輪は長方形をしており、ここに畠山屋敷があったとされている。その面積は五千五百平方メートルで、ほかの曲輪に比べて広くはないが、二曲輪との間に横たわる土塁は高さ四メートルで堀幅は十七メートル、堀底から土塁頂部まで平均して九メートルという威容を誇っている。また北側には新府城に見られるような出構《でがまえ》状の塁線の折れが見られ、本曲輪の防御力を強化している。この城では、これを「出桝形土塁」と呼んでいる。

二曲輪は南北二十～五十メートル、東西二百五十メートルの馬蹄形をしており、面積は一万三千九百平方メートルもある。この曲輪は北側正面に角馬出を配置し、塁線を屈曲させて横矢が掛かるようにしてある。

本曲輪と二曲輪の背後を守る南曲輪は都幾川方面からの攻撃を想定しており、二つの曲輪より一段低い場所にあり、南北三十メートル、東西百十メートルという細長い形状で四千四百平方メートルの広さを持つ。

三曲輪は現在、歴史資料館や駐車場があって全体像が分かりにくいが、南北百三十メートル、東西二百六十メートルで、広さは二万七千百平方メートルになり、この城で最大の曲輪になる。西曲輪との間には桝形虎口が設けられ、北側の塁線も折れを多用し、この城の北東部に造られた搦手門を守っている。

西曲輪は南北七十メートル、東西百三十メートルで、八千二百平方メートルという比較的狭小な曲輪だが、西端に開かれた大手口を守る曲輪として重要な役割を課されている。ここに大手口を設けたのは、城の外側に幾筋も深い浸食谷が走っているため、寄手が兵を展開しにくいからだろう。もちろんこの口を大手としたのは後世のことで、当時、大手としていたかどうかは定かでない。

なお発掘調査によると、土塁裾の内側の一部などに石敷きのような遺構が見られるという。比企郡の城には土留《どど》めとして石を利用した城が多く（杉山・腰越・小倉・青山城）、築城者が石の使い方を心得ていたという共通項がある。

この城は曲輪の一つひとつが広いので、全体としては茫洋なイメージなのだが、実際は細かい配慮がなされており、北条氏の手になる改変が加えられたと考えていいだろう。

ただし昨今の杉山城の発掘調査により、杉山城の築城者が北条氏ではないという説が有力になりつつあり、そうなると、菅谷城を築城ないしは改変したのは誰なのかという疑問もわいてくる。しかも河越城の戦いで敗れたことによって、山内上杉氏が上野一国を守るという方針に転じたため、北条氏の防衛・侵攻ラインはすぐに北に引き上げられ、菅谷城を増改築する意義は、あまりない。

それを裏付けるかのように、北条氏の関連文書によく出てくる拠点城は、この辺りでは河越城、松山城、鉢形城だけで、菅谷城や杉山城の名は一切出てこない。上杉謙信や武田信玄の関東侵攻時にも攻防戦の記録はない。

だが、この城に施された細かい技巧は、明らかに十六世紀半ば以降の技術であり、史実と矛盾を来している。それを言ってしまえば、杉山城の高度な技巧も同様のことがいえ、発掘調査の結果と矛盾している。

歴史というのは謎と矛盾の宝庫だということを、菅谷城は語っているようだ。

杉山城

土の城の最高傑作

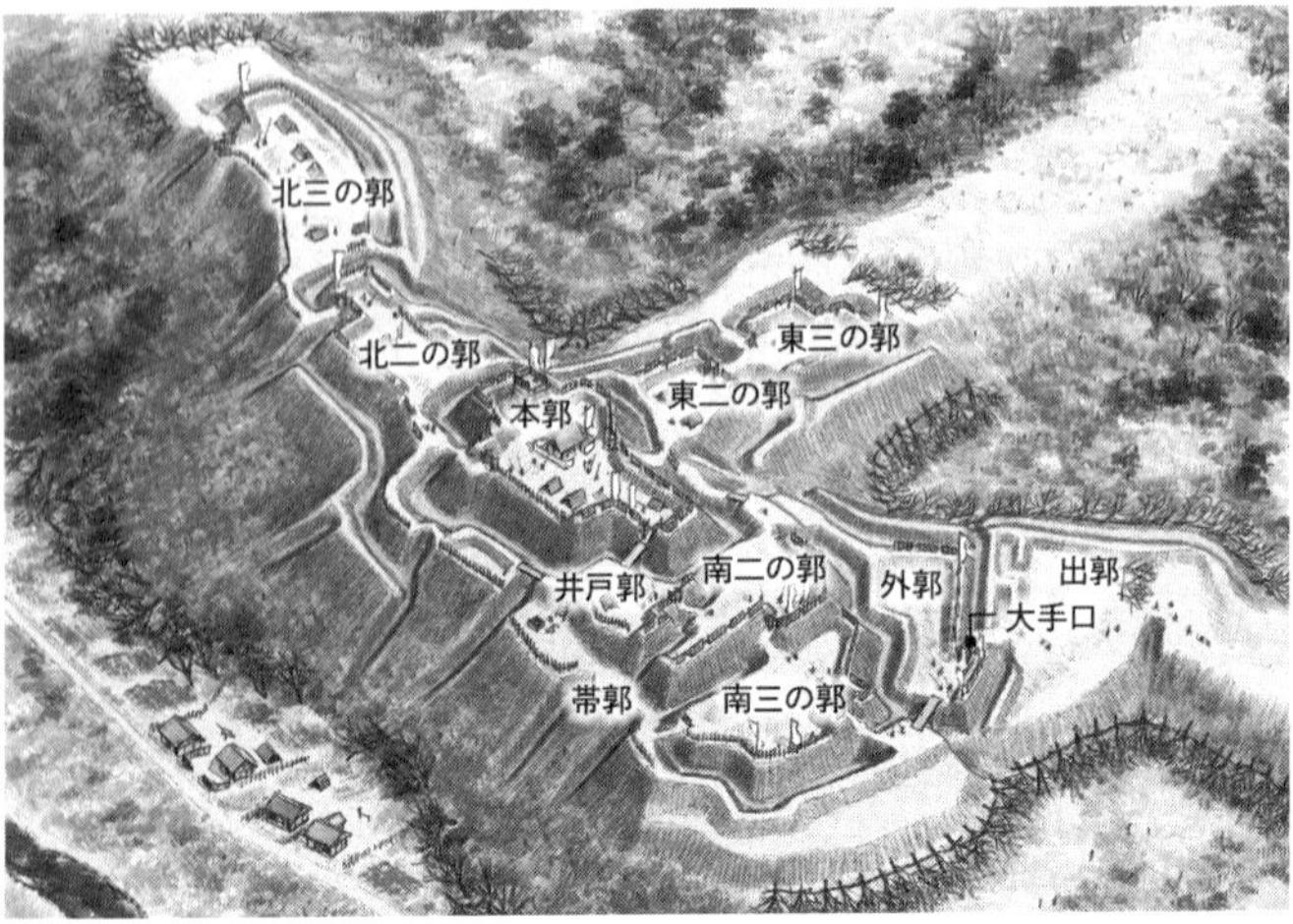

所在地	埼玉県比企郡嵐山町杉山
城郭構造	山城
築城主	不明
築城年	不明
主な城主	不明
廃城年	不明
遺構	曲輪、空堀、土塁、井戸など
アクセス	武蔵嵐山駅から徒歩40分

そこにあってはならない城

オーパーツという言葉をご存じだろうか。古代の遺物の一種を指す用語だが、それが発見された場所や使用されていたとおぼしき年代が、これまでの研究や定説とかけ離れており、なぜそこに存在するのか答えを出せないもののことだ。

首都圏からほど近い埼玉県比企郡に、そこにあってはならない城がある。

杉山城だ。

この城の何がオーパーツなのかというと、城の縄張りが行き過ぎと思えるほど技巧的な点だ。それは、この城のコンパクトさと相まって「箱庭的名城」と呼ばれているほどだ。これだけの城を造れるのは、この地域を長く領有し、城造りのノウハウが蓄積されている大名でなければならない。そうなると小田原を本拠にする戦国北条氏以外には考えられない。ところが発掘調査の結果が出てみると――。

この城は早いとしても天文六年（一五三七）、北条氏綱と扇谷上杉氏の間で戦われた松山城攻防戦の際に築かれたと思われてきた。少なくとも天文年間後半から永禄年間（一五五八〜一五七〇）前半の間に築かれたと考えるのが、妥当とされてきた。

ところが平成十四年（二〇〇二）に発掘調査が始まることで、事態は一変する。城内から発掘された陶磁器などの遺物は、十五世紀末から十六世紀初頭のものばかりなのだ。

つまり北条氏の城ではなく、扇谷・山内両上杉氏が関東の覇権を賭けて戦った長享の乱当時に創築された可能性が高まったのだ。しかも発掘調査の結果、この城の築城は一度きりで改修を受けていないので、両上杉氏のどちらかが造り、それを北条氏が改修したというわけでもないという。

そこからさらに調査は進み、出土した陶磁器類の形式から、関東管領・山内上杉氏が創築した可能性が高くなった。しかも出土遺物が被災しており、焼土に交じっていたこと、その焼土が一面しかない遺構面（遺物の層）を埋めていたことから、「後の松山城攻防戦の折、北条の兵が昔の陶磁器類を持ち込んだ」という説も成り立たなくなった。

しかし縄張り学的見地からすると、十六世紀後半の五十年、さらに絞れば天正年間（一五七三〜一五九二）頃に造られたとするのが妥当ではないかという。しかも山内上杉氏がこの地域を治めていた時代に、これだけ技巧的な城はほかに見当たらず、この城だけが突然変異的に出現している点に疑問を感じるというのだ。

さらに銃弾が一つ発掘されたことで事態は混迷の度を深める。両上杉氏が覇を競った時代、東国に鉄砲は普及していないからだ。

かくして、後に「杉山城問題」と名付けられる論争が始まった。

平成十七年（二〇〇五）には歴史学者、考古学者、縄張り研究家が一堂に会してシンポジウムが開催され（私も行った）、それぞれの持論の抱えている弱点や課題を洗い出し、相互批判を積極的に行った。

こうした諸説の中には、天正年間末期の豊臣秀吉の小田原攻めに際し、北方から侵攻してきた前田利家率いる豊臣軍北国勢が陣城として築いたという説があった。

横矢掛り、塁線の折れ、馬出状の小郭などが、畿内の織豊《しょくほう》系陣城群に共通する設計思想で造られている、つまり地形に合わせてパーツを並べただけでなく、縄張り全体が統一的な規格や防御思想に貫かれているからだという。

具体的には、土橋に掛かる横矢、曲輪をめぐる横堀、馬出の構造、急峻な切岸といったパーツ類が有機的に結合して防御力を高めている織豊系陣城、とくに賤ケ《しずが》岳《たけ》の北方に残る玄蕃《げんば》尾《お》城に類似しているというのだ。

これに対して山内上杉氏築城説支持派は、平井金山城や上戸陣の虎口などの一部の遺構を挙げ、十六世紀前半でも統一的な規格を作り出すことができたと反論しているが、いかんせん杉山城に匹敵する同時代の城が提示できないので、決定打とはなり得ない。

さらに杉山城の塁線を小刻みに折って導入路に横矢を掛ける方法や、堀切を使わず横堀だけで遮断する方法といったものは織豊系陣城には見られないという意見が出ることで、結論は五里霧中となっていった。かくして謎は謎を呼び、論争は今も続いている。

杉山城の全体像

杉山城のある埼玉県比企郡は、鎌倉街道上道が南東から北西へと貫通している交通の要衝だった。この地域には杉山城ほどではないにしても、松山城、菅谷城、小倉城、青山城、腰越城、青鳥城など、工夫の凝らされた土の城が密集している。

とくに杉山城のある松山城北西部の丘陵地帯には、「隣接」と言ってもいいぐらい、城がひしめいている。こうした城の中でも杉山城の完成度は抜群で、しかも遺構の保存状態が良好なので、中世城郭を知るための格好の教材になっている。

その構造だが、比高四十二メートル（標高は九十五メートル）ほどの丘陵の高低差を利用し、北・東・南の三つの尾根筋に九つほどの曲輪を配置している。

この城の北西部には市野川が流れているため、北から西にかけては急崖《きゅうがい》で、そのため西側に曲輪はなく、腰曲輪・切岸・竪堀によるオーソドックスな防御法を取っている。

ちなみに市野川は、杉山城の南東で鎌倉街道上道と並行して走るようになり、その状態は北西二十三キロメートルの寄居《よりい》まで続く。つまりこの城が南向きに造られているのは、街道と河川の合流点を押さえるという役割が課されていたからだろう。

それでは、現在の登城ルートから北・東・南の三つの尾根筋について見ていこう。

南東端にある積善寺《しゃくぜんじ》から出発し、出郭《でぐるわ》と呼ばれる広場を経由して大手口に至る。この大手口は二メートルの高さの土塁に守られた坂虎口で、寄手は出郭の中のどこにいても城からの射程に捉えられる。

大手口を入ると外郭があり、一種の内桝形のような役割を果たしている。

大手口から北西方向に進むと行き止まりなので、寄手は板橋を渡って南西方向に進むことになる。だがそこにある馬出は南三の郭の射程に入っているので、土塁上から集中砲火を浴びる。

南三の郭に入らず横堀沿いに西に向かうと、頭上から激しい攻撃を食らう。しかも堀沿いの道は狭いので、その先の帯郭に至るのは容易ではない。

南北に細長い帯郭に至っても、そのまま北に進むと行き止まりになっており、頭上の井戸郭の土塁上から攻撃を浴びせられる。西側は切岸なので逃れられない。そこで南三の郭前の馬出に戻り、板橋の掛かった横堀、すなわち南三の郭の東面、南二の郭の南東面、外郭の北西面の間の横堀を進むのだが、ここも頭上からの攻撃は凄まじく、しかも堀は行き止まりになっている。この堀は、ほぼ直角に三度も折れて横矢が掛かるようにしてある。

そこで南三の郭の虎口を突破し、さらに北にある喰違虎口をも突破して南二の郭に入ると、北に本郭（三百五十平方メートル）を見上げる形になる。本郭との間を隔てる切岸は五メートルほどで、攻撃を受けながらよじ登るのは困難だろう。そのため北西にある井戸郭へと向かう。

井戸郭は本郭南虎口の馬出の役割を担っており、本郭とは木橋でつながっていた。だが戦時に木橋は外されるので、井戸郭を制圧しても複雑なルートを通って本郭に向かわねばならない。まず井戸郭の北端の虎口から土塁や隘路を伝って本郭の北西虎口に出る。そこから二度曲がってようやく本郭に至る。

本郭は西側以外の三面に土塁がめぐらされており、とくに北側の土塁には厚みがあり、さらに張り出しを設けることにより、北西虎口に横矢を掛けられるようにしている。

続いて本郭から北の尾根にある二つの曲輪に向かってみよう。まず北西虎口を出て北に向かうと、北二の郭に出る。ここは本郭北西虎口の馬出の役割も担っている。こちらの見せ場は、北二の郭の虎口である。

寄手が北三の郭から北二の郭に攻め上ろうとすると、四回も直角に曲がり、ようやく北二の郭に到達する。その間も土塁上からの死角はなく、寄手は常に上方から狙われている。

この虎口形式は、突出させた曲輪の側面に虎口を設けることで、寄手の導入路を屈曲させることを目的としている。寄手は正面の堀や土塁に行く手を阻まれるので、側面に迂回してから、九十度ターンして虎口に入らねばならない。これに類似した虎口は畿内や西国でも見られるが、とくに比企郡の城で多用されているので「比企型虎口」と呼ばれる。

北三の郭は北端には虎口があるものの、さほど凝った構造とはなっていないので、ここに逆襲部隊を駐屯させ、陣前逆襲で撃退することを考えていたのではないかとされている。ここから北は急に尾根が広くなるため、城域はここまでとなっている。

いったん本郭に戻り、今度は東虎口から東二の郭に向かう。東尾根には東二の郭と東三の郭が連なっている。東二の郭の虎口は平入となっているが、土塁上からの攻撃を受けるので、容易には進めないだろう。東三の郭から落とされることはないので、東二の郭との間は平入にして、城方の兵の移動を迅速にしていたのかもしれない。

このように杉山城は管制と誘導を主眼とした縄張りの城で、随所に横矢を掛けた空堀、屈曲を繰り返す虎口、さほど高くない土塁（上方からの長槍での攻撃を想定している）など、個々のパーツの完成度が高く、さらにそれらを有機的に結合させ、少数の守備兵で効率よく寄手を撃退するという方針が徹底されている。

杉山城についての私見

それでは諸説の論点を整理してみよう。

角馬出の多用、横堀による遮断、直線的だが折れのある塁線などは、北条氏の代表的城郭である滝山城に類似している。こうしたパーツとその統合力は、北条氏の規格と呼べるかもしれない。だが「敵の来る方角を南に想定した縄張り（北条氏は北進策を取っていた）、堀が浅く切岸の高さが低い点、全体にコンパクトな点（鉄砲への対応力が弱い）、守備兵力が少ないことを前提としている点などから、北条氏の規格と見なせないものも多い。

　また、この城は必要以上に「見せる」要素が多い。城取り（設計者）が「私は何でも知っている」と言わんばかりに、必要以上に凝っている点がある半面、北三の郭の虎口や東二の郭の平入虎口など、なぜそうしたのかが分かりにくいパーツもある。

　こうしたことから、北条氏が領国各地の城取りに、「城造り」の基本や北条氏の規格を伝えるためのモデルハウス的役割を果たしていた可能性も捨てきれない。城郭研究の泰斗《たいと》、梅沢《うめざわ》太《た》久《く》夫《お》氏も『埼玉の城――127城の歴史と縄張』（まつやま書房）の中で、「いまに残る中世の築城教本」と書いている。

　しかし火器の発達などにより、急速に古い規格となってしまい、瞬く間にその役割を終えたのかもしれない。

　なお杉山城について詳しく知りたい方は、『杉山城の時代』（西股《にしまた》総生《ふさお》著　KADOKAWA）をお読みいただきたい。

忍城

石田三成が攻めあぐねた「忍の浮城」

所在地	埼玉県行田市本丸
城郭構造	平城
築城主	成田氏
築城年	15世紀後期
主な城主	成田氏、松平氏ほか
廃城年	明治4年（1871年）
遺構	土塁、堀、移築門
アクセス	行田駅から市内循環バス西循環コース（右回り）で 「忍城址・郷土博物館前」下車すぐ

難攻不落の沼城

「坂東太郎」の異名で知られる利根川は、元和七年（一六二一）に始まる江戸幕府の東遷《とうせん》事業により、現在は銚子で太平洋に注ぐ流路になっているが、それまでは江戸湾に注いでいた。

利根川の流路沿いは農耕に適さない泥湿地《でいしっち》が多く、また耕作地であっても「坂東太郎」が一《ひと》度《たび》暴れれば、農作物に甚大な損害をもたらした。

そのため関東平野には、沼沢地《しょうたくち》や泥田の中に築かれた城が多い。こうした城は、たとえ平城であっても攻め口が限られるので、峻険な山城並みの抗堪力《こうたんりょく》を発揮する。

しかも高所にある山城は政庁としての機能を果たしにくく、行き来も容易でないため、国人のような地域密着型の武士団の本拠は、利便性を重視した平城や平山城が多くなる。

それでも防御性と利便性はトレードオフの関係にあるため、攻撃を受けやすい平城を本拠にするのは相当の度胸が要る。むろん、防御性と利便性の双方を兼ね備えた城であれば、それに越したことはない。そこで考えられたのが湿地帯の城だ。

そうした城の代表的なものに、扇谷上杉氏の河越城、簗田《やなだ》氏の関宿城、原氏の臼井城、千葉氏の本佐倉城、結城氏の結城城、太田氏の岩付城などがあるが、どの城も意外に抗堪力があり、容易には落ちなかった。とくに八万の大軍に囲まれても落ちなかった河越城、その立地の優位性を生かして上杉謙信を撃退した臼井城などは、まさに歴史を変える役割を果たした城と言えるだろう。忍城もこうした沼城の一種で、「浮城」と呼ばれるほど水によって守られた城だった。

　永正六年（一五〇九）十月、室町時代後期を代表する連歌師の柴屋軒《さいおくけん》宗長《そうちょう》は、奥州白河まで旅した帰途、成田氏の居館を訪れて連歌の千句興行を行った。その時、宗長は自らの旅日記『東路《あずまじ》の津登《つと》』に、次のように記している。

「（武州成田下総守顕泰《あきやす》亭について）水郷也、館のめぐり四方沼水《ぬまみず》幾重ともなく芦の霜がれ、二十余町四方へかけて、水鳥おほく見えわたりたるさまなるべし」

　これが忍城について書かれた最古のものだが、この時の宗長の記述によると、当時の忍城は城というより館や亭として見られており、四方に沼が広がり、そこに密生している芦（葦）は、見渡す限り枯れていたという。

忍城主・成田氏の歴史

　武蔵国北部の忍には、古くから根を下ろした忍氏という土豪がいた。むろんその出自や土着した経緯は明らかでないが、『吾妻鏡』に忍三郎、同五郎といった名が見える。

鎌倉時代、忍氏は現在の行田市駒形辺りに居館を構えていたらしい。一方、後に忍城の城主となる成田氏は、現在の熊谷市成田（上之《かみの》）を本拠としていた。

その後、古河公方・足利成氏と関東管領・山内上杉方が戦った享徳の乱（一四五四〜一四八二）で、成田氏は上杉方として参戦し、忍城の守りに就いたという記録がある。おそらく成田氏と忍氏とは友軍関係にあり、成田氏が一時的に忍城に入ったのだろう。

この時、伊豆韮山に居を構える堀越公方《ほりごえくぼう》の足利政知《まさとも》から、当主の成田親泰《ちかやす》あてに感状が出ていることから、ただ守りに就いていただけでなく、積極的に兵を動かしていたことが分かる。享徳の乱と同時並行的に勃発した長尾景春の乱でも、成田氏は太田道灌らと連携し、景春の討伐に力を貸している。

ところが二つの乱も収まった文明十八年（一四八六）、扇谷上杉定正が執事の道灌を謀殺することに端を発し、翌年には定正と関東管領・山内上杉顕定との間で長享の乱が勃発する。

この時、成田氏当主の親泰は山内方に属し、延徳元年（一四八九）に扇谷方の忍大丞《だいじょう》の館を急襲し、忍一族を滅亡に追い込んだ。これにより、延徳二年（一四九〇）から本拠を忍に移した親泰は、忍城の構築に着手した。

永正七年（一五一〇）の権現山合戦においても、親泰は上杉方として参戦し、北条早雲の武蔵侵攻を押しとどめている。

以後、成田氏は次第に独立領主としての色合いを濃くし、武蔵国を手中にした北条氏に対しても、傘下国衆というより同格の同盟相手としての地位を確保する。

成田氏が一躍脚光を浴びるのは、永禄三年（一五六〇）から翌四年にかけての上杉謙信（当時は長尾景虎）の関東侵攻時だ。小田原城を包囲攻撃した後、鶴岡八幡宮に詣でた謙信は、そこで関東管領就任式を行った。その時、関東の歴史を左右する大事件が起こる。

『異本小田原記』や『相州兵乱記』といった軍記物の記述だが、鎌倉の鶴岡八幡宮の社殿で関東管領を拝命した謙信が、馬に乗って段葛《だんかずら》を海に向かって進んでいくと、参陣諸将は下馬した上、左右に居並んで敬意を表した。

しかし、成田長泰（親泰の息子で、この時の当主）だけは下馬しなかった。実は十一世紀初頭に勃発した前九年の役で、成田氏は大功を挙げたことから、当時の源氏の棟梁の源頼義・義家父子から、主と同時に下馬すればよいという許しを得ていたからだ。

この話を謙信も心得ていると思った長泰は、馬に乗ったまま行列を眺めていた。ところがこれを見つけた謙信は怒り、悴者《かせもの》に命じて長泰を馬から引きずりおろし、烏帽子《えぼし》を打ち落として踏みつけるという暴挙に出る。

翌日、長泰は配下を率いて陣払いした。これを見た諸将の多くも、謙信に愛想を尽かして本領へと帰っていった。これにより上杉勢は崩壊状態に陥り、謙信は北条方の追撃を振り切りつつ越後へと帰還する。

以後、成田氏は北条方となるが、三代当主の氏康は成田氏の傘下入りを喜び、本領を安堵しただけでなく、成田氏を同格の同盟者として遇し、当面は兵役や普請役を免除した。

その最盛期、成田氏は現在の行田市のみならず羽生《はにゆう》市から熊谷市までを支配領域とし、二十四万石もの知行高があったという。北条氏の最盛期の知行高は二百三十万〜二百八十万石と言われるので、北条領国内で、実に概算で十分の一もの所領を有していたことになる。

以後も独立性の高い国衆として成田氏は存在していくが、その成田氏も小田原合戦に巻き込まれてしまう。

忍城の構造

忍城は利根川と荒川に挟まれた沖積《ちゆうせき》地にあり、城の周囲は一面の湿地帯だった。その湿地帯の中で、城のある場所は比高十メートルほどの微高地だったが、そこに「さきたま古墳群」などから土を運び、盛り土して城の中核部分が造られたとされている。

城の構造は連郭式で、北西から南東に向けて、諏訪曲輪、本丸、二の丸、三の丸などが連なる形になっていた。これらの曲輪は、それぞれ堀に見立てた自然の沼沢地《しようたくち》に囲まれていた。

本丸は一辺百メートルほどの正方形をしており、そこだけに室町時代の居館の名残が見える。

沼沢地や泥湿地に城を造ることがいかに大変だったかは、発掘調査で判明している。すなわち竹束を筏《いかだ》状に組んだものを地盤補強材に使用し、また土塁の裾や切岸の法面が崩れないように、同様のものを埋め込んでいた。竹は腐りにくいので、戦国時代には地盤や法面強化によく使われる素材だった。

こうして苦労して造り上げた甲斐があり、忍城は外敵から攻められることなく、また成田氏も独立性の高い国人として繁栄していく。しかし終幕はすぐそこに迫っていた。

石田三成の水攻め

天正十八年（一五九〇）二月、外交的行き違いから秀吉の勘気をこうむった北条氏は、一方的に宣戦布告される。これにより小田原合戦が勃発し、それまでの関係から、成田氏は北条方として戦わざるを得なくなる。

北条氏は関東全域に広がる百余城のネットワークを駆使して時間を稼ぎ、勝てないまでも、豊臣勢に厭戦《えんせん》気分を漂わせて追い払う、ないしは和睦に応じさせるという方針を貫こうとした。元々、北条氏は戦乱で領国が荒廃するのを嫌い、「決戦回避」と「拠点固守（籠城策）」を基本戦術としており、この戦略で永禄四年（一五六一）の上杉謙信、永禄十二年（一五六九）の武田信玄の侵攻を退けてきた。そのため秀吉相手の小田原合戦でも同様の戦略を選択したのだ。

だが豊臣軍の兵力は二十万という情報が入り、小田原城の防備に不安が出てきた。そのため各地に散る精鋭のすべてを、小田原城内に籠もらせることにする。

これにより成田氏、上田氏、千葉氏などの有力国衆までもが、主力を率いて小田原城に入るよう命じられた。成田氏の当主の氏長も、三百五十騎の騎馬武者（全軍で推定千五百人）を率いて入城した。

だがそうなると、肝心の支城群が手薄になり、城郭ネットワークが機能不全に陥ってしまう。そのため関東各地に散る北条方の城は、瞬く間に降伏開城していく。

忍城にも豊臣軍が迫っていた。

豊臣方の忍城攻略部隊は、石田三成や大谷吉継といった秀吉の直属部隊二万四千で、守る成田氏は、城主夫人を中心にした老兵三千七百にすぎない。

館林城を降伏開城させてきた石田勢は意気盛んで、六月初旬、城を囲んだ三成は力攻めを敢行するが、攻め口が限られているため失敗する。そこで方針転換した三成は、秀吉の備中高松城攻めを参考にして水攻めを決定する。これは秀吉の強い勧めに従ったものだった。

三成は近在から十万の人数を集め、荒川から水を引き込むべく、二十八キロメートルにも及ぶ石田堤をわずか五日で築かせた。ところが忍城の中核部分は微高地にあるため水没せず、水攻めは失敗に終わった。結局、小田原開城後の七月中旬、ようやく忍城は降伏する。

成田氏は独自に秀吉に通じていたためか、その後、赦免されて下野烏山で三万七千石の大名になり、大坂の陣でも徳川方として奮戦する。だが相次ぐお家騒動が命取りになり、江戸時代前期に改易に処されている。

成田氏移封後の忍城には、徳川家の譜代大名が相次いで入るが、特筆すべきこともなく、明治維新を迎えることになる。

岩付城

激しい攻防戦を繰り広げた歴戦の雄

所在地	埼玉県さいたま市岩槻区太田
城郭構造	総曲輪式平城
築城主	太田道真?
築城年	寛正5年(1464年)
主な城主	太田氏、北条氏、大岡氏他
廃城年	明治4年(1871年)
遺構	現存門、土塁、曲輪、空堀、土橋、馬出
アクセス	岩槻駅から約20分

武蔵国の戦国前史

荒川、太日《ふとい》川、利根川、多摩川などの大河川が流れ込む武蔵国は、まさに関東平野の中心であり、その地味の豊かさは東国随一と言ってもいいだろう。慶長三年（一五九八）の検地では、武蔵国が六十六万七千石なのに対し、相模国が十九万四千石、上野国が四十九万六千石、下野国が三十九万四千石だった。

武蔵国は山が少ない上、土地が肥沃で気候も温暖なので、奈良・平安の昔から、赴任した国司らが土着することが多かった。彼らは開墾事業を行いつつ所領を拡大する開発領主となっていく。さらに血縁関係で結束し、坂東八平氏や武蔵七党といった徒党を組み、勢力を伸長させていった。

そんな彼らも、十二世紀後半に成立した鎌倉幕府の統制下に入り、御家人となっていく。有力な武蔵武士としては、畠山重忠、比企《ひき》能員《よしかず》、河越重頼、江戸重長などが挙げられる。だが権力を独占したい北条氏により、彼らは各個撃破されていく。

しかしその執権北条氏も建武の新政によって滅亡し、代わって下野国出身の足利尊氏が室町幕府を開いた。しかし敵対する後醍醐天皇は関東にも勢力を伸ばそうとし、また旧鎌倉幕府勢力も関東を一時的に奪還するなど（中先代の乱）、武蔵国をめぐる戦いは続いた。

鎌倉街道の上道・中道・下道とその支線がいくつも通る武蔵国の戦いは激戦になることが多々あり、戦国時代が始まる前にも多くの血が流された。

貞和《じょうわ》五年（一三四九）、尊氏は次男の基氏を鎌倉に派遣し、鎌倉府を設立した。しかし観応の擾乱が起こり、尊氏と弟の直義が対立する。この戦いに勝った尊氏・義詮《よしあきら》父子により、室町幕府の基盤は固まるが、新田義興《よしおき》の反乱によって、またしても関東は戦乱に見舞われる。それでも明徳三年（一三九二）、南北朝の統一が果たされ、関東にもようやく平穏が訪れた。しかしその後、鎌倉公方の足利持氏《もちうじ》は将軍と対立し、その代理とも言える関東管領の山内上杉氏らと戦った末、永享十一年（一四三九）に自刃する。

紆《う》余曲折《よきょくせつ》を経た後、享徳三年（一四五四）、持氏の息子の成氏は本拠を鎌倉から常陸《ひたち》国の古河に移し、関東を二分する大乱が始まる。享徳の乱と呼ばれるこの戦いは、この年から二十九年間も続くことになる。

その最中に築かれたのが岩付城である。

岩付城をめぐる攻防

古河公方を支持する勢力は意外に大きく、関東管領・山内上杉氏、相模守護職・扇谷上杉氏の連合軍と利根川を挟んで対峙するようになった。これを危惧した扇谷上杉持朝《もちとも》は家宰の太田道真（道灌の父）に命じ、勢力圏の要衝に城を築かせることにした。これが江戸・河越・岩付の三城である。

『鎌倉大草紙《おおぞうし》』によると、扇谷上杉持朝が河越城、道真が岩付城、道灌が江戸城を築いたとされる。だが最新研究によると、岩付城は文明年間（一四六九〜一四八七）、古河公方陣営に属する成田正等《しょうとう》によって築城されたという。また河越・江戸両城も道真・道灌父子の下役にあたる扇谷上杉氏の宿老たち（上田・三戸《みと》・荻野谷《おぎのや》氏ら）が、「数年秘曲を尽くして」造ったものだという（『松陰私語』）。

築城者を特定するのは難しいもので、誰が築城資金を出したのか、誰が縄張りを描いたのか、誰が普請作事の指揮を執ったのかなどで、築城という用語の使い方が一定していない。この場合は普請作事の指揮を執ったという意味だとは思うが、実際のところは分からない。

いずれにせよ岩付城は長禄元年（一四五七）に築城が開始され、寛正《かんしょう》五年（一四六四）に完成したとされる。しかしその後、いったん史料から消え、十六世紀前半、岩付太田氏の居城として歴史に再登場する。

大永三年（一五二三）一月、伊勢から北条へと姓を変え、小田原に本拠を移した北条氏の二代目当主・氏綱は、突如として扇谷上杉氏領国への侵攻を開始した。それまで小弓公方足利義明―扇谷上杉朝興―北条氏綱という政治的枠組みが作られ、三者は同盟関係にあったが、それが一瞬にして崩れ去ったのだ。

氏綱は扇谷上杉方の江戸城を囲んだが、実はこの十日前、朝興が山内上杉憲房と攻守同盟を結ぶため河越城に向かっており、その隙を突いてのことだった。朝興は前年から山内上杉氏との同盟締結を模索しており、その情報が北条方に漏れ、氏綱は先手を打ったのだ。

江戸城を囲んだ氏綱が城代として城を守る太田資高《すけたか》（江戸太田氏）に降伏を呼びかけると、資高は戦わずして城を明け渡した。

これを聞いた朝興は憲房との合流を果たして反撃態勢を整える。しかし二月、こちらも北条方に寝返った太田資頼《すけより》（岩付太田氏）によって岩付城が攻略された。この時の戦いは凄惨で、敵味方三千の死傷者を出したという。

江戸城と岩付城を奪われた朝興は憲房の支援を得て反撃を開始し、大永五年（一五二五）八月、白子《しらこ》原《はら》の戦いで勝利して退勢を挽回した。

翌大永六年（一五二六）には岩付城も奪還し、北条方勢力を相模国まで後退させたが、この後、大永七年（一五二七）から享禄二年（一五二九）までの記録に欠落があり、関東の動静は不明となる。

それでも享禄三年（一五三〇）、朝興は多摩川流域の小沢城や世田谷城を落とし、北条方を江戸城まで追い払っているので、上杉方有利の情勢は変わらなかったのだろう。

しかし天文四年（一五三五）、北条方は南下してきた上杉方と武蔵国狭山の入間川付近で激突し、大勝利を収めている。

天文六年（一五三七）には、朝興の死去に伴い跡を継いだ朝定《ともさだ》が河越城近郊で大敗を喫し、八十年余にわたって本拠としてきた河越城を失ってしまう。

翌天文七年（一五三八）一月、朝定は新たに山内上杉氏当主となった憲政《のりまさ》と共に河越城近郊まで攻め寄せるものの、再び大敗を喫する。

相次ぐ敗戦に、扇谷上杉氏の勢力は朝定のいる松山城と岩付城周辺に限られ、国人程度にまで勢力を縮小させた。それでも天文十年（一五四一）、氏綱が死去することで、上杉陣営は大反撃に出る。

河越城の戦いである。

その後の岩付城

河越城の戦いには、岩付城主・太田全鑑の弟の資正も参加していた（二人は資頼の子）。上杉方は八万もの軍勢を擁し、一方の北条方は河越城籠城衆三千に、氏康が小田原から率いてきた五千を足した八千である。つまり十倍近い兵力差があった。だがこの時、全鑑は北条方と誼《よしみ》を通じ、資正に戦わないで兵を引くよう指示したようだ。

その後、氏康の積極果敢な攻撃により上杉方は瓦解し、朝定は討ち死にを遂げて扇谷上杉氏は滅亡する。

なお河越城の戦いの詳細な経緯は、拙著『戦国北条記』（ＰＨＰ文芸文庫）をご参照いただきたい。

その後、岩付城は北条氏と岩付太田氏の間で取ったり取られたりが繰り返される。全鑑の跡を継いだ資正は北条方と敵対し、越後の上杉謙信が関東の戦いにかかわってくると一貫して謙信を支持し、北条氏に対して粘り強い抵抗を続けた。

しかし永禄七年（一五六四）、同盟する里見氏との軍議に向かった資正の留守を突き、親北条派の長男・氏資《うじすけ》が反乱を起こし、岩付城を乗っ取ってしまう。

これにより岩付城は北条氏の所有となり、以後、天正十八年（一五九〇）の小田原合戦で壮絶な落城を遂げるまで、その支配下に置かれることになる。

惣構を持つ巨城

小田原合戦で豊臣勢を迎えるにあたり、岩付城には大改修が施された。それ以前の縄張りについては定かなことが分かっていないので、最終的な姿を記したいと思う。

現在の岩槻市の東端に築かれたこの城は、元荒川が城の北から東にかけて流れていたこともあって周辺は湿地帯だった。そうした場所に城を築くことは容易でなく、創築者の成田氏は、独自の技術を持っていたと推察される（忍城の発掘調査で証明された）。

また岩付城は最高所の比高が七・三メートルの平城ということもあり、城内や付近の宅地化が進み、現況は当時の姿を残しているとは言い難い。それゆえ江戸時代の古地図を基に話を進めていく。

この城は四つの領域に分けられる。まず本丸・二の丸・三の丸などの主要曲輪が集まっている主郭部。主郭部と沼地を隔てた北側に広がる新正寺《しんしょうじ》曲輪。主郭部の南にある鍛冶曲輪・新曲輪・諏訪明神という三つの曲輪。さらに主郭部の西に延びる武家地・寺社地・町屋である。

その上、岩付城には小田原合戦の直前に「大構《おおがまえ》」と呼ばれる総延長八キロメートルにも及ぶ外郭線が造られ、これらの領域を囲い込むことで、城内と城外の区別を明確にした。これは小田原城の「惣構」に倣ったものだ。

主郭部は湿地帯に浮かぶ島のような各曲輪を土橋で結ぶという構造で、忍城に似たものになっている。

また本丸の南西に位置する三の丸の虎口前には、丸馬出が造られていたとされるが、角馬出を好んで築いた北条氏が、なぜここだけ丸馬出を築いたのかは分からない。

鍛冶曲輪・新曲輪・諏訪明神という南部の曲輪群は、小田原合戦が不可避となった時に造られたもので、この城の弱点とされる南側の防御力を高めたものだ。この付近では、今でも土塁・空堀・馬出を見ることができる。今は埋め戻されてしまったが、障子堀の遺構も出てきている。

小田原合戦の時、岩付城主は北条氏政四男の氏房だったが、主力を率いて小田原城に入っていたため、城を守っていたのは城代の伊達《だて》房実《ふささね》だった。

攻める豊臣勢は二万、守る籠城衆は二千にすぎなかったが、ほかの城が次々と降伏開城する中、房実は二千の留守居勢と共に籠城戦を貫徹し、一千近い死傷者を出しながらも奮戦した。しかし衆寡敵せず岩付城は壮絶な落城を遂げた。

なお岩付城築城の経緯については、『玉隠と岩付城築城者の謎――自耕斎詩軸 并《ならびに》 序を読み解く』（柴田昌彦著　まつやま書房）に詳しく書かれているが、出版されたばかりで学会の評価が得られていないので、引用は差し控えさせていただく。ただし力の籠もった論考なので、関心のある方はぜひお読みいただきたい。

第四章

千葉県

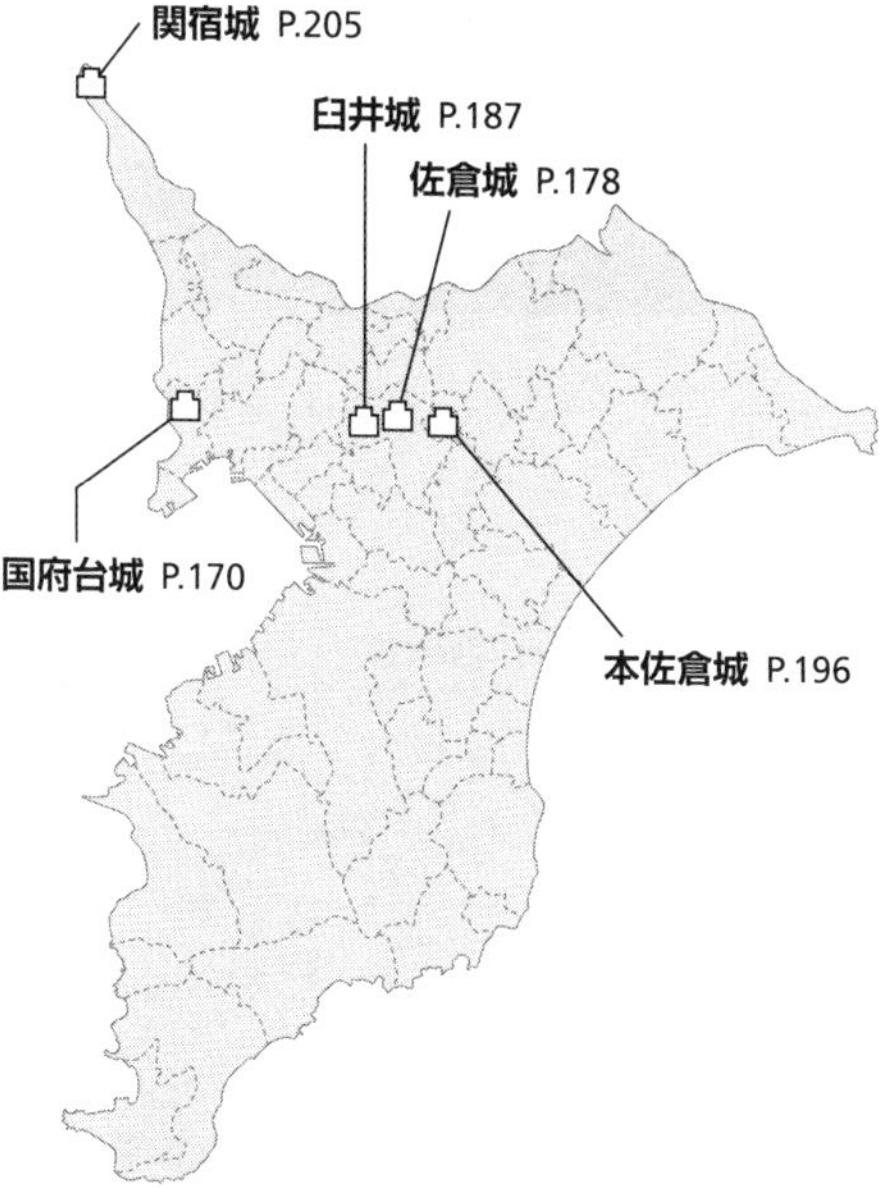

国府台城

戦国関東の覇権を左右した河畔の城

所在地	千葉県市川市国府台(里見公園)
城郭構造	連郭式平山城
築城主	太田道灌、太田資忠
築城年	文明11年(1479年)
主な城主	千葉氏、里見氏、北条氏
廃城年	天正18年(1590年)
遺構	堀、土塁、井戸など
アクセス	国府台駅・市川駅・松戸駅からバスで「国府台病院」下車、徒歩5分

水陸の交通を掌握する城

城というのは面白いもので、さして特徴もなく防御力も高そうでない城が、その位置から幾度も攻防戦の中心になることがある。国府台《こうのだい》城もそうした城の一つで、戦国時代には、二度にわたって激しい攻防戦が繰り広げられたことで知られている。

国府台城のある市川市は、古代には下総国府が置かれた地で、交通の要衝として重視されてきた。城の南方半里にある市川津は下総国最大の港で、当時から交易によって栄えていた。

市川津の北方を走る街道は矢切・松戸方面へと続き、太日川を渡った先にある葛西城や、さらに利根川を渡った先にある江戸城ともつながっていた。つまりこの城は、江戸方面と房総半島をつなぐ中継基地の役割を果たしていた。また太日川の畔に築かれていたので、その水運を掌握して関東内陸部への物資輸送を制御できた。すなわち国府台城は、水陸共に極めて重要な位置にあった城なのだ。

それでは城を見ていこう。

この城は、太日川の造る比高二十〜二十五メートルの河岸段丘上に築かれており、崖端城《がけはたじろ》と呼ばれるものにあたる。

その占地だが、北から南に延びる半島状の親台地は、東側が太日川に面する形になっている。

だが城のある子台地は、逆に南東側を基部にして、北西に向かって舌のように延びている。太日川の流れが親台地を浸食するため、こうした地形になったと思われる。

これにより城の周囲は太日川に面しているか、流れが入り込んだ泥湿地となっており、唯一、陸続きの南東方面の防御さえ固めればいいことになる。

城域は南北五百五十メートル、東西は最大幅二百メートルで、細長い地形から分かる通り、縄張りは連郭式となる。

まず基部にあたる南端部から少し東に離れた場所に、日蓮宗真間山弘法寺《ぐほうじ》がある（里見公園内にある曹洞宗安国山総寧寺《そうねいじ》ではない）。この寺は奈良時代からある古刹で、最初から出城の役割を担わされていたわけではないが、東から来る敵を抑えるには理想的な場所にあり、寺の門前を通らないと国府台城に至らなかった可能性がある。

弘法寺の門前を東に折れると、大手門が見えてくる。そこを入ると駐屯地のような広い曲輪に出る。そこを経由して中核部に入っていくことになる。

城内の縄張りは、中央部に最高所となる主郭を置き、その北東に二曲輪、北に三曲輪と四曲輪、南に五曲輪といった構成になる。こうした区分けは近世になって便宜的になされたもので、どのような目的で曲輪が区分されていたのかは定かでない。

この舌状台地の先端部、すなわち北端部には、かつて丸山と呼ばれた小丘があり、丸山古墳という古代の遺構があった。城とは堀切で隔てられていたと推定され、北方の前衛を担っていたと思われる。だが今は宅地化の際に削平されてしまって痕跡さえない。

　こうしたことから分かる通り、国府台城は、太日川に張り出した台地上にあるため周囲を川水か湿地に囲まれており、南の前衛を弘法寺が、北の前衛（搦手）を丸山が担うという構造になっていたと思われる。

国府台城の歴史

国府台城らしき城が初めて文書に登場するのは康正元年（一四五五）のことで、千葉本家の胤直が馬加《まくわり》康胤《やすたね》によって滅亡に追い込まれた時、残された千葉一族が「市川の城」に立て籠もったという。しかし市川の城は国府台城ではないという説もある。国府台城が間違いなく歴史上に姿を現すのは、文明十年（一四七八）十二月の境根原《さかいねはら》合戦の時だ。

　創築者は太田道灌の可能性が高い。というのも道灌は、その時に出した書状に「下総国府臺（台）に陣取、かりの陣城をかまへける」と書いており、合戦に先立ち、陣城としてこの城を創築したとも取れる。

　続いて文明十一年（一四七九）七月には、「下総臼井城を責《せめ》しにも、鵠臺《こうのだい》に初構城（下総国の臼井城を攻めた際に、国府台に初めて城を構える）」とあるので、この頃に本格的に取り立てられたと分かる。その後、道灌は多大な犠牲を払って臼井城の攻略に成功するが、その勝利も、国府台城が江戸城と臼井城包囲陣をつなぐ中継基地の役割を果たしたからに違いない。

それから六十年後の天文七年（一五三八）十月、小弓公方勢二千と北条勢五千が国府台城の近くで衝突した。第一次国府台合戦である。

この合戦に至る経緯は以下のようになる。

二代目古河公方の足利政氏《まさうじ》には何人かの息子がいたが、そのうちの一人の義明は、政氏の隠退後に跡を継いだ嫡男の高基《たかもと》に反旗を翻し、国府台城の南東二里ほどにある小弓城に拠った。『鎌倉公方九代記』では、義明のことを「其の心飽《あ》くまで不敵にして、骨太く力強く、早業打《はやわざうち》物《もの》の達者、当代無双の英雄なり」と評しているが、それは事実で、義明の勢威は下総南部から上総・安房《あわ》両国にまで及び、「御家風、東国を覆う」（同書）と書かれるほどの勢力があった。

この戦いは、国府台城とは太日川と利根川を隔てた西にある葛西城を攻略された小弓公方の足利義明が、勢力を挽回しようと北上作戦を開始したことに起因する。

まず義明が先勢を相模台に入れて北条方を牽制すると、北条方は太日川を渡って松戸台に先勢を布陣させた。これに対し、義明自ら国府台城を出て決戦に臨んだ。

結果的には、相模台と松戸台の間にある隘路に誘い込まれた小弓方の惨敗となり、義明や嫡男の義純《よしずみ》ら一族がことごとく討たれ、近臣や馬廻衆も百四十人が討ち死にを遂げた。戦われた場所が松戸台の足下のため、この合戦は松戸台の戦いとも呼ばれる。

これにより関東の覇権をめぐる戦いは、古河公方足利晴氏《はるうじ》（高基の嫡男）と結んだ北条氏が握ると思われたが、越後の長尾景虎（後の上杉謙信）が関東の秩序回復を目指して頻繁に攻め入ってくることで、戦乱は続いていく。

次に国府台城が合戦の舞台となったのは、永禄五年（一五六二）から六年（一五六三）の戦いになる。この時の戦いは、北条・武田両軍に囲まれた松山城の上杉憲勝と岩付城の岩付太田資正を後詰めすべく、里見義堯《よしたか》が国府台城に進出してくることで始まった。

里見方は同盟者の長尾景虎から、籠城中の岩付城に兵糧を入れるように命じられていたため、国府台城に入り、市川津で商人たちと交渉していた。だが米商人と値段の折り合いがつかず、ずるずると日々を過ごしていた。

それを知って国府台城に奇襲を掛けた北条方だったが、江戸城将の江戸太田康資《やすすけ》の裏切りなどもあり、江戸城代の遠山綱景《つなかげ》や同城将の富永康景《やすかげ》ら百四十と、雑兵九百が討ち取られ、緒戦は里見方の勝利に終わる。

それでも逆襲に転じた北条方が国府台城の攻略に成功し、里見方は安房国目指して退却していくことになる。これが第二次国府台合戦である。

幕末の国府台城

この城は第二次国府台合戦以後、北条氏の占領下に置かれたはずだが、記録には全く出てこない。この辺りは北条氏傘下の千葉氏や高城氏の勢力圏なので、北条氏にとって不要な城となり、そのまま廃城とされた可能性が高い。

天正十八年（一五九〇）の北条氏滅亡により、秀吉は家康を関東に移封する。その時も、この城が使われた形跡はない。

ただし第二次国府台合戦から約三百年後の慶応四年（一八六八）四月、すでに廃城となっていたこの城が、大鳥圭介《おおとりけいすけ》率いる伝習隊をはじめとする佐幕派諸隊の参集地になる。その中には新選組を率いる土方歳三《ひじかたとしぞう》もいた。厳密には、彼らが軍議を行ったのは近くにある大林院《だいりんいん》という寺だったが、二千に及ぶ兵を収容できるのは国府台城しかない。

この時の軍議では「しばしの間、この地で形勢を観望しよう」という意見もあったというが、結局、将軍慶喜が謹慎地の水戸に向かったことで、彼らは江戸周辺での決戦をあきらめ、北上の途に就く。だが別の判断が下されていれば、上野戦争同様の近代戦が、国府台城をめぐって行われたかもしれない。

その後、城内には太平洋戦争中に首都防衛のための高射砲陣地が設置された。東京湾から江戸川をさかのぼってくる米軍の舟艇《しゅうてい》に備えたのだという。この時、土塁の多くには防空壕が掘られたため、地形の改変がはなはだしく、それも国府台城の構造を分かりにくくしている一因となっている。

さらに戦後になってからは、中核部が里見公園として整備され、また周囲の宅地化が進んだことで、湮滅してしまった遺構が多く、その全体像をイメージするのは、さらに難しくなってしまった。

国府台城のあった場所は、現在、里見公園として整備されている。写真は公園内の遺構。しかし、公園化の際にかなりの遺構が破壊された。

ただし公園化された城内を歩くと、土塁・空堀・櫓台跡・堀切・虎口といった遺構が散見されるので行ってみる価値はある。さらに城内には、発掘された古墳や石棺《せきかん》もあり、この城が古墳時代から近世まで、様々な目的で使用されていたと分かる。

城というのは短命なものもあれば、長命なものもある。大坂城の出城である真田丸のように、半年ほどの間、華々しく歴史の表舞台に登場して消えていくものもあれば、国府台城のように、目立たないながら長命を保つものもある。まさに人の一生と同じく、城にも様々な生涯がある。

佐倉城

中世と近世の要素を兼ね備えたハイブリッドな城

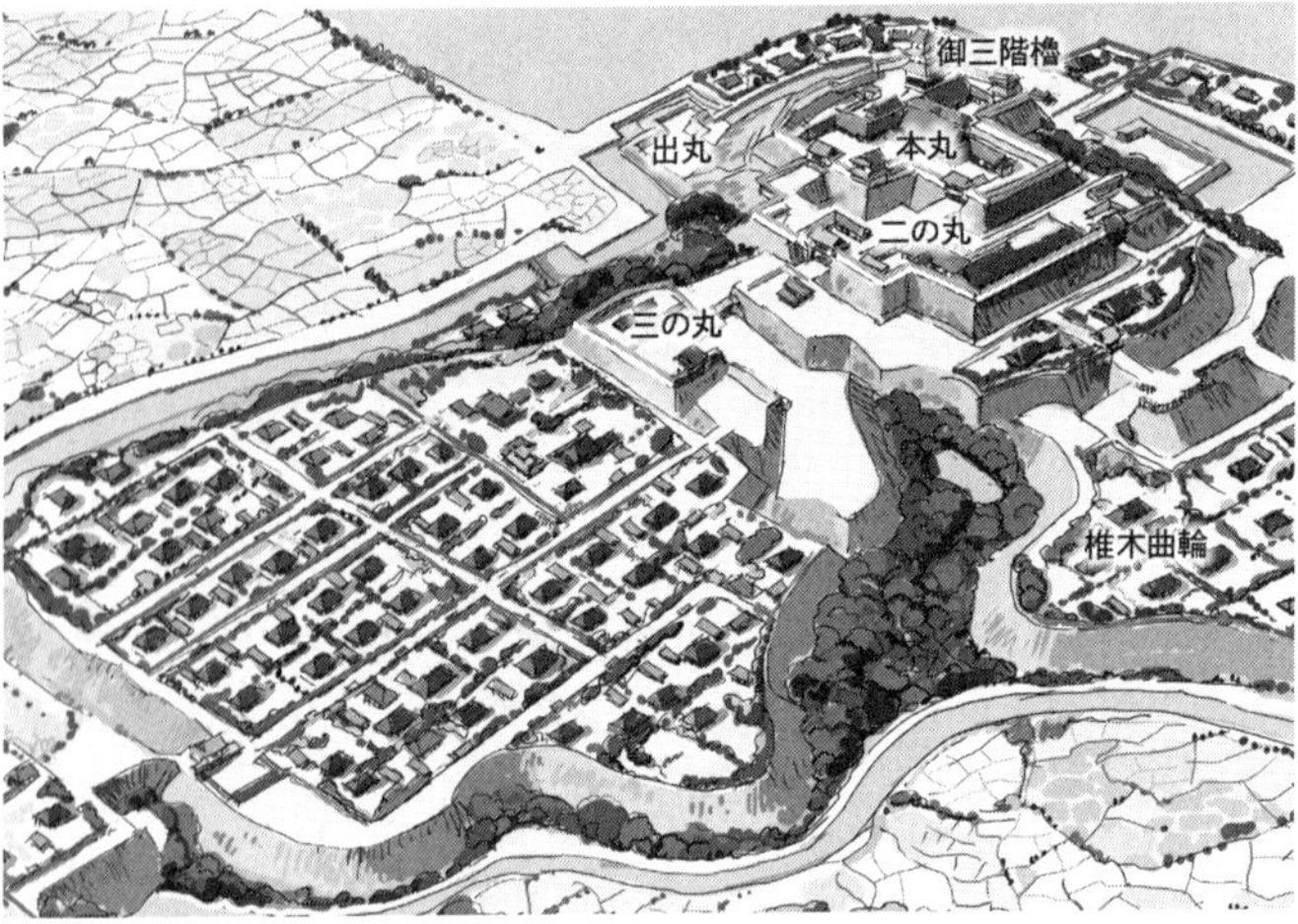

所在地	千葉県佐倉市城内町
城郭構造	連郭式平山城
築城主	土井利勝
築城年	慶長15年（1610年）
主な城主	土井利勝、堀田氏
廃城年	明治6年（1873年）
遺構	堀、土塁
アクセス	佐倉駅または京成佐倉駅からバスで 「国立博物館入口」か「国立歴史民俗博物館前」下車

中世城郭と近世城郭

歴史というのは大まかに言うと古代・中世・近世に分類される。古代とは天皇が政権の中心にいた大和・奈良・平安時代のことで、中世は文治元年（一一八五）の鎌倉幕府の成立から、天正元年（一五七三）の室町幕府滅亡までの、鎌倉から室町時代にわたる武家政権の四世紀を指す。近世とは安土桃山時代と江戸時代のことを指し、強力な統一政権が日本全土を支配する時代のことだ。

こうした政治史的背景の違いから、城郭の概念そのものも異なってくる。

中世城郭に多いのが山城や平山城で、山上の尾根伝いに段々畑状の小さな曲輪を幾重にも連ね、曲輪を守る防御パーツとして切岸・空堀（堀切や竪堀）・土塁が発達していく。こうした城は、石垣があっても土留めや石積みの延長線上の野面積みが大半で、技術的に高石垣を築くことができず、何段かに分けた石垣や腰巻や鉢巻と呼ばれる石垣を築いていた。

その後、戦国大名の巨大化に伴い、その勢力に見合った規模の城が出現し始める。北条氏の小田原城、上杉氏の春日山城、浅井《あざい》氏の小谷《おだに》城、尼子氏の月山富田《がっさんとだ》城などだ。

そうした過渡期的な巨大城と並行して近世城郭が出現する。

近世城郭の出現は、天正七年（一五七九）に織田信長が築いた安土城から始まるというのが定説だが、突如として安土城が出現したわけではなく、小牧・岐阜両城での試行錯誤を重ねた末の一つの到達点が安土城だと考えた方がよい。すなわち軍事施設的要素が後退し、「見せる」要素が強くなっていくのだ。そのためには高石垣や巨大天守といった威厳を象徴するパーツが必要で、さらに「見せる」ために、城の占地は平地へと変わっていく。

本能寺の変で信長が横死《おうし》した後、その後継者となった秀吉により、近世城郭が全国へと広がっていく。この技術の伝承は配下の諸大名に普請作事を割り当てるという「天下普請」という形で行われるようになり、天下人秀吉は経済的負担なくして、各地に巨大な持ち城を築いていくことになった。大坂城、聚楽第《じゆらくてい》、肥前名護屋城、伏見城などがそれにあたる。

また大名たちも豊臣大名であることを誇示するかのように、石垣造りの大城郭を築くようになり、近世城郭が日本の隅々にまで広がっていく。

その後、政権は豊臣氏から徳川氏に移り、江戸幕府が開府されるが、家康も天下普請によって伏見（再築）、彦根、江戸、駿府、丹波《たんば》篠山《ささやま》、丹波亀山（再築）、名古屋、越後高田の諸城を次々と築いていった。同時に大名たちも一国一城令によって一つの城に財力を注ぐようになり、各地に巨大な近世城郭が次々と出現することになる。これが慶長の築城ラッシュだ。

そうした中、少し遅れて関東でも一つの近世城郭が築かれた。この城は規模的には各地に築かれた巨大城郭には見劣りするものの、その考え尽くされた縄張りから、近世城郭の傑作と呼ばれる。それが佐倉城である。

佐倉城の起源と歴史

まずは以下の大前提からご理解いただきたい。

佐倉城の近くには本《もと》佐倉城という城があり、よく混同される。実は、戦国時代には本佐倉城が佐倉城と呼ばれ、佐倉城は「かしまの城」、すなわち鹿島《かしま》城と呼ばれていた。その名称のままだったら混乱は避けられたのだが、江戸時代になってから、こちらが佐倉城と呼ばれたので、便宜上、本来の佐倉城は本佐倉城と呼ばれることになる。それだけならまだしも、鹿島神宮のすぐ西に鹿島城と呼ばれる別の城があるので、さらにややこしくなる。こちらの鹿島城も大きな城で、今でも土塁や空堀などの遺構が見られる。

まずは、こうした複雑な前提を知っていただいた上で、近世城郭・佐倉城の説明に入っていきたい。

下総国一帯は、平安時代からこの地域に根を張る千葉氏の勢力圏だった。千葉氏は坂東八平氏の流れを汲む名族で、頼朝の挙兵に応じて勢力を拡大し、最盛期には上総国にまで勢力を伸ばしていた。しかし内訌《ないこう》が絶えない一族でもあり、室町時代から戦国時代にかけては古河公方勢力の一翼を担っていた程度で、戦国大名化するには至らなかった。

戦国時代前期、千葉親胤《ちかたね》が傘下国衆の鹿島氏に命じて「かしまの城」の築城を開始させたが、親胤が家臣の原氏によって暗殺されることで頓挫した。それでも千葉邦胤が築城を再開させたものの、邦胤も近習に殺され、またしても普請作事が停滞する。そのため城ではなく「鹿島台」と呼ばれていたが、天正年間半ばに小田原北条氏の協力を得て城の体裁が整えられた。

この時、城の構えはある程度、完成していたらしく、調査によって千葉氏時代の城の痕跡が確かめられている。

しかし天正十八年（一五九〇）の小田原合戦で、北条氏に与した千葉氏が共に没落することで「かしまの城」は廃城となる。そこに新たに関東に入封してきたのが徳川家康だった。

慶長十五年（一六一〇）、土井利勝がこの地に三万二千石で封じられ（後に十四万二千石に加増）、旧城を徹底的に破却した上に、近世城郭・佐倉城を創築することになる。

関ヶ原の戦いが慶長五年（一六〇〇）に勃発し、大坂の陣が慶長十九年（一六一四）から始まるので、佐倉城が築かれた慶長十五年は、慶長の築城ラッシュの真っただ中だった。

利勝は家康・秀忠・家光の三代にわたって仕えた優秀な官僚で、秀忠の側近からスタートし、朝鮮使節団との外交折衝から、一国一城令と武家諸法度の制定を中心になって行うなど辣腕を振るった。

その利勝も寛永十年（一六三三）、古河へと移封され、以後、譜代大名が次々と佐倉に封じられていく。

土井氏の移封後、佐倉城を本拠とする佐倉藩には様々な大名が入ったが、そのことごとくが老中や京都所司代といった幕府の要職に就いたため、佐倉城は出世城と呼ばれるようになる。

しかし延享三年（一七四六）に堀田氏が入封《にゅうほう》してから後は、藩主の変動がなく、佐倉藩堀田氏は廃藩置県まで続いていく。ところが明治六年（一八七三）、城内に東京鎮台の佐倉連隊（歩兵第一連隊）の本営が置かれたことで、遺構の多くが破壊されてしまう。それでも戦後、佐倉城址公園として整備されることで、一般の方にも見学しやすい城となった。

とくに桜の季節には多くの人が訪れることから、今では五十品種一千百本の桜が植えられているという。佐倉城はまさに名の通りの桜城となった。

佐倉城の占地と構造

この城は、西に流れる鹿島川と南に流れる高崎川の間にある比高二十メートルから三十メートルの河岸段丘・鹿島山に築かれており、周囲には低湿地が広がっていた。つまり両河川を通じて印旛《いんば》沼《ぬま》にも進出できるという利点があり、「かしまの城」時代には、本佐倉城や臼井城への後詰が容易な位置にあった。

城のある鹿島台地は北から西にかけて急崖を成しており、南は台地先端部のため、寄手が展開しにくい。東だけが地続きとなっていたので、そちらの防御性を高めれば事足りる。

すなわち鹿島川に面した台地の西端に本丸を配し、北東と南東に曲輪を連ねる梯郭《ていかく》式の縄張りにすることで、東から攻め寄せる敵に相対するようにしたのだ。

四方が土塁で囲まれた本丸の西端には、天守（御三階櫓《ごさんかいやぐら》）がある。この天守は一階部分が土塁に掛かるように造られており、城外から見ると三重で、城内から見ると四重というユニークなものだった。しかし文化十年（一八一三）に火災によって焼失してから、再建されることはなかった。

天守の東には銅櫓が建てられていたが、明治維新後は老朽化が激しく、明治四年（一八七一）に取り壊された。その時の写真を見ると、銅葺きで宝形造《ほうぎょうづくり》の二重櫓だったと分かる（金閣寺に似ている）。一説に江戸城から移築され、太田道灌時代のものだったとされるが、あながち伝承と片付けられない古風な趣がある。

本丸内には御殿があり、虎口は東と南の二カ所に設けられていた。佐倉城には本丸、二の丸、三の丸の要所に豪壮な櫓門が五基もあったが、そのことごとくが佐倉連隊によって取り払われたため現存していない。

写真を見る限り、いずれも同じ形式だったらしく、二重二階建てで一階部分の腰屋根が、門の周囲にめぐらされた築地塀まで続いていくという造りをしていた。

また本丸を守るように、南西と北西に出丸が設けられていた。これらの出丸は搦手の守りを担っていた。

東から南にかけては、本丸を包み込むように逆L字形の二の丸が配され、北と東に櫓門があった。二の丸と三の丸の間には、屈曲した巨大な土塁があったが、こちらも佐倉連隊の兵舎設営のために取り払われてしまった。

三の丸の見どころは、空堀を互い違いに走らせて馬出を形成しているところで、この馬出の東には、長い張り出し曲輪が造られ、馬出を攻め取ろうとする敵がいれば、背後から攻撃できるようになっていた。

三の丸の馬出の外には、広小路と呼ばれる直線の大通りが東南方向に向かって大手門まで続いていた。この道の屈曲は一切なく、極めて近世的である。大手門も豪壮な櫓門で、近世的な内桝形を伴っていた（現存せず）。

三の丸の北東側に目を転じると、椎木《しいのき》門と呼ばれる櫓門があり、その外側に佐倉城の象徴とも言える巨大な角馬出がある。この角馬出に付随する「馬出空堀」はコの字形になっており、北東に面した長辺が百二十一メートルで、左右の短辺が四十メートルという壮大なもので、見る者を圧倒する。

佐倉城は河岸段丘上という占地、桝形よりも馬出で守るという防御方法、高石垣がない点、出丸を巧妙に配した点、堀と土塁を駆使した技巧的で配慮が行き届いた縄張りなどから、緊張感の高かった中世の平山城を思わせる。

その一方、天守の存在、屈曲のない通路、一つひとつの曲輪を大きく取っている点、巨大な水堀などから近世城郭的な仕様も備えている。

つまりこの城は実戦的なパーツを十分に備えつつも、「見せる城」としての要素を併せ持った過渡期の城だったのだ。そういう意味では丹波篠山城と並び、二つの要素をうまく組み合わせたハイブリッドな城と言えるだろう。

臼井城

太田道灌と上杉謙信に攻められた城

所在地	千葉県佐倉市臼井字城之内（臼井城址公園）
城郭構造	連郭式平山城
築城主	臼井氏
築城年	享徳年間（1452～1455年）？
主な城主	臼井氏、原氏、酒井家次
廃城年	慶長9年（1604年）
遺構	土塁、空堀、土橋
アクセス	京成臼井駅から徒歩20分

二人の軍神から攻められた城

印旛《いんば》沼《ぬま》を望む標高二十五メートルほどの台地上に、その城はある。南北一キロメートル、東西六百メートルと城域は広大だが、その縄張りは、さほど工夫が凝らされているわけではない。だがこの城は、文明十一年（一四七九）に太田道灌、永禄九年（一五六六）に上杉謙信に攻められるという栄誉に浴することになる。

道灌は攻略に成功したものの、弟の資忠や重臣多数を失うほどの損害をこうむり、一方の謙信は大敗を喫して関東から手を引くきっかけとなった。

二人の軍神が手を焼いた臼井城には、どんな秘密が隠されていたのだろうか。

太田道灌の戦い

享徳三年（一四五四）から文明十四年（一四八二）にかけての関東では、古河公方と山内・扇谷両上杉氏の間で、いつ果てるともない戦いが続いていた。享徳の乱である。相模守護の扇谷上杉定正の家宰を務める道灌も、古河公方陣営との戦いに明け暮れていた。

そうした最中の文明八年（一四七六）、山内上杉顕定の家臣の長尾景春が反旗を翻す。顕定に祖父や父が担っていた家宰職を取り上げられたのが原因だった。

景春には与同する勢力が多く、一時的に顕定と定正も追い込まれた。

この時、景春が手を組んでいたのが下総の千葉孝胤《のりたね》だった。千葉氏は本佐倉城を本拠にし、下総国から上総国にかけて強固な勢力基盤を築いており、境目を接する扇谷上杉氏の宿敵でもあった。ちなみに臼井城の東七キロメートルの距離に本佐倉城があり、臼井城はその前衛の役割を果たしていた。

文明十年（一四七八）、景春討伐を託された道灌は下総方面への侵攻を開始し、境根原（現在の千葉県柏市の中心部）で千葉勢を破ると、その勢いで翌年一月には臼井城を囲んだ。しかし攻略するには至らず、道灌は弟の資忠に包囲を任せ、自らは下総・上総両国の千葉氏傘下国衆の駆逐にあたった。

この時も道灌は見事な手際で敵対勢力を平定し、臼井城を孤立させた。だが城に籠もる千葉氏重臣の原氏らも頑強な抵抗を示した。

包囲戦が長期化し、太田勢の疲弊が目立ち始めたことに気づいた道灌は、いったん包囲を解いて江戸城に戻ることにした。だが城方に追撃戦を挑まれ、太田勢は劣勢に陥る。結局、この戦いで、太田勢は弟の資忠・資雄《すけかつ》父子をはじめとして五十三人の名だたる武将が討ち取られた。それでも道灌は反撃に転じ、苦戦の末、臼井城を落城に追い込んだ。

この後、道灌は再起した景春との戦いを勝ち抜くが、宿敵千葉氏との決戦を前にして、主君の定正によって謀殺されることになる。

その理由は、定正の制止を聞かず（当時、上杉陣営は古河公方と和睦していた）、千葉氏との戦いに踏み切ったからだ。つまり臼井城への攻撃が、道灌の死のきっかけになったのだ。

上杉謙信の戦い

永禄七年（一五六四）、第二次国府台合戦で里見義弘を破った北条氏康は、房総地方への侵攻を速めていた。一方、里見氏から後詰要請を受けた謙信は翌八年（一五六五）末、関東へと越山してくる。謙信が関東入りしたことで、北条氏は防衛態勢を布かねばならず、里見氏は滅亡寸前の窮地を脱した。

永禄九年（一五六六）二月、謙信は下野国の唐沢山《からさわやま》城を攻めることで北条方を牽制するが、北条方が後詰に出てこないのを知ると、矛先を転じて移動距離にして二十一里もある常陸国の小田城まで攻め寄せた。突然の上杉勢来襲に慌てた小田氏治《うじはる》は城を捨てて逃げ出す。

その後、下総国に入った謙信は、千葉氏傘下国衆の高城《たかぎ》氏の小金城を攻めるが、攻略できないと分かると矛先を臼井城に転じた。この時、上杉勢は結城・小山《おやま》・足利長尾・里見・土気《とけ》酒《さか》井《い》といった与党勢力を吸収し、三万の大軍になっていた。

一方、臼井城を守るのは、城主の原胤貞《たねさだ》、千葉氏からの援軍、小田原から援将として入った松田《まつだ》康郷《やすさと》らである。

城内の指揮を執るのは、千葉氏の軍師役を担っていた白井入道浄三こと白井胤治《たねはる》だった。若い頃、兵法修行で諸国を旅し、京都を占拠していた三好長逸《みよしながゆき》に仕え、上方《かみがた》の兵法を学んだ浄三は、それを関東に持ち帰り、千葉氏の戦いに貢献してきた。その結果、浄三は「関東無双の軍配者」（『房総里見誌』）と謳われるまでになっていた。

松田康郷はその名字の通り、北条氏の筆頭家老・松田一族に連なる猛将として知られ、朱具足を好んで着けていたこともあり、「北条の赤鬼」と呼ばれていた。

小金と臼井の間にある船橋を押さえ、兵糧などの物資を確保した謙信は、江戸から印旛沼まで続く下総道と呼ばれる街道を通って臼井城に攻め寄せた。この道は一本道で当時、左右には泥田や泥湿地が広がっていた。本来、印旛沼の周辺は湿地が多く、大軍を進退させるのに適していない。とくに下総道は、泥田や湿地の中を一本道が通っているような地形だった。

三月二十日、上杉方の攻撃が始まる。この時、参陣していた将の書状によると、「すでに臼井城の外郭は制圧し、実城《みじょう》（城の中心部）の堀一重を残すばかりです。諸軍は昼夜の別なく攻撃中ですので、ほどなくして落城するでしょう」とある。しかし上杉方の損害も大きく、とくに二十三日の総攻撃で多数の死傷者を出すに及び、戦いの継続は困難になっていた。

翌二十四日、撤退を始めた謙信は、上州で情勢を観望した後、越後に帰っていった。この敗戦により、謙信の確立した関東支配体制は崩壊していくことになる。

北条氏政は武田信玄あての書状で、「敵数千人手負死人出来」と書き、古河公方足利義氏《よしうじ》もその書状で、「五千余手負い死人出来せしめ」と具体的な数字を記している。むろん大げさに書いているのだろうが、その後の政治状況を踏まえると、上杉方にそれくらいの衝撃はあったはずだ。

『関八州古戦録』に見る臼井城攻防戦

戦国時代の関東の戦いを生き生きと描いた軍記物に『関八州古戦録』がある。ここから、この時の戦いをダイジェストで取り上げてみよう。

三月二十日の未明、薄靄《うすもや》の中、法螺貝《ほらがい》が響きわたり、陣鉦《じんがね》が鳴らされ、上杉方の攻撃が始まった。先手は岩付太田資正（道灌の子孫）で、その後に本庄繁長《ほんじょうしげなが》・河田長親《かわだながちか》・柿崎景家《かきざきかげいえ》といった謙信股肱《ここう》の重臣が続いた。

対する白井入道浄三は大手口に攻め寄せる岩付太田・本庄の両勢を引き付けるだけ引き付け、反撃に転じて大損害を与えた。それでもこの間に上杉勢の別働隊が外曲輪を制圧すると、北条氏の援軍を率いてきた松田康郷が防戦に出て白兵戦を展開する。この時、康郷は大長刀《おおなぎなた》で敵を六、七人倒すと、刃こぼれしたので樫の棒に持ち替えて戦ったという。

この日は雨が降り出して戦いはここまでとなったが、臼井城は落城を免れた。

その翌日も、上杉方の猛攻が続いたが、浄三は様々な奇策を弄し、さらに最後は自ら打って出て戦い、城を守り切った。

かくして城方の反撃に遭った上杉勢は撤退戦に移るのだが、臼井城の守備兵力では追撃戦はできない。おそらく上杉勢は、江戸湾を渡って船橋辺りに上陸した北条方と出合い頭にぶつかり、損害を大きくしたのではないだろうか。

印旛沼に抱かれた丘城

享徳年間（一四五二〜一四五五）に千葉氏庶流の臼井氏が築いたとされる臼井城だが、発掘調査の結果、臼井氏時代の城は本曲輪だけだったと分かり、現在残る臼井城は、戦国時代に城主だった原氏や、江戸時代初期に入部していた酒井家次（忠次の嫡男）の手になるものと考えられる。つまり道灌が攻め寄せた時の臼井城は本曲輪だけだったのだ。

それでは、今に残る臼井城の縄張りについて考えていこう。

臼井城は小高い河岸段丘上に築かれた丘城で、大まかな構造としては、内郭部、外郭部、惣構部に分けられる。

内郭部は台地先端部に造られた本曲輪と二曲輪から成り、現在、公園化されている部分なので分かりやすい。東側の本曲輪と西側の二曲輪の間に横たわる堀は幅二十メートルもあり、鉄

臼井城の堀の跡。

砲戦に対応している。おそらく原氏時代に造られたものだろう。

　内郭部の二つの曲輪は十八メートルから二十四メートルほどの高さの台地上に築かれ、その下は、水堀か印旛沼から続く湿地になっているため、攻め口は内郭部の南西にある大手口に限られてくる。

　外郭部にあたる三曲輪は北から西を経て南側にまで縦長に広がり、四曲輪はその東側、すなわち内郭部の南側の内懐にある。当時の印旛沼が北から東まで広がっていた上、西には手《て》繰川《ぐりがわ》が流れていたので、台地続きの南を強化した曲輪配置になっていた。発掘調査の結果、三曲輪には家臣団屋敷や寺社があり、四曲輪には城主の居館があったとされる。

　さらに内郭部と外郭部を取り巻くように惣構部の砦群が設けられていたが、臼井城の場合、それぞれ離れた場所に一城別郭のような砦が築かれており、それらを有機的に連携させ、敵を撃退するという防御構想だったと思われる。

　例えば、大手口の東にある宿内《しゆくうち》砦、西にある田久里《たぐり》砦、さらに南にある稲荷《いなり》台砦が、大手方面に攻め寄せる敵を三方から牽制・攻撃する役割を担うといった具合である。これら惣構部の砦群（稲荷台、宿内、田久里、仲代、州崎、王子台）を含めると、臼井城は南北一・六五キロメートル、東西一・一キロメートルまで広がる。ただしこれらは、一城別郭的な位置付けになるので、城域に含めるかどうかは微妙だろう。

さらに臼井城には、師戸《もろと》城・志《し》津《づ》城・岩戸《いわと》城・小《こ》竹《たけ》城といった支城群もあり、これらが協力して臼井城を支えていた。

道灌と謙信が死闘を演じた臼井城だが、小田原合戦の折には戦わずして開城し、徳川氏家臣の酒井家次に下賜されるが、転封により慶長九年（一六〇四）に廃城となった。

この城の強靭さは、一に周囲を湿地帯が取り巻いていたこと、二に攻め口が南側に限られていたこと、三に効果的な砦と支城の配置ができていたことに尽きるのではないだろうか。

本佐倉城

蛇の頭と尾が寄手を叩く

所在地	千葉県印旛郡酒々井町本佐倉
城郭構造	連郭式平山城
築城主	千葉（岩橋）輔胤
築城年	文明年間（1469～1486年）
主な城主	千葉氏、小笠原吉次、土井利勝
廃城年	元和元年（1615年）
遺構	空堀、土塁、虎口、曲輪など
アクセス	京成大佐倉駅から徒歩10分または京成酒々井駅から徒歩20分

下総千葉氏の盛衰

治承四年（一一八〇）、伊豆で挙兵した源頼朝は、石橋山の戦いで惨敗したものの、房総半島に渡ってから巻き返しに成功し、平家方の東国勢力を圧倒していく。しかし一介の流人にすぎなかった頼朝には、子飼いの家臣などいない。そこで自分に忠誠を誓った者たちを組織化し、親衛隊的家臣とした。それが御家人と呼ばれる頼朝と直接主従関係を結んだ武士たちのことだ。

その御家人の代表格が、下総国に広大な領国を持つ千葉氏だった。千葉氏は「坂東八平氏」「関東八屋形」の一つに数えられるほどの名家で、平安時代から室町時代にかけては下総国の大半を支配していた。

鎌倉幕府開設後、千葉氏は忠実な御家人として確固たる地位を築いていく。しかし宝治《ほうじ》元年（一二四七）の宝治合戦で三浦氏に与して執権北条氏と戦ったため、滅亡寸前にまで追い込まれてしまう。

室町時代には鎌倉公方の下で下総守護を務め、多少は勢力を回復させたものの、お家騒動で嫡流《ちゃくりゅう》が滅亡するという事件が起こる。

嫡流の遺児たち（武蔵千葉氏）は太田道灌の力を借り、新たに千葉氏の当主となった馬加康胤を滅ぼすが、道灌の死後、古河公方と結んだ康胤の庶子（異説あり）・岩橋輔胤《すけたね》が下総国の覇権を回復する。この時に築かれたのが本佐倉城である。

それまでの千葉氏の本拠は、現在の千葉市内にある亥鼻《いのはな》城だったが、享徳の乱によって周囲の緊張が高まるに従い、要害の地である佐倉に移転した。この地は古河にも駆けつけやすいので、古河公方・足利成氏の意向も入っていたのかもしれない。

また創築に関する異説として、輔胤の息子の孝胤が、文明十六年（一四八四）頃に築いたというものもある。

その後、千葉氏は古河公方との連携を強め、古河公方勢力と房総半島の武田・里見両氏をつなぐブリッジの役割を果たしていく。しかし次第に、筆頭家老の原氏が千葉氏を上回る力を持ち始め、傀儡《かいらい》当主を擁することで千葉氏の実権を掌握していった。

戦国時代の千葉氏は、小弓公方足利氏、常陸国の佐竹氏、安房国の里見氏に圧迫され、現代の佐倉市と酒々井町《しすいまち》だけを勢力圏とする国人ほどの勢力になっていた。それでも原氏や高城氏といった独立性の高い宿老たちと共に、勃興《ぼっこう》してきた小田原北条氏の傘下入りを果たすことで、その命脈を保つことに成功する。

これにより北条氏は、室町時代後期から利根川東岸に割拠《かっきょ》してきた古河公方と、その与党の上総国の武田氏や安房国の里見氏との間に楔《くさび》を打ち込み、古河公方勢力の衰退を招くことに成功する。以後、北条氏は下総から常陸へと侵攻していくが、その時、千葉氏の本佐倉城は、北条氏の策源地の役割を担っていくことになる。

ところが千葉氏はその後、北条氏から養子の当主を入れられ、その独立性が徐々に奪われていく。そうした流れもあり天正十八年（一五九〇）の小田原合戦で北条氏に与したため、戦後、豊臣秀吉から改易を申し渡された。ここに由緒ある千葉氏は没落する。

小田原合戦の後、関東に移封された徳川家康からこの一帯を与えられた土井利勝は、新たに近世城郭の佐倉城を築いたため、本佐倉城は廃城となった。

沼沢地の城

下総国のほぼ中央部にあたる本佐倉城一帯は、「香《か》取《とり》の海」と呼ばれた霞ケ浦・印旛沼・手《て》賀《が》沼の湖沼《こしょう》群と江戸湾を結ぶ下総街道を扼する交通の要衝だった。

この城は、下総台地が印旛沼南端に突き出した比高二十メートルほどの舌状台地上に築かれており、今は田畑となっている周辺の低地は戦国時代当時、泥田か湿地となっていた。すなわち本佐倉城は、沼沢地という要害地形をうまく取り込んで築かれた水城だった。

構造的には、北から本城域にあたる城山地区、家臣団屋敷があったとされる荒上《あらがみ》地区、湿地を隔てて本城域と向かい合った形の向根古屋《むかいねごや》地区の三つに分かれており、それぞれの周囲に、泥田か湿地が入り込むという地形になっていた。

城山地区は逆L字形の突出部に築かれており、荒上地区を制圧しない限り、攻めることができない地形になっている。

城山地区は東・西・北の三方を泥田か湿地に囲まれているので、寄手は陸続きの南から、まず荒上地区に攻め寄せるしかない。つまり戦闘方面を限定できるのだ。

この城の西方にある臼井城も同じ印旛沼の畔の城だが、ここまで理想的な地形ではないため、円弧を描くように空堀を掘り、戦闘方面もさほど限定できなかった。つまりこうした後ろ堅固の城の場合、戦闘方面を限定できる地形かどうかが大きなポイントになる。

本佐倉城の最大の強みは、東南にある向根古屋地区に控えていた部隊が、湿地を渡って寄手を背後から襲うという防御法が取れることだ。逆に寄手が向根古屋地区を制圧しようとすると、荒上地区から牽制されるという寸法になる。要は向根古屋地区が、大規模な「勢《せ》隠《がく》し」となっており、荒上地区と本城域を背後から守っているのだ。

これは「常山《じょうざん》の蛇《だ》勢《ぜい》」と呼ばれる築城法で、頭を叩けば尾が、尾を叩けば頭が攻撃するという縄張りである。北条氏末期の築城になる山中城にもこの方式が取られているため、北条家中では幾多の戦訓から、その有効性が証明されていたのだろう。こうしたことから向根古屋地区は、天正年間に北条氏が千葉氏を乗っ取った時に造られたと推定できる。

またこの城の南部には、堀跡や城館跡と思われる遺構が発掘されており、「惣構」の存在も指摘されているが、私有地が入り組んでいるため確証を得るまでの発掘調査はできていない。

構造的特徴と防衛構想

中核部の城山・荒上両地区だけで三・九万平方メートル、向根古屋地区まで含めると、五万平方メートルを超える本佐倉城だが、見学の際には、城山地区の東側にあたる東山馬場から入ることをお勧めする。そこから西に向かって歩いていくと、左手に深さ六メートルの大堀切が見える。この堀切によって仕切られた東側が「城山」と呼ばれる本曲輪で、西側が「奥ノ山」と呼ばれる二曲輪になる。

「城山」は大堀切で仕切られていることからも分かる通り、厳重な構えをしている。虎口は内桝形で坂虎口となっており、南を除く三方に土塁をめぐらし、北側には櫓台もある。

「奥ノ山」には千葉氏が信仰していた妙見社があり、多くの土器《かわらけ》が発見されていることから、神聖な場所だったと分かる。本曲輪の前衛にあたる場所に妙見社を祀ってあるので、千葉氏はそこから先を神聖な儀礼空間としていたに違いない。

「奥ノ山」の北西には「倉跡」と呼ばれる三曲輪がある。発掘の結果、炭化した米や多くの陶磁器片が出土し、複数の倉を伴う城主一家の居館跡だったと推定されている。

「倉跡」の北西には、この城の見どころの一つである幅二十メートル、深さ十メートルの大空堀がある。この巨大な堀切は南北百メートルもの長さがあり、途中で横矢が掛かるように屈曲している。元々あった堀を北条氏が拡張したとされるが、どうだろうか。いずれにせよ寄手はこの大空堀を突破しないことには、城山地区を攻略できないようになっている。

ここまでが城の中核部だが、その北西には「セッテイ山」と呼ばれる曲輪がある（山ではなく平場）。ここからは、碁石、銅製火鉢、茶壺などが発掘されており、「接待山」だったのではないかと推定されている。つまり客や使者はここから先には入れず、ここで城主と面談し、酒肴でもてなされたのだろう。

この曲輪は、東西を大空堀に囲まれていることから、北条氏が支配権を確立した天正年間には、「セッテイ山」が城の中心になっていた可能性がある。つまりここに北条氏から派遣された部隊が入り、ここから南東の中核部が千葉氏の領域とされていたのだ。言うなれば、この城の縄張りは、「城山」と「セッテイ山」という二つの核（最終防衛エリア）を持っていたことになる。

北条氏の兵を「セッテイ山」まで入れないまでも、向根古屋地区に入れていた可能性はある。

一つの城でも傘下国衆を重んじ、こうした不可侵の曲輪を決めることがあった。それぞれの所属に応じて入っていい曲輪といけない曲輪を設けるのだ。北条氏の場合、支援部隊を入れる際には、こうした配慮がなされていたらしい。

本佐倉城の倉跡とセッテイ山を分ける深さ10mの大空堀。堀底を進んでもまっすぐ見通せないように、曲がりくねって造られている。

「セッテイ山」の北西部には、「奥ノ山」の北西にあった大空堀と同規模の大空堀があり、しかもこちらは途中で二度ほど屈曲した上、その先で分岐しており、ここから先（東）に敵を入れないぞという強い意志を感じさせる。

堀を屈曲・分岐させるのは、横矢を掛けるだけでなく、堀底道を通ってくる敵に先を見通させないという狙いがある。先が見通せないと、寄手は行き足が鈍るものなので、そこを投射武器で攻撃するのだ。

一方、荒上地区はこの城で最大の面積を持つ曲輪で、西辺と南辺には、「張り出し」を持つ長大な堀と土塁によって囲繞《いにょう》されていた。ここは家臣団屋敷地だったと言われているが、戦時には最前線の防衛拠点になったと考えられる。

向根古屋地区には喰違いになった二重空堀と二つの櫓台跡があり、二重の堀の間には馬出まで造られている。こちらの構えも極めて厳重である。

この城は、北条氏の支配権が確立されてから、その手がかなり入ったと考えられているが、向根古屋地区を除けば、さほど影響は感じられない。というのも千葉氏は、支城にも総じて大規模な空堀や土塁を造る傾向があるからだ。ただし向根古屋地区の馬出を中心にした技巧的かつ無駄を省いた造りは、天正期の北条氏の城の影響を色濃く受けていると言えるだろう。

城を守るには要害地形に城を築くだけでは駄目で、攻める立場になって攻撃方面や方法を想定し、いかに守るかまで考えた戦術レベルの思考が必要なことを、この城は教えてくれる。

すなわち、この城の設計者が城山地区、荒上地区、向根古屋地区という三つの領域になぜ城域を分散したのか、その関係性を把握できると、この城の本質が理解できる。

関宿城

一国を取るに等しいと謳われた水運の要衝

所在地	千葉県野田市関宿三軒家143-4（千葉県立関宿城博物館）
城郭構造	平城
築城主	簗田持助？
築城年	室町時代
主な城主	簗田氏、北条氏、松平氏、小笠原氏、牧野氏、久世氏
廃城年	明治5年（1872年）
遺構	移築城門・御殿
アクセス	川間駅から朝日バス「境車庫」行きバスで「関宿城博物館」下車

古河公方を守る城

かつて北条家三代当主の氏康は、関宿《せきやど》城を手に入れた時、「一国を取り為され候にも替わるべからず候（一国を取るに等しい）」と書状に記すほど喜んだ。

利根川と江戸川の二大河川が合流し、また分流していく地に築かれたこの城は、河川交通のハブとして、関東各地から運ばれてくる物資の集散地となっていた。また、常陸方面や房総方面へと続く街道が交錯《こうさく》する陸上交通の要衝でもあった。こうしたことから関宿城は、関東制圧を目指す北条氏にとって長らく垂涎《すいぜん》の的の城だった。

そもそも関宿城は、享徳三年（一四五四）に享徳の乱が勃発した際、簗田《やなだ》持助《もちすけ》という古河公方の家臣によって創築された。また、その三年後の長禄元年（一四五七）、持助の息子の成助《しげすけ》が築いたとも伝わる。それ以前から関宿周辺は簗田氏の勢力圏だったが、河川舟運《しゅううん》が盛んになることで、近くにある水海《みずうみ》城から本拠を移したらしい。

簗田氏は、古河公方から公方府の「舟役《ふなやく》」を命じられるほど舟運に強い国人だったので、河川交易網を掌握するための移転だったと思われる。

古河公方勢力の吸収を目指す北条家二代当主の氏綱は、まず古河公方家との絆を強めるべく、四代目公方の足利晴氏に娘を嫁がせた。晴氏と氏綱の娘の間には、梅千《うめち》代《よ》王《おう》丸（後の義氏）が誕生する。

だがこうした融和策に、古河公方家の家臣団が反発した。とくに自らの娘を晴氏の側室に入れ（最初は正室だったらしい）、藤氏《ふじうじ》や藤政《ふじまさ》といった男子を生ませている公方家宿老の簗田高助《たかすけ》は収まらない。高助は、山内・扇谷両上杉家に与するよう晴氏を説く。

それが実って天文十五年（一五四六）、河越城の戦いで、晴氏は北条方から上杉方に転じて出陣する。だが山内・扇谷・古河公方連合軍は、北条家三代当主の氏康によって完膚《かんぷ》なきまでに叩きのめされる。この戦いの結果、扇谷上杉氏は滅亡、山内上杉氏は上野国に逼塞《ひつそく》、古河公方家は弱体化した。これにより関宿城を本拠とする簗田氏も、公方家もろとも北条氏に付き従う方針に転じる。

同二十年（一五五一）、簗田晴助（高助の息子）は氏康と起請文《きしようもん》を交わし、互いに粗略にしないことを誓い合う。これは晴助が公方晴氏の代わりに行ったもので、古河公方府が北条氏の存在を正式に認めたことになる。

続いて同二十一年（一五五二）、氏康は晴氏長男の藤氏を廃嫡させ、わずか十歳の梅千代王丸に公方家の家督を移譲させた。関東武家勢力の頂点に氏康の外甥《がいせい》が就くことで、北条氏の関東支配の正統性が保証されたことになる。だが氏康は、梅千代王丸を謀殺の危険がある古河城に入れず、北条氏の勢力圏内の葛西城から動かさなかった。

ところが同二十三年（一五五四）、葛西城に軟禁されていた晴氏と藤氏が古河城に入り、反旗を翻した。しかし簗田氏、一色《いっしき》氏、野田氏といった公方宿老衆が晴氏に同調しなかったため、公方父子は降伏して囚われの身となる。

それでも永禄三年（一五六〇）、長尾景虎（上杉謙信）の関東越山によって、義氏は古河から落去させられ、藤氏が古河公方の地位に就いた。だがその地位も、謙信が越後に帰ると一気に不安定になり、翌年、北条氏の圧力に耐え切れなくなった藤氏は、里見氏を頼って安房国へと落ちていく。

かくして義氏を古河城に復帰させた氏康は、古河城に簗田氏を入れ、関宿城に義氏を入れるという本拠の交換を行い、実質的に関宿城を支配下に収めた。その翌年には、逃亡していた藤氏が捕らえられ、小田原に幽閉された末、謎の死を遂げる。

こうした情勢に危機感を抱いた簗田晴助は、北条方から離反して関宿城を奪還した。ここに三度にわたる関宿合戦が幕を開けることになる。

関宿合戦

永禄八年（一五六五）、氏康率いる北条勢が関宿城に攻め寄せた。城外をすべて焼き尽くし、城際まで迫った北条方だったが、これは簗田氏の策略で、寄手を十分に引き付けておき、三曲輪の三つの戸張《とばり》（門）から同時に陣前逆襲を仕掛けたのだ。これにより北条方は押し返され、氏康は兵を引かざるを得なくなった。この時、氏康自ら槍を取って戦うほどの激戦になり、顔に「向疵《むこうきず》」を負ったと言われる。

これが軍記物による第一次関宿合戦である。

続いて永禄十一年（一五六八）、氏康は息子の一人の氏照に全軍の指揮を任せ、関宿城攻略を託した。氏照は野田氏の居城の栗橋城を接収し、そこを拠点に持久戦を開始する。栗橋城は関宿城の西方にあり、関宿城を監視すると同時に、西方からやってくる謙信などの後詰勢と相対するのに絶好の位置にある。

氏照は周囲に付城を築き、関宿城を孤立させようとするが、翌永禄十二年（一五六九）、氏康と上杉謙信の間で越相同盟が締結され、その時の和睦条件に従い、氏照は付城群を破壊して撤退している。これが第二次関宿合戦である。

簗田氏は越相両国の政治的駆け引きの中で辛くも命脈を保っていたが、越相同盟は機能せず、北条氏は武田信玄との再同盟に踏み切ることで、関東の反北条勢力は再び危機に陥る。

天正元年（一五七三）、氏康の跡を継いで四代当主となった氏政は、満を持して関宿城に攻め寄せた。攻撃は翌年まで続いたが、簗田氏は持ちこたえ、謙信に後詰を要請する。

それに応じた謙信は関東へと進出するが、上野国の由良《ゆら》氏との戦いに手間取り、さらに利根川の増水によって行く手を阻まれ、関宿までたどり着けない。そのため常陸の佐竹義重《よししげ》に後詰を依頼する。ところが義重は、関宿城について一任することを条件として出してきた。致し方なく謙信はこれに同意したが、謙信撤退後、佐竹氏は北条氏と和睦し、関宿城と簗田氏の処置を北条氏に任せてしまう。つまり投げ出したのだ。

　これにより天正二年（一五七四）、関宿城は北条氏の直轄《ちょっかつ》城となり、簗田氏は支城の水海城に移され、独立領主としての地位を失った。

　この第三次関宿合戦の結果、北条氏は関宿城を手にしただけでなく、長年の念願だった公方勢力の無力化に成功し、下野・常陸方面への足掛かりを得た。

　だが室町時代は、遠い過去となっており、古河公方や関東管領という職も有名無実化していた。謙信と氏康は、それぞれ関東管領と名乗って譲らなかったが、次第にどうでもよくなったのか、双方共にそのことを口にしなくなる。

　天正十八年（一五九〇）の小田原合戦で北条氏が滅びると、関宿城には、家康の異父弟の松平康元《やすもと》が二万石で入封した。その後も、めまぐるしく城主は代わったが、いずれも老中などの要職に就いたため、関宿城は「出世城」と呼ばれることになる。

　その後、関宿城は廃城にされることなく江戸時代を生き抜き、明治四年（一八七一）の廃藩置県まで命脈を保った。だがその後、相次ぐ堤防工事により、城の大半が消滅した。

関宿城の構造

この城は何度かの堤防工事によって大半が姿を消し、また城下町も宅地化によって、その面影を全くとどめていない。つまり当時の様子を再現するには、文献や古地図を頼りにするほかない。それによると、この城はまさに水の城という印象で、河川や沼の間のわずかな陸地に曲輪が点在するという縄張りだったと分かる。

まずその位置だが、この城は北に利根川と江戸川の分岐点があるため、北、東、西の三方を外堀代わりの大河川に囲まれている。南も沼沢地となっていたらしく、とくに防御を厳にしているわけではない。

各曲輪は比高十〜十五メートルの微高地上にあり、北端に本丸、その南に二の丸、その東側に三の丸という梯郭式の平城になる。

江戸時代に入り、利根川を挟んだ西に山王《さんのう》郭ないしは山王山曲輪という出城が築かれたというが、この曲輪は北にある山王沼によって囲まれた地形となっており、典型的な一城別郭形式だ。おそらく戦国時代に北条氏が築いた出城だろう。

さらに城の南東には、江戸時代の武家屋敷と城下町が広がっており、大手門はその南東端にあったとされる。

こうして見ていくと分かるように、この城は利根川水系の河川や天然の沼を巧みに取り入れており、それがないところでも、泥田や泥湿地によって守られていたと分かる。

今は、わずかに本丸の一部が公園化された緑地帯として残されているので、その周囲を歩きながら当時を想像していただきたい。

この城の遺構は少ないが、堀跡と分かる低地や横矢掛りとおぼしき曲輪の屈曲は分かるので、注意深く探索してほしい。

また、かつての城跡から五百メートルほど離れてはいるが、千葉県立関宿城博物館には、ぜひお寄りいただきたい。博物館の入っている建物は鉄筋コンクリートの模擬天守だが、実は江戸初期に天守閣が焼失した後、代わりに建てられた御三階櫓を模したものだと言われている。この櫓は、江戸城の富士見櫓に似ていたという記録もあり、全く歴史的根拠がないというわけではない。

この博物館のテーマは「河川とそれにかかわる産業」で、古代から現代までの関宿地区と利根川舟運の歴史が分かるようになっており、一度は見ておく価値のある展示内容だ。

第五章 群馬県

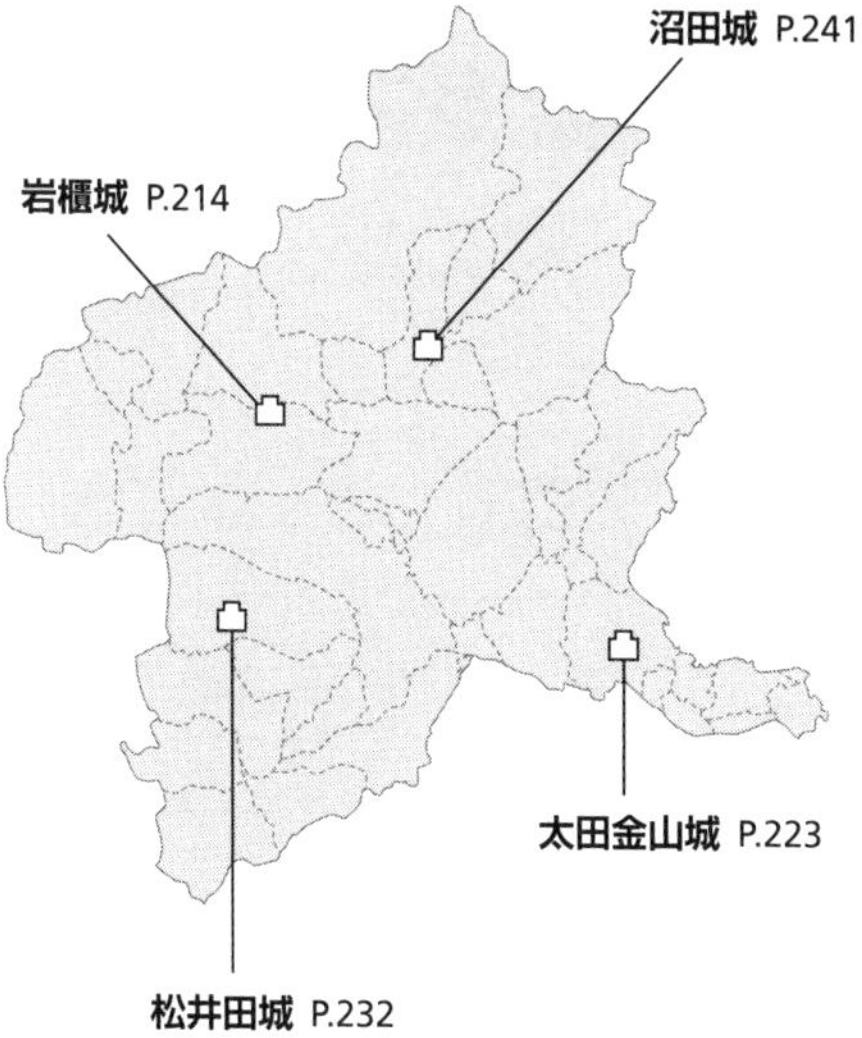

岩櫃城

真田一族の優秀性を証明する理想的山城

所在地	群馬県吾妻郡東吾妻町
城郭構造	山城
築城主	不明
築城年	不明
主な城主	真田幸隆、真田昌幸
廃城年	慶長19年(1614年)
遺構	曲輪、土塁、堅堀、空堀、虎口
アクセス	郷原駅または群馬原町駅から徒歩40分

山城のメリットとデメリット

山城とは簡単に言えば山の上に築かれた城のことで、平地に築かれた平城や平山城に対する城郭用語として、よく使われる。

山城がその高低差を生かして寄手の攻撃を弾き返す構想の下に築かれた城なのは、さほど城に詳しくない人でも分かるだろう。では山城には、ほかにどんな利点があるのだろう。

まず高所にあるので遠くまで眺望が利く。つまり物見を配しておけば、敵の動きが摑めるので、敵がやってくる前に防御態勢が布ける。

例えば下野の唐沢山城では、東を除いた三方に眺望が開け、はるか彼方からやってくる敵の動きを事前に摑むことができた。唐沢山城の主である佐野氏は、北西からやってくる越後上杉氏と南からやってくる北条氏の間を行き来した国人なので、唐沢山城の立地は理想的だった。

また山登りに登頂ルートがあるのと同じく、山城の多くが築かれている峻険な山の頂《いただき》には、どこからでも行けるわけではない。大きく分けて谷筋から付けられたルートを登るか、別の山の尾根伝いに迫るかのどちらかとなる。だが谷筋ルートだと、常に上方を占める籠城方が優位になり、登頂ルート上に防御施設が幾重にも築かれていたら、それらを突破していかねばならない。

一方、尾根伝いだと、尾根筋のどこかを掘り切られてしまうと攻めにくくなり、そこを突破するには、ある程度の損害を覚悟せねばならない。しかも狭い山中では兵を展開できる空間に限りがあるので、兵力に勝っていても優位性を生かしきれない。

すなわち守るだけなら山城ほどいいものはない。しかも高くて峻険なら、それに越したことはないということになる。

日本には比高が五百メートル級の山ならごろごろしており、そうした山に城を造れば、難攻不落の城になると考えるのが自然だろう。だが、そうした山に城が築かれることは意外に少ない。それはどうしてだろうか。

峻険に過ぎる山は概して痩せ尾根で、そこに細長い曲輪を造っても、多くの兵員を籠もらせることができない。それゆえ隣国と緊張状態にない時は、廻り番で物見が数人も入っていればいい方で、状況に応じて山麓部から兵を上げるという段取りの城が大半だった。

つまり常に人がいない山城で急襲や騙《だま》し討ちをされれば、ひとたまりもないのだ。物見を配置していても、天候次第なので役に立たない時もある。

また山が高すぎると、井戸を深く掘らなければならない上、山麓との行き来が困難になるので、食料の運搬も一苦労となる。つまり太い尾根が山頂にあっても、籠もれる兵の人数には限界がある。また寒気が厳しい地方の城は、冬ともなれば山頂に雪が降るので、とても籠城などできない。

しかも城というのは、守るだけでは役割を果たしたことにはならない。

つまり敵が城を無視してスルーしていった場合など、背後から断続的にやってくる補給部隊を襲って兵糧を分捕ったり、前線と後方を行き来する伝令を捕らえたりすることで、ボディブローを打つように侵攻部隊を弱らせねばならない。比高五百メートル級の山城だと、そうしたことができにくくなる。

では敵が攻めにくく、また多くの兵を籠もらせることができる上、逆襲もしやすいというメリットばかりの山城はあるのだろうか。

ちなみに『甲陽軍鑑』という甲州武田氏の軍記物には、「関東三名城」と呼ばれる城の記述がある。甲斐国の岩殿《いわどの》城、駿河国の久能山《くのうざん》城、そして上野国の岩櫃《いわびつ》城の三城を「関東三名城」と呼んでいるのだが、どれも武田の城で、なおかつ峻険な山城が選ばれている。

だが岩殿城は城道が狭い上、登攀ルートが少ないので、山麓を囲まれてしまうと逆襲に転じることは難しい。また久能山城は主要街道（東海道）から離れており、侵略軍にスルーされてしまえば、後方攪乱《かくらん》はままならない。

それらに比べ岩櫃城は、あらゆる山城の利点がバランスよく組み合わされた理想的な城なのだ。

岩櫃城の歴史

岩櫃城は、上野国北部の吾妻《あがつま》川沿いに広がる山岳地帯に築かれた典型的な山城である。

吾妻川は上信国境の鳥居峠を水源とし、浅間山と榛名《はるな》山《さん》の北麓を東に流れて利根川に注ぐ。

この吾妻川沿いに通っているのが吾妻街道で、西は信州上田から鳥居峠を経て上州に入り、吾妻川が利根川に注ぐのとほぼ同じ辺りで北国街道に合流している。

後に真田氏が、この街道沿いに上信両国にまたがる八万石の領国を築いたのは周知の通りだ。

この辺りは山岳地帯なので農業生産性は低いものの、上信両国を結ぶ主要道の一つである吾妻街道と物資輸送に適した吾妻川が通っているため、戦略的要地だった。

この吾妻街道沿いに、信州側から上州攻略を目指したのが武田信玄である。

永禄五年（一五六二）八月、真田幸綱《ゆきつな》（後の幸隆《こうりゅう》）に三千の兵を与えて侵攻させた信玄は、翌永禄六年（一五六三）十月には、斎藤憲広《のりひろ》の岩櫃城を攻略した。

ただし岩櫃城が斎藤氏の持ち城だったという説には、最近になって疑義が呈されている。すなわち、この地方の歴史が書かれた『加沢《かざわ》記』によって長らくそれが定説とされてきたが、最近になって、武田氏によって取り立てられたという説が浮上してきた。

すなわち斎藤氏の城は、岩櫃城とは四万《しま》川を挟んで対岸にある嶽山《たけやま》城で、その攻略拠点として築かれたのが岩櫃城だというのだ。

いずれにせよ以後、岩櫃城は武田氏の上州攻略の策源地となっていく。

ところが信玄死後の天正三年（一五七五）、その跡を継いだ勝頼が長篠設楽原で大敗を喫することで、武田氏の前途に暗雲が垂れ込めてくる。

勝頼は、織田信長と徳川家康の連合軍に圧迫され始めた三河・遠江方面の戦線を守勢専一《しゅせいせんいつ》とし、上野国の攻略に勢力拡大の活路を見出そうとする。

この時、勝頼は長らく同盟関係にあった北条氏と御館《おたて》の乱での行き違いから敵対関係になっており、それを幸いに北条領国の上野国を切り取ろうとなったのだ。

上州戦線の尖兵となった真田昌幸《まさゆき》は、北条方の上州支配の拠点城の沼田城を攻略するなどして、武田の武威を大いに示した。武田家最後の光芒である。

だが天正十年（一五八二）、織田・徳川連合軍の侵攻によって武田家は滅亡の危機に立たされる。その時、真田昌幸は勝頼に岩櫃城への退避を勧め、勝頼もいったんは承知するが、宿老の小山田信茂が岩殿城での籠城策を勧めたため、勝頼はその進言に従うことにする。

ところが小山田信茂の変心によってか、直前になって勝頼は岩殿城に入れず、天目山《てんもくざん》麓田野《たの》の地で討ち取られ、武田家はここに滅亡する。

その後、岩櫃城は真田氏から徳川氏へと所有者が変わっていく。だがすでに軍事的に重要性を失っていたこともあり、慶長十九年（一六一四）に廃城とされた。

岩櫃城の構造と特徴

岩櫃城は、吾妻川北岸にそびえる標高八百二メートルの岩櫃山に築かれた山城である。見る者を圧倒せずにはおかない荒々しい山容は極めて特徴的で、それだけでも、この城が難攻不落だという雰囲気を漂わせている。

この城の特徴の一つは、城の中核部分が山頂ではなく中腹に築かれている点にある。岩櫃山は吾妻川が南に大きく蛇行する左岸にあり、その南側の山頂部は険しい岩塊《がんかい》となっているので、とても削平することはできない。

一方、北東の中腹部には広い平場が開けているため、そこに城の中枢部や家臣団屋敷地を置けば、山城のメリットである守りやすさを保持しつつ、多くの兵が駐屯できる。また吾妻街道を城内に通すことにより、物資補給も容易になる。

城域は広範囲に及ぶため、主郭などの中枢部を「要害地区」、その東側の吾妻街道が通っている中腹部を「城下町地区」（平川戸《ひらかわど》という宿町があった）、東に延びる尾根が山麓に達しようとする辺りを「新井地区」、北側にある曲輪群を「志摩小屋地区」、谷を隔てた東方一帯を「柳沢城地区」、さらに西方一帯を「郷原《ごうばら》城・古谷館《ふるややかた》」地区と呼んでいる。

それでは、「要害地区」を中心にこの城の技巧的側面を見ていこう。

この城の特徴として、竪堀を多用している点がまず挙げられる。竪堀は寄手が斜面を横移動するのを妨げる効果があり、山城によく使われるパーツである。というのも敵の左右の動きを制限しないと、寡兵で籠もる城方は特定の曲輪に集中攻撃を食らい、そこから一点突破される危険性が高まるからだ。

岩櫃城の竪堀は最長のもので三百三十メートルという途方もないもので、その深さも四～五メートルはあったとされる。これは長さも深さも標準的な山城の竪堀を大きく上回る。

また主郭部の南側山腹には、この城に独特の放射状の竪堀がある。これは甲斐国の白山城や要害山城、駿河国の葛山城、信濃国の的場城などでも見られる遺構で、武田氏の築城法が広く敷衍《ふえん》されていたことの証しになる。

最大の見どころは東側斜面で、竪堀や横堀を縦横無尽に張りめぐらせ、さながら迷路のような構造になっている。

また主郭と二曲輪の間の堀切は、一度だけ曲げて横矢が掛かるようにした後、主郭南面の大きな横堀と合流させた後、巨大な竪堀と化し、南の斜面を山麓まで落としていくという独特の構造をしている。この竪堀はあらゆる角度から敵の動きを想定して造られたと思われ、築城者である真田一族の経験知の蓄積と現場対応力に驚嘆する。

さらにこの城が、役割を変遷させていったという点も見逃してはならない。

すなわち、創築者の斎藤氏時代は西から侵入してくる敵に対しての防護壁として、武田氏時代は上野進出の策源地や支撑陣地として、真田氏時代は地域支配の拠点として、さらに慶長十九年（一六一四）の廃城後は、吾妻街道が城内を通っているという利点を生かした商業拠点として、様々に変容を遂げていった。

その長い歴史において、城内や城下の合戦はなかったものの、岩櫃城は時代ごとに課された使命を全うした末、その役割を終えたのである。

太田金山城

上州最南端に君臨した巨大石垣城

所在地	群馬県太田市金山町
城郭構造	連郭式山城
築城主	岩松（新田）家純
築城年	文明元年（1469年）
主な城主	岩松氏、由良氏、高山定重、宇津木氏久
廃城年	天正18年（1590年）
遺構	石垣、土塁、堀、馬出し、井戸
アクセス	太田駅から徒歩50分

太田金山城の起源と歴史

東国の城といえば土の城を思い浮かべる方が多いと思われるが、石垣城の生みの親と言われる織田信長の登場からさかのぼること百年ほど前に創築された金山城は、ほぼ全面に石垣を施した巨大山城である。

鎌倉時代末期、この一帯を所領としていた新田義貞によって、渡良瀬《わたらせ》川右岸にある標高二百三十九メートル、比高二百メートルの金山に砦が築かれたのが金山城の起源とされるが、これは伝承の域を出ていない。

確実なところでは寛正二年（一四六一）、岩松氏の跡目争いを制した新田家純が、文明元年（一四六九）、重臣の横瀬氏に命じて築かせたという。その時、世良田《せらだ》長楽寺《ちょうがくじ》の僧・松陰軒西堂《しょういんけんせいどう》に代官（築城指揮者）を任せたが、この僧は『松陰私語』という回想録を残しており、それによって築城時の記録が今に伝わることになった。

それによると「鍬初《くわぞめ》」の儀から七十日余で普請が終わり、五カ月後の八月吉日に家純が入城したという。これだけ短期間で総石垣の城ができるとは思えないので、築城当初は土の城か、かなり小規模な城だったと思われる。

文明十年（一四七八）には太田道灌がこの城を訪れ、松陰軒の案内で城を見て回り、「天下の名城」と称えたという。離合集散の激しい時代であり、いつ何時、双方が敵対するとも限らない中、松陰軒が道灌に城内を見せたのは、逆に「寄らば斬るぞ」という抑止力としての意味があったからかもしれない。その後、内訌によって岩松氏の勢力が衰え、その重臣の横瀬氏へと岩松領の支配権は移っていく。

天文二十年（一五五一）、北条氏によって上野守護の山内上杉憲政が越後に追われたため、横瀬氏は北条氏に属した。ところが永禄元年（一五五八）、越後の長尾景虎（後の上杉謙信）が関東に攻め寄せ、金山城を囲んだことで、横瀬氏は人質を差し出して長尾氏の傘下に入る。

だが永禄六年（一五六三）、横瀬氏は由良《ゆら》という姓に改め、越後上杉氏の傘下を脱し、再び北条氏に鞍替えする。

これにより永禄九年（一五六六）、景虎は金山城を攻撃するものの、北条氏政が後詰勢を送ってきたため撤退した。その後、北条氏が同盟関係にあった武田氏との関係を清算し、上杉氏との同盟を求めたため、元亀《げんき》元年（一五七〇）に越相同盟が締結される。

この時、仲介役を担ったのが由良氏だった。つまり境目国人として、由良氏は双方に顔が利くような人間関係を築いていたことになる。一定の自立性を保っている点といい、巨大で堅固な山城を築いていることといい、両属に近い人間関係の構築といい、下野国人で唐沢山城主の佐野氏との類似点は多い。そこからは、城というハードパワーと人脈というソフトパワーの融合によって、自らの領国を守り抜いていこうという国人ならではの戦略が垣間見える。

由良氏の仲介で成立した越相同盟だったが、元亀二年（一五七一）には破綻《はたん》し、翌年一月、謙信による金山城攻めが始まる。しかしこの時も苦戦の末、由良氏は謙信に兵を引かせることに成功した。

最も激戦が展開されたと思われるのは、天正二年（一五七四）の戦いだ。上州に乱入した謙信は、由良氏の女淵《おなぶち》、赤堀《あかぼり》、膳《ぜん》、山上《やまがみ》の四城を立て続けに攻略し、金山城に迫った。

これに対し、由良成繁・国繁父子は本拠の新田金山城に籠城し、北条氏の来援を待つことにした。謙信は由良氏が金山城に引き籠もったことを知ると、北進して阿久沢《あくざわ》氏の深沢・五覧田《ごらんだ》両城を落とし、阿久沢氏を屈服させると北条氏の後詰勢の迎撃に向かった。

だが、この年は利根川が増水しており、なかなか渡河《とか》できない。双方はにらみ合ったまま対峙するが、四月末、謙信は越後に帰国する。

これで滅亡の危機を脱した由良氏だったが、その後も謙信に執拗《しつよう》に攻められ、北条氏の来援を仰ぐということが繰り返される。

天正十年（一五八二）三月、武田氏が滅び、六月には本能寺の変が起こり、諸国は混乱する。関東もその例外ではなく、織田政権の関東奉行を命じられていた滝川一益《たきがわかずます》と北条氏直（五代当主）が、上武《じょうぶ》国境の神流川《かんながわ》で激突した。この戦いに敗れた一益は、関東の領有権を放棄して本国の伊勢へと落ちていく。

一方、北条氏は徳川家康と同盟することで関東への支配力を強め、佐竹・宇都宮・結城ら「東方衆一統勢力」と、それを後援する越後の上杉景勝との確執を深めていく。

翌天正十一年（一五八三）九月、北条氏は敵の一角である厩橋《まやばし》城の北条高広《きたじょうたかひろ》を降伏させたものの、その直後の十月、今度は由良国繁と館林《たてばやし》城主の長尾顕長《あきなが》が離反した（二人は同腹兄弟）。

厳密には、国繁と顕長の兄弟が厩橋城攻略の祝いを述べるべく、厩橋城にいる氏直の許に出向いたところ、氏直から下野攻略拠点として金山城と館林城の一時的借用を申し入れられた。ところが、それを聞いた家臣の一部が所領没収と早とちりし、帰国して留守居の者たちと籠城戦の支度を始めたのだ。氏直は誤解なので城を開けるよう求めたが、聞く耳を持たないため、兄弟を人質として小田原に送り、両城への攻撃を開始した。その知らせを受けた反北条方の佐竹義重《よししげ》や佐野宗綱《むねつな》らも後詰に駆けつけ、沼尻《ぬまじり》合戦が勃発する。この戦いは、秀吉と家康の間で戦われた小牧・長久手合戦と同時並行的に進んでおり、まさに代理戦争だった。

北条・佐竹両陣営は、下野国の三《み》毳山《かもやま》の南麓に広がる沼尻という沼沢地を間にして、「沼へ向けて双方陣城を構え」（「太田三楽斎書状」）、小競り合いを繰り広げた。しかし北条方が佐竹方の背後にあたる岩船山《いわふねやま》を奪取したため、佐竹方が歩み寄ることで和議が成立した。北条方としても家康から後詰要請が届いており、早急に陣払いする必要があった。

その結果、天正十三年（一五八五）一月、孤立した由良・長尾両氏の降伏を受け入れる形で、北条氏は両氏の本拠である金山・館林両城を接収した。これにより由良氏は本拠の金山城を手放すことになる。

しかし北条氏も天正十八年（一五九〇）の小田原合戦で滅亡し、金山城も降伏開城した末、廃城となる。由良氏は改易を免れ、その後も命脈を保つが、二度と再び金山城に戻ることはできなかった。

つごう十度ほどの攻防戦を戦った金山城は、難攻不落と呼ぶに値する抗堪力を備えていた。むろんその強さが、石垣というよりも峻険な山容にあったことは、一度として城の中核部に攻め入られなかったことからも明らかであろう。

構造と縄張り

この城は北を流れる渡良瀬川と南を流れる利根川に挟まれ、二つの大河川が外堀の役割を果たしており、さらに独立峰に築かれているので、極めて防御性が高い点に特長がある。

本丸のある山頂付近は地積が広く取れるので居住性もよく、眺望が利き、山容が険しい点も城を築くのに適している。

山城というのは細尾根に曲輪を築くことができても、手狭な上に移動しにくく、極めて居住性が悪い。だがこの城に限っては山頂に広い空間を取れたので、水と食料さえあれば、長期間の籠城にも耐え得る。

この城は東西南北六条の尾根筋を階段状に削平し、丹念に石垣で曲輪を造っており、その規模は三百万平方メートルに及ぶという。国人の本拠と言うと、狭くてみすぼらしい城をイメージしがちだが、この城に限ってそれは当てはまらない。

山頂部の実城（城の中核部分）を中心に、搦手にあたる北側は北城と呼ばれる曲輪群によって、大手にあたる南側は谷を挟んで八王子山砦群という出城によって守られていた。また東側からも登山道が二本あるため、そちらにも曲輪を幾重にも配している。最も守りを固めているのは西城《にしじろ》から本丸に延びる尾根筋で、馬場と三の丸の間は巨大な堀切で遮断されているので、一城別郭のように見えるほどだ。ここから実城の中核部に至る道（幅一・八メートル）は石敷きで、左右には石垣で築かれた曲輪群が階段状に連なっている。

面白いのは、西尾根の先端部に近い見附出丸から、西城と呼ばれる曲輪に入っていく途次に桟道《さんどう》を設けていることだ。これは崖際に細道を造るのではなく、岩壁に張り付くように桟橋《さんきょう》を架けることで、いざという場合にそれを落とすと、寄手は実城に近づく手段を失う。丸太と板材を組んで藤蔓《ふじづる》で結んでいるだけなので、極めて壊しやすく作り直すのも容易なはずだ。

西城を抜けると、復元された石垣が目立つエリアに入っていく。ここには堀切を隔てて西矢倉台があり、その脇の通路を人一人が通れるだけの幅に絞ることで、堅固な防衛線としている。

この西矢倉台は西方だけでなく、大手にあたる南の太田口と搦手口にあたる北西の長手口の双方を見渡せる絶好の位置にある。つまり平時は物見台、戦時は防衛線の役割を果たしている。

続いて馬場と馬場下曲輪と呼ばれる細長い曲輪を通過し、いよいよ金山城を象徴する大手虎口に到達する。この虎口は平入で、さしたる工夫はないが、左右の曲輪上から城方が攻撃を仕掛けることでキルゾーンを形成している。

そこからは実城になるが、本丸、二の丸、三の丸が連なった連郭式の縄張りで、それぞれが連携して寄手を攻撃できるようになっており、本丸に至るのは容易なことではない。

金山城の石垣

金山城の南麓には、岩松氏が先祖の新田義貞を供養する目的で建立した太田《おおた》山金龍寺《さんきんりゅうじ》がある。その周辺が根小屋となり、由良氏の歴代当主の屋敷も付近に築かれていたと思われる。そこから続く道が大手筋だが、実城に達するまでには多くの防御施設を通過せねばならない。現在はガイダンス施設の脇から登っていくと、実城の西側に出られるようになっている。

この城の石垣は直線的に積み上げられており、後に豊臣大名たちが築くような反りの入った高石垣ではない。問題はこの石垣を誰が積んだかだが、天正十三年（一五八五）以降、北条氏の番城になってから石垣城に改装されたものと考えがちだが、北条氏のほかの城で、これほど石垣を多用したものはない。また唐沢山城に見られるような西国風の高石垣でもない。このようなことからすれば、由良氏が独自の石垣構築技術を持っていたと考えるのが妥当だろう。

実城には祭祀用と思われる日の池と月の池と呼ばれる石積みの水場があり、ローマやメソポタミアの遺跡を思わせる幻想的な雰囲気を醸し出している。そうしたことから独自の発想を持つ築城家の手になるものと思われる。それが松陰軒西堂だった可能性は高いだろう。

古代の巨石文明的風韻をたたえているこの城は、初心者でもその魅力を十分に味わえるだろう。

金山城の顔である大手虎口。西国風の石垣城とは違う独特の雰囲気を漂わせている。

松井田城

上信国境を守る巨大山城

所在地	群馬県安中市松井田町
城郭構造	山城
築城主	安中忠政
築城年	永禄元年（1558年）
主な城主	安中氏、大道寺政繁
廃城年	天正18年（1590年）？
遺構	堀切、竪堀、空堀、横堀、切岸、土塁
アクセス	西松井田駅から徒歩30分

城と政治・戦略・作戦・戦術

城は闇雲に造られるわけではない。とくに国人土豪のような存在は勢力範囲に制約があるため、その範囲内でベストな場所にベストな城を築かねばならない。だが戦国時代も後半になると、多くの国人勢力を吸収していった戦国大名が巨大化するに従い、その領国や支配下地域も広くなり、地選や占地、また縄張りの選択肢は広がっていった。

すなわち北条・武田・上杉といった東国の戦国大名は、その政治的要求に従って城を築く、ないしは既存の城を改修する決定を下し、その戦略に従って地選と占地をし、その構想する作戦を前提として城の大きさや縄張りを決め、最後に戦術として最適なパーツを配するということができるようになった。

それでは、この政治・戦略・作戦・戦術というそれぞれの要素を、城を築くという側面から、いかに達成していくかを具体的に見ていこう。

戦国大名の政治とは、主に領国統治と領国防衛が両輪になる。領国統治は領民を監視し、その主たる収入源である貢租《こうそ》を円滑に得るための政治を行うことだ。また河川や陸上の交通網を掌握することにより、交易から上がる利を運上金として得ることも統治の一つだ。

一方、領国防衛は説明の必要もないだろう。侵略や略奪の心配なく安全に農耕にいそしめるからこそ、領民は貢租を納め、賦役《ふやく》を負担するのであり、彼らに安全を保障できない戦国大名は、愛想を尽かされて地域ごと離反されることもある。すなわち築城を政治に結び付けて考えると、まず領国の安全保障を念頭に置くことになる。

続いて戦略だが、これは地選と占地のことと考えてよい。城には防衛拠点（詰城など）、侵略拠点、監視所、狼煙場、交通遮断拠点、補給基地、宿泊施設、関所、船舶停泊地といった戦略目的があり、それぞれの要求に応じた場所に城を築かねばならない。

作戦とは戦略と戦術の中間に位置する概念で、作戦を遂行するにあたって、どのような城を築くかということだ。攻撃面からすると、他国侵攻の前線基地や兵站拠点といった目的を果たす城が求められ、防御面からすると、街道遮断や管制、物見、侵攻してきた敵の拘束という目的を達成する城が求められる。つまり、作戦を前提として縄張りが構想されることになる。

そして戦術だが、ここで初めて、城を守るためのパーツという概念が入ってくる。すなわち堀切をどこに入れ、竪堀をどこに落とすか。塁の高さは、どれくらいにするかといったことだ。ただし単独でも守り抜くことを目的とした城、時間を稼いで後詰を待つ城、敵が来たら放棄する城（物見城や狼煙台など）では、おのずとパーツ構成が違ってくるので、その点も考慮せねばならない。

では松井田城を、この四つの視点から考えてみよう。

まず政治だが、安中《あんなか》氏という国人の城だった時代を別にすると、この城の主には武田・北条両氏が名を連ねている。武田氏の場合、戦略面では西上州支配の統治拠点として、作戦面では関東への侵略拠点と兵站基地として、さらに敗戦や撤退の際には、逃げ込む場所の役割を果たすことが期待されていた。戦術面に関しては縄張りのところで述べたいと思うが、最終的には北条氏の手が入っているため、武田氏時代のパーツは不明である。

一方、北条氏の場合も武田氏とさして変わりはないが、より以上に街道監視と管制という要素、すなわち守りの目的が強い「境目の城」の役割が強くなるだろう。むろんこの城の最後の戦いとなった小田原合戦では「拠点固守」という目的が課され、「単独でも守り抜くことを目的とした城」とされたのは間違いない。

松井田城の位置と縄張り

松井田城のある上野国西部は、信濃国との国境に高い山や峠があるため、いくつもの河川が東流しながら谷を造り、そこに北西方向から延びる山々の尾根の先端が入り組むという複雑な地形をしている。

当然、人の通れる道は限られてくるので、そこをいかに押さえるかが地選のポイントになる。とくに碓氷《うすい》峠を境にして、上野・信濃両国を結ぶ東山道《とうさんどう》が走っており、この地の国人は、西からやってくる敵を管制する場所に城を築く必要があった。すなわちこの城は、北麓にある高梨《たかな》子《し》宿を隔て、東西に走っていた東山道に向けて造られている。

つまり近世の中山道が松井田城の南麓を通過していたのと違い、中世の東山道は北麓を通っていたので、この城は北向きに造られていたと考えられる。地形的にも南は険しく、北はなだらかなので、それを裏付けている。

この城は、碓氷峠から下ってくる山々が平野部に達する先端に築かれており、街道管制には理想的な場所だ。最高所の標高は三百九十六・三メートルで、普通に考えれば堂々たる山城なのだが、周辺には高い山が多いので、それほどの高さは感じられない。

また、この城の北側を通る東山道のさらに北方には九十九《つくも》川が、南には碓氷川が流れており、ちょうど外堀の役割を果たしている。つまり東山道が二つの川に挟まれる形になるので、西から延びる尾根の先端部に城を築けば、街道を囲繞しつつ城の要害性も高まるということになる。

この城の縄張りだが、山城なので地形の制約を強く受けている。東西に延びる百三十メートルほどの高さの尾根を中心に、北方に延びる四本の支尾根と、南方に延びる一本の支尾根に遺構が見られる。南方の尾根は補陀寺《ほだじ》と呼ばれる山麓の寺まで続き、そこを拠点として搦手の防御を固めていたと思われる。

山城なので尾根伝いにしか遺構はないものの、その城域は南北千三百メートル、東西九百メートルという広大さで、武田・北条両氏であっても、四十余と言われる曲輪を同時にすべて使っていたとは思えない。

主郭（本曲輪）は尾根の中央部に置かれ、西に馬出を隔てて二曲輪、東には堀切を隔てて東曲輪（安中曲輪）があり、この三つの曲輪が城の中心になる。当然、弱みは斜面がなだらかな北方だが、高梨子宿に向かって曲輪や堀切が幾重にも造られており、北方の防御には万全が期されている。

この城の見どころは、何と言っても「連続空堀」と呼ばれる遺構だろう。これは、尾根上の平場に切れ込みを入れるように土塁と空堀を連続させるという珍しいもので、土塁は七つ、空堀は六つあり、それぞれの高さは三メートルほどで、長さは三十メートルにもなる。

これは、二曲輪の西方の尾根筋から侵入してくる敵を防ぐことを目的に造られたもので、曲輪にせずに畝状阻《そ》塞《さい》にすることで、敵を足止めさせようという狙いがある。定説では北条氏の手になるものと言われているが、ほかに類例がないので断定は避けたい。

実見した感じとしては空堀よりも土塁が目立ち、幾重もの波が迫ってくるように見える。このパーツをどのように使い、寄手の攻撃を防ごうとしていたのかは極めて興味深い。

ちなみに山城の場合、平城と比べると堀の規模が小さい。松井田城の畝状阻塞も「こんなことをするなら一つの大きな堀にしてしまえばよい」と考えるのが普通だろう。だが堀幅を二倍

松井田城の連続空堀の一つ。この城独特の遺構となる連続空堀は、侵入してくる敵の進撃速度を緩める効果があった。

にすると掘削土量が四倍になってしまうという法則がある。それゆえ大きな堀を掘るのではなく、小さな堀を二重にした方がよい上、二重にすれば寄手を城内から攻撃する場合の射点を二つ得ることができる。このメリットに気づいた松井田城の築城者は、畝状阻塞なるものを考えついたに違いない。空堀と掘削土量については、『パーツから考える戦国期城郭論』（西股総生著　ワン・パブリッシング）に詳しい。

また、本曲輪から北に連なる尾根筋の東斜面には、連続竪堀が造られており、こちらも見逃せない。これは明らかに高梨子宿方面からの敵を意識してのものだ。

松井田城は横堀、竪堀、堀切、切岸、土塁といった中世城郭に使われたパーツすべてが見られる城だ。とくに「連続空堀」の遺構はほかに例を見ないほどの規模で、一見の価値がある。

松井田城の歴史

戦国時代半ばまでの上野国は中小国人が割拠しており、大勢力の生まれる余地がなかった。

というのも、天文二十年（一五五一）に上野守護だった山内上杉氏が没落したため、その寄子や家臣たちは、己の力を頼って割拠せざるを得なかったからだ。

そうした中、箕輪《みのわ》城を本拠とする長野業正《なりまさ》が婚姻政策で国人たちを束ね、上州一揆という中小企業の共同体のようなものを作り、城郭ネットワークを駆使して、西からやってくる武田信玄の侵攻を弾き返していた。

そもそも松井田城は永禄元年（一五五八）、国人の安中忠政《ただまさ》が、信玄の侵攻に備えて築いたとされている。当時、武田信玄は信濃国の大半を制し、碓氷峠から東山道を通って西上野に進出してくる構えを見せていた。それゆえ安中氏は籠城戦に耐え得る城を築きたかったのだ。

もちろん築城当初は安中曲輪を本曲輪とし、かなり小規模なものだったと想定できる。

しかし永禄四年（一五六一）、上州国人の盟主的立場にあった長野業正が病死することで、上州一揆は信玄によって各個撃破されていく。その結果、永禄八年（一五六五）、信玄の大攻勢によって松井田城も落城し、安中氏は降伏、武田氏の傘下国衆に組み入れられる。

この時、長野氏の本拠の箕輪城も落ち、長野氏は滅亡する。これにより松井田城は、西からやってくる敵を抑える役割から、武田勢の関東侵攻の橋頭堡《きょうとうほ》へと目的を変えた。それゆえこの時、武田氏によって大規模な改修が施されたと思われる。

ところが天正十年（一五八二）、織田信長の侵攻によって武田氏が滅亡し、松井田城には関東奉行に任命された滝川一益が入城する。しかし、武田氏滅亡から約三カ月後、信長が本能寺で横死することにより、一益と北条氏との間で神流川合戦が勃発する。この戦いに敗れた一益は西国に逃走するので、真田領を除く上野国は、北条氏が領有することになる。

かくして松井田城を手に入れた北条氏は、重臣の大道寺《だいどうじ》政繁《まさしげ》を城将に据えて松井田城を改修していく。現在見られる遺構は、この時のものと推定できる。

しかし天正十八年（一五九〇）、小田原合戦が勃発する。秀吉は北国勢と呼ばれる別働隊を編制し、北条領国を北方から侵食させようとした。これを率いたのが前田利家・上杉景勝・真田昌幸らで、その三万五千の軍勢が碓氷峠を越えて松井田城に攻め寄せてきた。

城将の大道寺政繁らは粘り強く抗戦するものの、結局、降伏勧告に応じて城を開けた。その結果、戦国時代の風雪に耐えてきた松井田城も廃城とされ、永遠の眠りに就くことになる。

つまり豊臣の天下が成り、国境の緊張が弱まることで、松井田城は「境目の城」としての存在意義がなくなったのだ。このように城というのはどれだけ戦術的価値が高かろうと、政治的・戦略的・作戦的価値がなくなった時、廃城とされる運命にある。

沼田城

戦国史上最大の謀略に利用された城

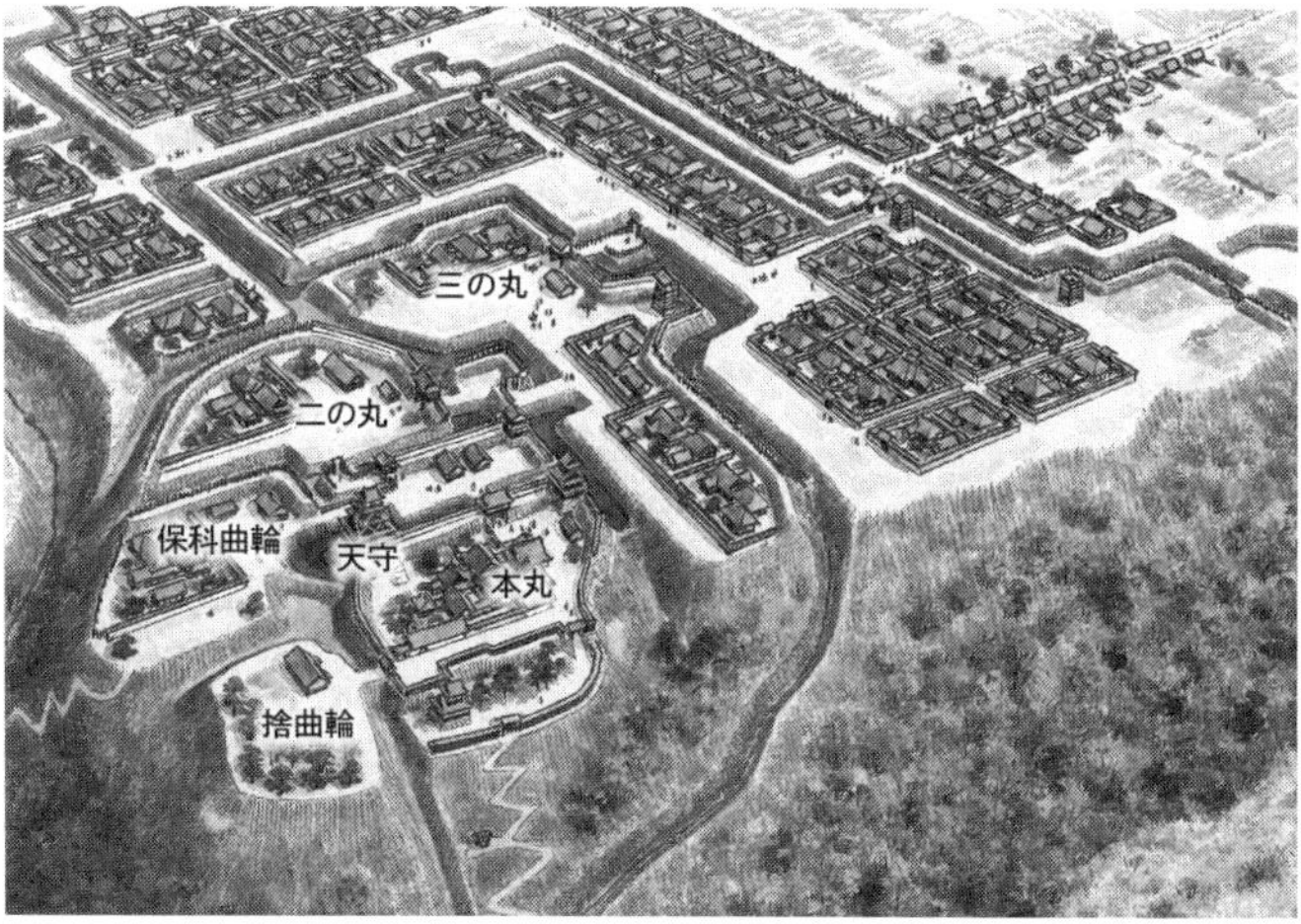

所在地	群馬県沼田市倉内
城郭構造	丘城
築城主	沼田顕泰
築城年	天文元年（1532年）
主な城主	沼田氏、本庄秀綱、猪俣邦憲、真田氏
廃城年	天和2年（1682年）
遺構	土塁、堀、石垣、城門（移築）
アクセス	沼田駅から徒歩30分

陰謀史観

世の中には陰謀史観というものがある。これは「歴史上の事件を、誰かの謀略や陰謀として解釈した史観」という意味だ。もちろん陰謀史観も玉石混淆《ぎょくせきこんこう》で、一次史料に基づいた大真面目な論考もあれば、根拠がほとんどないものまである。

陰謀事件として語られることが多いのは本能寺の変で、朝廷や将軍義昭が黒幕という比較的穏健なものから、イエズス会黒幕説という突飛なものまである。それぞれ論拠はあるのだが、本格的な研究者からは否定されている。

ここに一つの陰謀説がある。謀略を仕掛けたのは豊臣秀吉と真田昌幸で、仕掛けられたのは北条氏である。その舞台は上州沼田城と名胡桃《なぐるみ》城である。

「和戦両様」の構え

天正十四年（一五八六）二月、北条氏の本拠の小田原城に激震が走った。豊臣秀吉と徳川家康の間で和睦が成ったというのだ。青天の霹靂《へきれき》とはこのことで、北条氏は徳川氏と堅固な攻守同盟を結び、豊臣政権に対抗していく肚《はら》を固めていたからだ。

同年十月に上洛を果たした家康は秀吉に臣下の礼を取り、豊臣政権の東国奏者（取次役）となった。しかも「関東・奥両国惣無事令」を北条氏に通達してきた。これは豊臣政権の「私戦停止令」であり、これにより北条氏も、自らの判断で合戦ができなくなった。

家康は北条氏にも豊臣政権への従属を勧めるが、北条家中では主戦派と穏健派の対立が激しく、なかなか結論が出ない。それゆえ北条氏は、「和戦両様」の構えで豊臣政権に対していくことになる。

それでも天正十六年（一五八八）初頭には、穏健派の外交努力が実り、秀吉の鉾先《ほこさき》も収まっていた。このままいけば北条氏も、豊臣大名として再出発ということになったはずだ。

折も折、秀吉は落成したばかりの聚楽第に後陽成《ごようぜい》帝の行幸《ぎようこう》を仰ぐべく、全国諸大名に上洛を促した。しかし北条氏だけは外交方針が固まっておらず、これを無視する形になった。

怒った秀吉は小田原に詰問使を送り、再度、当主の氏直か隠居の氏政の上洛を命じた。だが何の返答もないため、致し方なく東国奏者の家康に説得を託した。その結果、まず氏政の弟の一人である氏規《うじのり》が、続いて氏政が上洛し、北条氏は臣従路線を歩むことになる。

それでも攻撃される可能性が残っているため、北条氏は「相府大普請《そうふだいふしん》」という掛け声と共に小田原城などの主要諸城の補強工事を始めた。小田原城の拡張は前代未聞の規模となり、商人町や耕地ごと城内に取り込み、半永久的に籠城戦を行うことを目指した外周九キロメートルの「惣構」までもが構築された。かくして外交努力と並行して、「天下の御弓矢立《おんゆみやたて》」と呼ばれる決戦準備が進められていく。

沼田領問題

北条氏の穏健派は早急に豊臣政権に臣従したい。主戦派としても臣従はやむなしという流れになってきていたので、この機会を逃すことはできない。だが主戦派から、臣従することと引き換えに上州沼田領問題の裁定を秀吉に仰ごうという提案がなされる。

沼田領問題とは何なのか。

天正十年（一五八二）の「天正壬午《じんご》の乱」終結後の国分け交渉で、甲信の占領地を家康に譲った北条氏は、代わりに上州全土を領有する承認を家康からもらった。だが上州には真田氏が実力で奪い取った所領がある。それが沼田領三万石だ。

この時、家康傘下となっていた真田昌幸は、家康から「信州で同等の替え地を与えるので、沼田領を北条氏に渡すように」と命じられたが、これを拒否する。昌幸は徳川傘下から離脱し、越後の上杉景勝と同盟を結んだ上で北条・徳川連合に反旗を翻した。

これに怒った家康は真田氏の本拠の信州上田城に大軍を差し向けるが、惨敗を喫してしまう（神川《かんがわ》合戦・第一次上田合戦）。

以後、沼田領は真田氏が領有したままとなっていた。それゆえ北条氏としては、豊臣政権の裁定によって昌幸に沼田領を移譲させようとしたのだ。

天正十七年（一五八九）春、秀吉は、「沼田領三万石を三分割し、二万石を北条氏の、残る一万石を真田氏の領有とする。真田氏が失った二万石の替え地は、家康が弁済する」という沙汰を下す。

これは双方の顔を立てた妥当な裁定であり、北条氏としても受け入れざるを得なかった。

だがそこには、大きな陥穽《かんせい》が用意されていた。

七月には、真田方が占拠していた沼田城が北条方に明け渡され、秀吉の裁定が実現する。

沼田領は北条氏の上野戦線を担当してきた氏邦の支配下に入り、城代として重臣の猪俣邦憲《いのまたくにのり》が入城した。ところが十月、猪俣邦憲が突如として兵を発し、名胡桃城を奪うという事件が起こる。これは「関東・奥両国惣無事令」に違背する行為であり、豊臣政権に対する挑戦と見なされてもおかしくない。

不思議な事件だが、筆者はこれを偶然の産物とは思っていない。ましてや、小田原の主戦派の指示によって猪俣が動いたという説にもうなずけない。氏政から指示が出ていた傍証とされる該当文書も、明確に命令を発したというものではない。ここには陰謀の匂いがするのだ。

しかも秀吉は、名胡桃城事件から二週間もさかのぼる同月十日に、諸大名に対して「来春、関東陣軍役のこと」と通告しており、この時、兵糧奉行に長束正家《なつかまさいえ》を任命した上、二十万石もの兵糧の手配を命じている。

また、同日に上杉景勝あてに送った書付には、「来年関東陣御軍役之事」と題して、軍役の規定と「来春三月一日に出陣するので、忠勤に励むように」と書かれている。

ここには、秀吉の意を受けた真田昌幸が猪俣を騙して城におびき寄せ、北条氏が「関東・奥両国惣無事令」に違背したという事実を捏造《ねつぞう》した可能性がある。

現に「名胡桃城付近まで上杉景勝勢が進出してきているので後詰してくれ」という昌幸からの要請が猪俣になされ、猪俣が無人の名胡桃城に入ってしまったという伝承もある。しかもこの時、戦いがなかったことを裏付けるかのように、発掘調査をしても焼土の跡が出てこないという事実がある。だが、秀吉に攻撃の口実を与えてしまったことには変わりなく、北条氏は二十万にも及ぶ豊臣勢を引き受けて滅亡することになる。

沼田城の位置・歴史・構造

上野国北部には、利根川とその支流の薄根川が合流するデルタ地帯にできた沼田盆地が広がっている。その北東端の比高七十メートルほどの河岸段丘上に、沼田城は築かれている。

沼田城の南には東から西へ片品《かたしな》川も流れており、沼田城は三つの河川を惣構のように使うことができた。

さらに北には武尊山《ほたかやま》、南西には子《こ》持山《もちやま》、南東には赤城《あかぎ》山《やま》が連なり、城に至る道（三国街道）は限られている。そのため極めて要害性の高い地だった。上杉謙信も、関東越山の折は必ず沼田の地を経由して関東へと進出していた。

古くからこの地に根付いていたのが在地土豪の沼田氏である。しかし後に入部してきた三浦氏系沼田氏に押されて室町前期に滅亡し、沼田盆地一帯は三浦氏系沼田氏が領有するところとなった。

永享十二年（一四四〇）に勃発した結城合戦に従軍した沼田氏は、この戦いで城や拠点の要害性に気づかされ（下総結城城を関東管領軍が攻めあぐねた）、まず薄根川の南岸に幕岩《まくいわ》城を、さらに天文年間（一五三二〜一五五五）の初期に沼田城を築いている。

また別説に、沼田顕泰《あきやす》が享禄《きょうろく》二年（一五二九）に築城を開始し、天文元年（一五三二）に完成したというものもある。いずれにせよ初期の沼田城は小規模なものだったと思われる。

しかし平和は長く続かない。弘治年間（一五五五〜一五五八）には、北条氏の勢力が上州北端の沼田城にまで達しようとしていた。折悪しく沼田氏では後継者争いが勃発しており、北条氏はこの内訌に介入し、沼田氏の領国と城を乗っ取ることに成功する。

その後、北条氏康と上杉謙信の間で争奪戦が展開されるが、永禄三年（一五六〇）、謙信の関東越山の折、謙信の猛攻を受け、北条方は数百人の戦死者を出して敗退する。以後、沼田城は謙信が関東に進出する折の策源地の役割を果たしていく。

しかし天正六年（一五七八）、謙信の死によって勃発した御館の乱で、沼田城は北条氏に接収される。以後、上野国は北条氏の支配下に置かれるが、御館の乱で北条氏と手切れした武田氏は上州への進出を策し、天正八年（一五八〇）、家臣の真田昌幸が奪取に成功する。

その後は真田氏の持ち城となり、冒頭で述べた謀略へとつながっていく。

北条氏滅亡後、沼田城は真田氏に返還されるが、関ヶ原の戦いで昌幸と信之父子が対立する形になり、家康に従った信之が勝者となって城主の座に就き、長らく真田一族が治めていくことになる。その後は本多氏、黒田氏、土岐《とき》氏と城主が変遷し、明治の廃藩置県を迎える。

この城は近世城郭としても使われてきたので、中世の遺構と近世の遺構が混在しているのが特徴で、石垣や石積みが随所に見られる。

その縄張りだが、本丸は西端の崖際にあり、崖側以外の三面に堀と土塁がめぐっている。

本丸東北隅には石垣の高さ二メートルほどの天守台があり、その部分だけが東に張り出し、東の石垣を這い上る寄手に対し、横矢が掛けられるようにしてある。

ここには五重の天守が上げられていたと言われるが、その姿は定かでない。いずれにしても、この天守台に載るとしたら櫓クラスの小天守だったに違いない。

本丸の北東に二の丸が、南東には三の丸が広がっているが、それぞれの曲輪を馬出状の小曲輪がつないでいるので、各曲輪の連携は密だったと思われる。

本丸は沼田公園として整備されているので、見学がしやすい上、真田氏時代の石垣や堀なども残されており、見どころは多い。

この城は断崖絶壁上に築かれているので、眺望が素晴らしい。とくに西端の捨曲輪からは、利根川が蛇行しながら流れていくのが見える。名胡桃城は先端部しか見えないが、わずか四キロメートルほどの距離の両城をめぐって虚々実々の駆け引きがあり、天下の勢力図が塗り替えられたことを思うと、感慨深いものがある。

第六章

栃木県

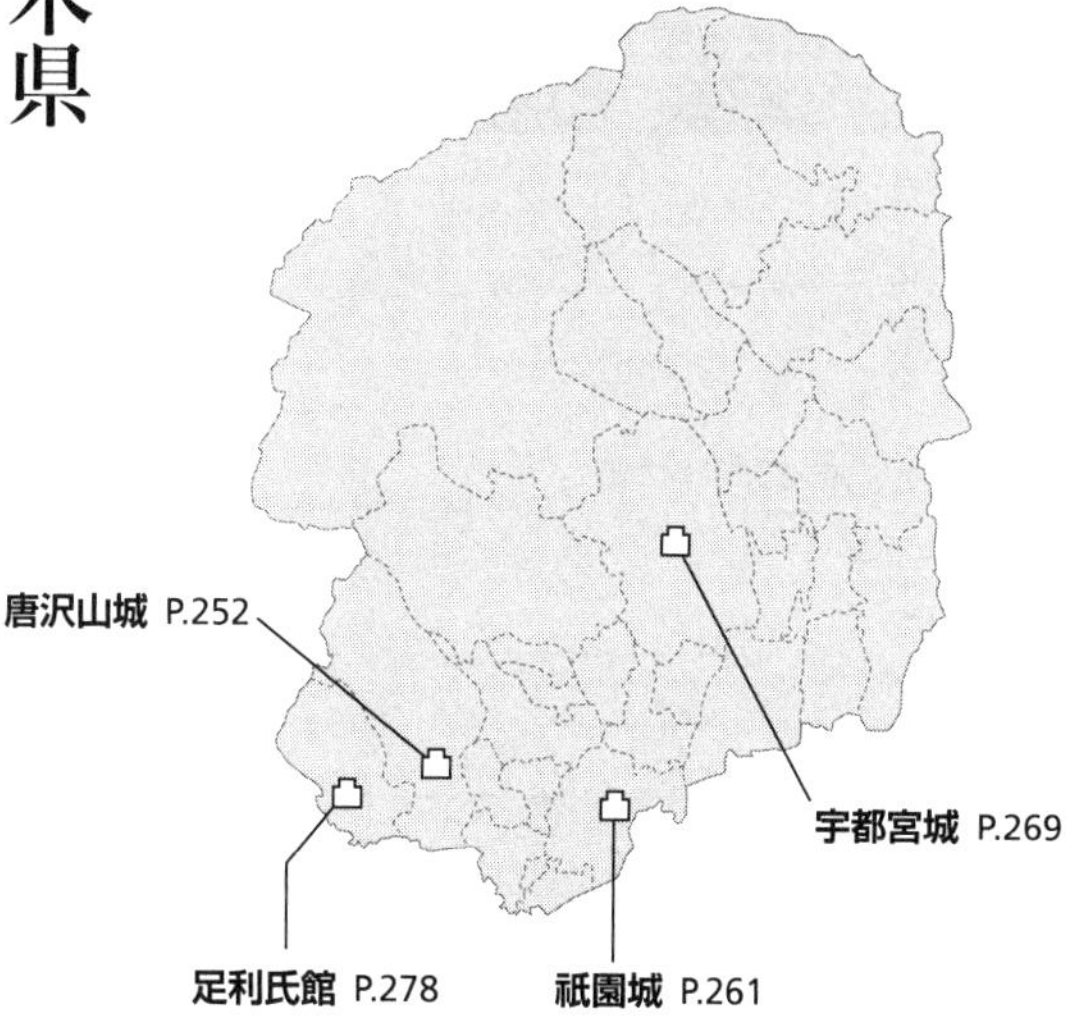

唐沢山城

関東では珍しい高石垣を擁する山城

所在地	栃木県佐野市富士町、栃本町
城郭構造	連郭式山城
築城主	佐野氏
築城年	15世紀
主な城主	佐野氏
廃城年	慶長7年（1602年）
遺構	石垣、大手枡形、土塁、堀切、井戸など
アクセス	田沼駅から徒歩40分

石垣の構造とメリット

十六世紀になると室町幕府の威令が行き届かなくなり、諸国は群雄割拠の状態となった。戦国時代の到来である。そうなれば当然、他人のものを奪い取ることよりも、自分のものを守る方に重点が置かれる。かくして城の防御力は飛躍的に向上していく。

当初、城は敵兵の侵入を防ぐべく、封鎖や遮断が最優先課題とされていた。つまり、曲輪に至るまでの斜面をいかに登らせないかに重点が置かれたのだ。それゆえ、まず切岸が登場する。続いて虎口や塁線にも、工夫が見られるようになる。虎口は単純な平入虎口から喰違虎口や桝形虎口へと進化し、蔀《しとみ》土塁や馬出といった虎口の補強法も編み出されていく。

一方、切岸だけでは敵を防ぎきれなくなったことで、塁線を屈曲させることによって斜面を登る敵の側面を攻撃できるようにする、出隅《ですみ》・入隅《いりすみ》・屏風折といった「横矢掛り」が多くの城で採用されるようになった。

曲輪の壁面を嵩上げすると防御力が高まるので、大半の城で土塁も築かれていく。

だが、雨や雪といった自然に容赦はない。切岸は一定の角度以上に削り込むと崩れやすく、土塁も高く築けば築くほどもろくなる。横矢掛りも複雑になればなるほど斜面が崩落しやすくなる。粘着性のある土を突き固めて崩れにくくする版築《はんちく》という技術が発達するものの、土の城では塁線を強化する技術が限界に達しつつあった。こうした土の城の限界をブレークスルーしたのが石垣である。

石垣は土の城の弱点を克服すると同時に、塁線いっぱいに建物を築くことも可能にした。つまり寄手が曲輪に登りにくくなることで、防御力が格段に向上したのだ。

ここで断っておくが、石積みと石垣は違う。学術的に言うと、石積みとは「主に土留めを目的とし、ただ石を積み上げただけのもの」で、石垣とは「築石《つきいし》の奥に裏込石《うらごめいし》（栗石《ぐりいし》）が詰め込まれているもの」を言う。また、石工《いしく》集団というプロでなければ築けないのが石垣という定義もある。

石垣の造り方を簡単に説明しておくと、まず盛り土をして底に当たる部分に根石《ねいし》を並べ、その上に築石を積み上げていく。それだけではぐらぐらするので、築石の裏側に間詰石《あいづめいし》を詰め込んで安定させる。さらに築石と盛り土の間に砂利状の裏込石を入れていく。仕上げとして、築石の表側の隙間に飼石《かいいし》を入れて固定させることで、ようやく石垣が完成する。

高石垣の城は織田信長の築いた安土城が始まりとされるが、実はその隣の観音寺城などが先で、それらの城を築いた六角《ろっかく》氏は、同じ南近江にある百済寺《ひゃくさいじ》や金剛輪寺《こんごうりんじ》の技術を使ったという。つまり石積みは堤防や田畑の土留めに古くから使われ、さらに寺社の建築物の土台に使われることで、戦国時代には技術的に成熟していたのだ。

六角氏や信長は寺社で使われている石垣の有用性に気づき、その技術を城郭建築に転用した。それが、中井均《なかいひとし》氏（城郭研究家）の定義した石垣・瓦・礎石建物の三点セットを備えた織豊系城郭へと発展していく。

付け加えれば、信長の晩年から秀吉時代には、この三点セットは高石垣、金箔瓦、天守へと変化し、さらに関ヶ原の戦いの後には内桝形虎口が加わってくる。

東国には寺社建築の有力集団が存在しなかったこともあり、石垣技術の開発よりも、土の城の縄張り術の発達に向かった。しかしそれも武田・北条両氏の滅亡によって頭打ちになり、関東から東北にかけても、徐々に石垣を主体とした織豊系城郭に塗り替えられていくことになる。

そうした中、小田原合戦の直後から、自らが豊臣の家臣であることを表明するかのように、一部に織豊系城郭の技術を取り入れた城が登場する。むろん新築ではなく、旧来の城の一部に高石垣を配したものだ。これには、城としての抗堪力を高めるための改修というよりも、豊臣家の刻印を自らの城に捺すことで、豊臣政権への絶対服従を誓うと同時に、地域住民に対して豊臣家の威光を示すという意図があった。

その代表的な城の一つが、下野国の佐野にある唐沢山城である。

佐野氏の系譜

下野国南西部の安蘇《あそ》郡一帯を所領とする国人領主・佐野氏の祖先は、平将門《たいらのまさかど》征伐で名を馳せた藤原秀郷《ひでさと》（俵藤太《たわらとうた》）だという。

唐沢山城はその秀郷が十世紀に築いたと伝わるが、真偽のほどは定かではない。確実なところでは、秀郷の子孫の佐野盛綱《もりつな》が十五世紀になってから築いたというものになる。

その後、秀郷の家系は藤姓《とうせい》足利氏、佐野氏、小山氏、結城氏などに枝分かれしていく。

鎌倉時代に本宗家の藤姓足利氏が衰えた後、小山氏や結城氏と共に、秀郷の血を後代に伝える任を引き継いだ佐野氏は、戦国期に入って、泰綱《やすつな》、豊綱《とよつな》、昌綱《まさつな》、宗綱の四代にわたり、山内・扇谷両上杉氏、古河公方、越後上杉（長尾）氏、北条氏といった大勢力に対して、ときには抗し、ときにはへつらい、懸命に家と領国を保ってきた。

しかし中小国人割拠のまま戦国時代に突入した北関東にあって、単独で生き抜くのは困難になりつつあった。それゆえ佐野氏は越後上杉氏と北条氏の間を行き来しつつ、命脈を保っていくことになる。

天正十二年（一五八四）年、若い宗綱の後見をしていた叔父の天徳寺《てんとくじ》宝衍《ほうえん》は畿内の情報を収集し、豊臣秀吉による全国統一の機運が盛り上がっていると感じていた。ところが宗綱と取り巻きは、北条氏こそ頼むべき勢力と言い張り、宗綱の一人娘を小田原に送り、北条一族の氏忠《うじただ》に嫁がせた。しかも、その後の合戦で宗綱が討ち死にを遂げてしまい、佐野氏は当主として氏忠を迎えることになる。

こうしたことから居場所のなくなった宝衍は、秀吉の懐に逃げ込み、北条方諸城の兵力配置図や関東の街道図といった重要情報を伝えることで、秀吉から高く評価された。

天正十八年（一五九〇）、秀吉と北条氏の間で小田原合戦が勃発し、敗れた北条氏は滅亡する。いち早く秀吉に忠節を誓った宝衍により、佐野氏は滅亡を免れ（佐野勢は小田原城に入っていた）、宝衍自身が氏忠に代わり、佐野氏三万二千四百石の当主となった。その一方、氏忠は佐野氏当主の座を追われて流罪《るざい》となった。かくして宝衍は佐野房綱《ふさつな》と名を変え、唐沢山城に「織豊系城郭らしさ」を取り入れていく。

縄張りと石垣

唐沢山城は栃木県佐野市にある標高二百四十二メートルの唐沢山に造られた山城で、山頂部に本丸をはじめとした曲輪群が造られ、そこから東西南へと延びる尾根筋を堀切で遮断しつつ、それぞれの尾根に小曲輪を築いていくという、山城によく見られる構造をしている。

本丸域については後にして、枝葉《えだは》から説明していこう。

本丸の東には堀切を隔てて長門《ながと》丸《まる》、金《かね》の丸、北城《きたじろ》と呼ばれる曲輪群があり、さらに自然地形

当時の威容を今日に伝える唐沢山城の高石垣。唐沢山城は関東の七名城の一つに数えられ、城跡は国の史跡に指定されている。

に近い曲輪が、北東の鳩の峰に向かって続いている。

本丸の南には南城《みなみじろ》と呼ばれる曲輪があるが、すぐに急斜面となるので、いくつかの段曲輪があるだけだ。

本丸の西に延びる尾根には避来矢《ひらいし》山《やま》という小丘があり、その南に西城《にしじろ》などの曲輪がある。とくに南端の天狗《てんぐ》岩《いわ》からの眺めは絶景で、関東平野を一望の下に見渡せる。

本丸域には最高所にある本丸のほか、二の丸、三の丸、引局《ひきつぼね》といった曲輪が築かれている。特筆すべきは本丸の高石垣で、最高所で八メートルにも達する。

高石垣というのは関東ではなかなかお目に掛かれないが、この石垣は算木《さんぎ》積みという工法で積まれており、織豊系城郭の影響を色濃く受けている。算木積みとは、石垣の角石の部分で長方形の石の長辺と短辺を交互に組み合わせて積む工法のことだ。

これらの石垣群は、天正年間後半から慶長年間初期のものと推定され、天徳寺宝衍改め房綱と、その養子の信吉《のぶよし》の時代に造られた。

本丸の高石垣は算木積みというだけでなく、築石の背後に小さな裏込石を丹念に詰め込んでいるので、文禄・慶長期に造られたものとされている。おそらく豊臣家から石工集団を派遣してもらったのだろう。

しかし、すべての石垣が文禄・慶長期のものとは限らず、微妙な勾配角度の差異などにより、長期間にわたって少しずつ築かれていったらしい。

こうしたことから唐沢山城は、山全体に遺構がありながらも、中心部だけに石垣が施された城だと分かる。これは慶長七年（一六〇二）に信吉が唐沢山城を廃城にし、本拠を山麓の春日《かすが》岡《おか》に移したことで、普請が途中で終わってしまったためとされてきたが、実際は予算不足で、中心部以外は石垣にできなかったのだろう。

それでは、唐沢山城は織豊系城郭かどうかという点について考えてみよう。

前述のように織豊系城郭には、石垣・瓦・礎石建物の三点セットが必要だ。まず石垣部分は合格だが、礎石建物は不明で、瓦は全く発掘されていない。

その一方、三点セットではないものの、本丸と二の丸の虎口の前に馬出がなく、外枡形が採用されており、その点では織豊系城郭の特徴を有している。

こうしたことからすると、唐沢山城は完全な織豊系城郭とは言い難い。しかし房綱は、佐野氏が豊臣系大名だと形にして訴えたかった。それゆえ高石垣と外枡形だけでも築き、自ら豊臣家の刻印を捺したのだろう。

秀吉の死後、房綱は徳川方となり、佐野氏の命脈を保つことに成功する。

慶長七年（一六〇二）、山麓の春日岡の地に、房綱の遺命に従って佐野城を築いた信吉は、ここで三点セットを実現し、念願を果たすことになる。だがそれも束の間、佐野氏は改易《かいえき》の憂き目に遭う。

大久保長安事件に連座したというのが表向きの理由だが、信吉は無実を主張して再審を嘆願した。しかしそれも実らず、うやむやのうちに佐野氏はお取りつぶしになった。

信州松本藩お預かりとなった信吉は元和八年（一六二二）、失意のうちに病没する。

その子孫は、四千石取りの旗本寄合上席まで昇進するが、佐野領と唐沢山城を取り戻すには至らなかった。

江戸幕府の草創期は、外様の国人にとってあまりに過酷な時代だった。

祇園城

名族と盛衰を共にした歴史ある城

所在地	栃木県小山市城山町
城郭構造	連郭式平山城
築城主	小山義政か?
築城年	14世紀後半
主な城主	小山氏、北条氏、本多氏
廃城年	元和5年(1619年)
遺構	曲輪、土塁、堀切、馬出
アクセス	小山駅から徒歩10分

名族の宿命

名族とは、藤原氏、桓武《かんむ》平氏《へいし》、清和《せいわ》源氏《げんじ》といった血脈に連なり、地方において大きな勢力基盤を築いていた一族のことだ。

関東の名族で比較的長命を保った一族としては、足利氏、上杉氏、千葉氏、三浦氏、佐竹氏、宇都宮氏、結城氏といった名が挙がる。

この中では、常陸源氏の血を受け継ぐ佐竹氏だけが、久保田藩二十万石の大名として江戸時代を生き抜いた。同じ新羅《しんら》三郎義光を祖とする甲斐武田氏が戦国時代に滅んでしまったことを考えると、外様大名でありながら佐竹氏は、よくぞ明治維新まで続いたものだと思う。

このように名族と呼ばれる一族も百年以上栄えるのは難しく、それぞれ勃興と衰退、そして中には滅亡を迎える一族もあった。

祇園城という美しい名を持つ城を本拠としていた小山氏も、そうした関東の名族の一つとして輝ける時代があった。しかも、ほかの一族に比べて盛衰が鮮やかで、武士というものの華やかさも空しさも体現していた。

小山氏嫡流の勃興と滅亡

小山氏の起源は、平将門征伐で勇名を馳せた俵藤太こと藤原秀郷だという。秀郷は下野国に勢力基盤を持つ土豪だったが、天慶《てんぎょう》三年（九四〇）、将門を討ったことで、正式に下野守に補《ぶ》任《にん》された。その後も朝廷に忠義を尽くしたため、鎮守府《ちんじゅふ》将軍にも任じられる。その結果、秀郷流藤原氏は平安時代中期には東国最大の軍事力を有するまでになる。

平安時代末期、秀郷流藤原氏は分裂する。その一方が宗家の藤姓足利氏で、もう一方が小山氏だった。すなわち藤姓足利氏が嫡流で、小山氏が庶流になる。ちなみに、後に天下の覇権を握る足利尊氏は源姓足利氏なので、藤姓足利氏とは別系統になる。

小山氏が祇園城のある下野国都賀《つが》郡小山郷に土着したのも、この頃と言われている。

その後、藤姓足利氏と小山氏は「一国之両虎」（『吾妻鏡』）と呼ばれるほど、下野国に並ぶ者なき勢力を築き上げていった。

治承四年（一一八〇）、伊豆の流人だった源頼朝が平家打倒の旗を揚げた。この時、小山氏当主の政光《まさみつ》は大番役で京都にいたが、いち早く頼朝に味方した。

一方、藤姓足利氏は平家方のままだったため、後に頼朝によって滅ぼされる。それでも藤姓足利氏系の支族として大胡《だいご》氏と佐野氏が生き残り、秀郷の血筋を伝えていく。

頼朝と同時代を生きた小山政光は『吾妻鏡』での登場場面も多く、鎌倉時代の代表的御家人として名を馳せた。その息子の朝政《ともまさ》は、文治《ぶんじ》五年（一一八九）の奥州合戦で二人の弟と共に勇名を轟かせ、鎌倉幕府内に確固たる地位を築いた。

次弟の宗政《むねまさ》は長沼氏と皆川《みながわ》氏の祖となり、三弟の朝光《ともみつ》は結城氏の祖となった。つまり三兄弟は、それぞれ戦国時代に北関東で名を馳せる国人領主の祖となったのだ。これに佐野氏を加え、秀郷流藤原氏の血脈は北関東に広がっていく。

小山朝政の息子の朝長《ともなが》は承久《じょうきゅう》三年（一二二一）の承久の乱で活躍し、播磨《はりま》守護をはじめとして、西国にも所領を得た。その後、源氏将軍が三代で滅び、執権北条氏の時代になるが、小山氏は北条氏と姻戚関係を重ねることで、有力御家人が次々と滅んでいく鎌倉時代を生き残る。

南北朝の動乱の際は、はじめ幕府に与したものの、元弘《げんこう》三年（一三三三）の新田義貞の挙兵には付き従い、倒幕に貢献する。

建武《けんむ》二年（一三三五）、北条時行《ときゆき》が中先代《なかせんだい》の乱を起こすと、当主の秀朝《ひでとも》は、鎌倉を治めていた足利直義の命を奉じて武蔵国まで出馬した。ところが時行軍に惨敗を喫し、包囲された武蔵府中において、一族家人《けにん》数百人と共に自刃《じじん》して果てる。この時、生き残った秀朝嫡男の朝郷《ともさと》は幼く、小山氏の勢力は著しく衰えていった。

建武四年（一三三七）には、陸奥国から南下してきた南朝方の北畠顕家に祇園城を攻められ、四カ月にも及ぶ攻防戦の末、落城の悲哀を味わった。この時、当主の朝郷は捕らえられた。

それでも南朝方となっていた同族の結城宗広《むねひろ》の嘆願によって、朝郷は助命されて事なきを得ている。その後、いったん小山氏は歴史の表舞台から姿を消した。どうやら内訌が起こっていたらしいが、詳細は分からない。

その後、小山氏中興の祖とも言える義政の登場により、再び小山氏は脚光を浴びる。義政は武蔵北部・常陸西部・下総北西部へと勢力を拡大し、康暦《こうりゃく》二年（一三八〇）、北関東の覇権（厳密には下野守護の座）を懸けて宇都宮基綱《もとつな》と激突し、これを敗死に追い込んだ。

だがこの戦いは、関東公方の足利氏満《うじみつ》の制止を振り切っての私戦だったので、氏満は激怒し、上杉氏をはじめとした関東の国衆に義政追討を命じる。

義政は大軍を相手に祇園城や支城群を駆使して善戦したものの、最後には敗れて自刃する。逃亡した息子の若犬丸《わかいぬまる》も後に敗死し、小山氏嫡流の血統はここに絶えることになる（小山義政の乱）。ここまでが小山氏の前史である。

新生小山氏の足跡

その後、同族の結城泰朝《やすとも》が小山氏の名跡を継ぐことを許され、ここに新生小山氏が誕生する。ただしその所領は小山四郷だけとされ、地侍程度の勢力にまで落とされた。

戦国時代後半の当主・秀綱《ひでつな》は小田原北条氏と越後上杉氏の間を揺れ動くが、天正三年（一五七五）、上杉方だった秀綱は北条方に祇園城を攻められて降伏開城する。だがこの時も、小山氏残党や結城氏との融和を重視した北条氏によって、旧領復帰を認められた。しかし領主としての権限はなきに等しい状態だった。

天正十八年（一五九〇）の小田原合戦で北条氏は滅亡する。この時、いち早く豊臣方に転じた結城晴朝《はるとも》の口利きで、小山秀綱・秀広父子はわずかな知行を与えられて生き残った。だが秀広が若死にすることで、小山氏は衰退の一途をたどり、最後は水戸藩の客分として血脈を残すにとどまった。

一方、祇園城だが、家康が天下を取った後、本多正信の息子の正純《まさずみ》が二万石で入った。だが元和五年（一六一九）、正純の移封により歴史ある祇園城も廃城となった。

祇園城の構造

栃木県小山市を流れる思川《おもいがわ》東岸の台地上に築かれたこの城は、典型的な崖端城だが、出城も含めると、その長さが一キロメートルにも及ぶ長大な城でもある。

祇園城という優雅な名は、久安《きゅうあん》四年（一一四八）の築城時に、築城者の小山政光が城の鎮守として祇園社を勧請《かんじょう》したことに由来する。

ただし創築された頃の祇園城は現在あるものとは大きく異なり、城域の南端に土塁だけが残る方形居館跡が、その名残ではないかと言われている。ここが「御《お》城《しろ》」と呼ばれていることから、城主の居館だった可能性は高い。おそらく祇園城はそこから始まり、河畔の台地上を北上するように拡張されていったのだろう。

築城当初、この城は小山氏の本拠だったが、いつしか小山氏は祇園城の南西二キロメートルほどにある鷲《わし》城に本拠を移した。前述した「小山義政の乱」の折、義政が本拠としていたのが鷲城である。

戦国時代に入って周囲の緊張が高まるにしたがい、結城氏系小山氏は再び本拠を祇園城に戻した。その理由は、越後上杉氏にしても北条氏にしても西からやってくることを想定し、思川によって西側の防備が不要となるこの地を選んだからだとされる。また戦国時代に入ると河川交通が重視されてくるので、自らの交易のためと、ここで思川を遮断できるという利点を考えてのことだろう。

小山氏が北条氏の傘下に入ると、祇園城は常陸攻略の中継基地としての価値が高まる。北条氏は、この城を兵糧の貯蔵や兵員の駐屯地として五年ほど使った。

この城は北条氏の支配下に置かれた時代に大規模な修築が施され、現在ある姿になったと言われるが、家康の関東移封後、本多正純が修築を行ったという説もある。どちらが事実かは遺構からは分かりにくいが、周囲の緊張という情勢を考えると、前者の可能性が大と思われる。

城の構造は至ってシンプルで、思川河畔の比高十五メートルほどの河岸段丘上に、曲輪を連ねるように築いた連郭式平山城である。本曲輪の位置ははっきりしていないが、思川に架かった観晃橋《かんこうばし》を西から渡ってすぐのところにある曲輪が本曲輪と言われている。ここは現在、城址公園となっているが、二曲輪という説もある。

また自然地形を巧みに取り入れているのも、この城の特徴だ。この城は思川の畔にあるため、思川に流れ込む小川が多い。祇園城内にも三本の小川が流れ込んでいるが、それらが谷地形を成し、自然の水堀となっている。

この城は、現在でも土塁、空堀、堀切、馬出などが遺構として現存しており、見応えは十分にある。また前述の方形居館跡「御城」、少し間をおいて思川東岸に続く長福寺《ちょうふくじ》城、そして鷲城という城郭群は、往時の小山氏の武威をしのばせるものがある。これらの小山氏城郭群は近接しているので、総称して小山城という呼び方をすることもある。

宇都宮城

土方歳三が攻略した北関東の名城

所在地	栃木県宇都宮市本丸町(宇都宮城址公園)
城郭構造	輪郭梯郭複合式平城
築城主	宇都宮氏
築城年	不明
主な城主	宇都宮氏、奥平氏、本多氏、阿部氏、戸田氏
廃城年	慶応4年(1868年)
遺構	復元土塁
アクセス	宇都宮駅より徒歩20分、東武宇都宮駅より徒歩10分

「宇都宮城釣天井事件」という虚構

元和八年（一六二二）、宇都宮藩主で幕政の中核に参与していた年寄（老中の前身）の本多正純が二代将軍秀忠を暗殺すべく、その宿所に指定された宇都宮城内の居室に釣天井を仕掛けたという事件をご存じだろうか。「宇都宮城釣天井事件」である。

本多正純といえば家康の懐刀《ふところがたな》として権勢を振るった本多正信の嫡男で、慶長十年（一六〇五）に家康が隠居し、元和二年（一六一六）に死去するまでの十二年間にわたって繰り広げられた江戸と駿府の「二元政治」の際、駿府派として家康の代弁者となっていた重鎮である。

元和八年（一六二二）四月、家康の七回忌で日光東照宮を参拝した秀忠は、その帰途、宇都宮城に一泊する予定でいた。そのため正純は、それに備えて御成《おなり》御殿の造営などを行った。その時、正純が天井に細工をして秀忠を圧死させようとしたという噂が参拝中の秀忠の耳に入り、秀忠は急遽、宿泊先を壬生《みぶ》城に変更している。

この時はとくにお咎めなしだったが、同年八月、秀忠は十一箇条の「罪状嫌疑書」を正純に突き付けて減封の上、転封させようとした。しかし正純は、「身に覚えがない」と言い張ったため改易される。これが「宇都宮城釣天井事件」の顚末である。

だが四月に宇都宮城内に検視役が入っており、天井に不審点はないとされており、少なくとも、御殿に何か仕掛けて秀忠を殺そうとしたことはないと証明されている。

実は宇都宮城には、釣天井事件よりも大きな事件があった。幕末における攻防戦である。それについては後で記すことにして、まずは宇都宮城の城主として君臨した宇都宮氏の歴史から見ていこう。

宇都宮氏の歴史

宇都宮城はその名からも分かるように、平安時代から戦国時代末期に至るまで下野国人・宇都宮氏の本拠となっていた城だ。

平安時代末期、粟田関白《あわたのかんぱく》と呼ばれた藤原道兼の曽孫の宗円が関東に下向し、宇都宮惣検校《そうけんぎょう》職（二荒山《ふたあらやま》神社の社家職）に就いたことで宇都宮氏の歴史は始まる。宗円は前九年の役に際し、安倍《あべ》一族調伏《ちょうぶく》の祈禱《きとう》をしたことで、惣検校職を下賜されたという。

三代朝綱《ともつな》の時代に源頼朝に味方して鎌倉幕府の御家人となった宇都宮氏は、『吾妻鏡』にもしばしば登場するが、国衙《こくが》領を横領したり、幕府に謀反の疑いを掛けられたりで評判は芳《かんば》しくはない。それでも七代景綱は評定衆や引付頭人《ひきつけとうにん》にまで上り詰め、また「宇都宮家弘安《こうあん》式条」という武家法の草分けを世に送り出して頭角を現していく。

南北朝時代に華々しい活躍を見せたのが九代公綱《きんつな》だ。いち早く後醍醐天皇方となった公綱は数々の戦いで活躍し、楠木正成をして「坂東一の弓取り」と言わしめた武勇の士だった。

しかし十代氏綱は一転して北朝方として行動し、観応の擾乱でも尊氏方となったので、没落を免れている（直義方の桃井《もものい》氏らは没落している）。

十一代基綱は、下野守護の小山義政と戦って討ち死にを遂げたが（「小山義政の乱」）、鎌倉公方の氏満が義政の討伐に成功し、宇都宮氏も九死に一生を得た。

応永二十三年（一四一六）の上杉禅秀の乱においても、鎌倉公方の持氏に味方して勝ち組に属している。その後、鎌倉公方と関東管領が対立し、享徳三年（一四五四）に享徳の乱が勃発すると、当初は公方方だったが、文明三年（一四七一）頃に上杉方に転じて勝ち組となった。

戦国時代が始まる頃、宇都宮氏は下野半国十八万石の勢力を持つようになる。

戦国時代の北関東では、佐竹・結城・小山氏に宇都宮氏を加えた北関東国衆連合（当時の呼び方だと「東方衆一統勢力」）が北条氏の北進策を食い止める形となり、熾烈な戦いを繰り広げた。

この時代の当主は広綱・国綱父子で、北条氏との戦いで苦戦を強いられるものの、粘り強い抵抗を続けた。この時、平城の宇都宮城から山城の多気《たげ》城に本拠を移したことが功を奏し、滅亡寸前にまで追い込まれた天正十四年（一五八六）の籠城戦でも、生き延びることに成功する。

天正十八年（一五九〇）の小田原合戦では、いち早く豊臣方として参戦し、北条氏の支城を攻撃している。

かくして宇都宮氏は、小なりとはいえ豊臣大名に名を連ね、過酷な戦国時代を生き抜いたと思われた。ところが慶長二年（一五九七）、宇都宮国綱は突然、秀吉に所領を没収される。その理由は、世子問題で家中が二分し、裁定役の浅野長政の怒りを買ったというものだった。また十八万石と申告していた石高が、実は倍以上あったという不正申告によるものとされている。いずれにせよ明確な理由はなく、ここに二十二代五百二十年続いた宇都宮氏は没落を遂げることになる。

宇都宮城改修の歴史

関東七名城の一つに数えられる宇都宮城は、栃木県宇都宮市の中心部にある。平安時代に宇都宮氏初代の宗円が二荒山の南に館を築いたのが始まりというが、その頃の宇都宮城がどのような姿だったのかは分かっていない。

ただし発掘調査の結果、二町四方の規模の館の遺構が出てきており、それが宗円の築いた初期宇都宮城と考えられている。

この館は宇都宮明神の前衛を成すように築かれており、明神の参道は館の中央部を貫いていた。つまり宗円ないしはその子孫が、明神と館は不可分の関係と考えており、惣検校職を形式的なものにしていなかったと分かる。

この館の東には田川が南流し、西には鎌倉街道脇往還が通っていた。また近くには奥州街道と日光街道の分岐点もあった。つまりこの館は明神を守ると同時に、河川と陸上双方の交通を掌握する場所に築かれていたことになる。

発掘調査によると、南北朝時代に宇都宮氏の当主だった公綱・氏綱の頃、この館の堀を大きくして土塁を嵩上げし、外郭を設けるという大改修が行われている。こうした増改築は長年にわたって続けられ、最終的には近世城郭・宇都宮城の原型のようなものは、戦国時代初期には完成していたらしい。

慶長二年（一五九七）の宇都宮氏の改易後、豊臣大名から徳川大名に移行した蒲生《がもう》秀行《ひでゆき》が城主となり、近世城郭としての体裁を整えるために諸門の整備などを行った。しかしすぐに蒲生氏は転封され、その後、奥平・本多・阿部・戸田氏らが、十五万石前後の石高で相次いで宇都宮藩主となった。とくに、釣天井事件の本多正純が元和五年（一六一九）から八年（一六二二）にかけて行った大改修により、宇都宮城は近世城郭として生まれ変わった。

この時、三の丸大手門前の馬出と三日月堀や、「遠囲い」と呼ばれた惣構の構築が行われた。この普請は、徴発された農民たちが「たがら」と呼ばれる背負子《しょいこ》で土砂を運んだので、「たがら普請」と呼ばれている。多くの農民が列を成して土砂を運ぶ姿は、さぞかし壮観だったことだろう。

またこの時、陰惨な事件も起きている。経緯は不明だが、正純は将軍家から預かっていた紀州根来《ねごろ》衆、いわゆる「根来同心」を人足並みに使役したことで、根来衆は怒って仕事をボイコットした。それに怒った正純は、根来衆とその妻子百人を殺して埋めたという。それが「ねころ塚」として、城下に今も残っている。根来同心は罪人でも何でもない鉄砲技術者集団なので、彼らを使役した挙句、言うことを聞かないから殺すなどというのは暴挙以外の何物でもなく、本多家改易の遠因になったと言われている。

またこの時、城と結ばれていた二荒山明神の間が惣構で遮断された。これは政治と信仰が断たれた象徴的な事件だった。城下の人々は、これにより本多氏が明神のご加護を失ったと噂し合ったという。

惣構に設けられた大手門は中心から北西部へと移動し、さらに内郭にあたる三の丸の北面中央部に、前述の馬出と三日月堀が造られた。

最後の城主となった戸田氏の残した「宇都宮城絵図」によると、最終的な城の構造は、惣構、三の丸、二の丸、本丸にそれぞれ堀をめぐらし(四重堀)、本丸の土塁上には五つの櫓が、二の丸の土塁上には三つの櫓が築かれていた。そのほかにも内桝形を伴った二十近い門が設けられ、また塁線は横矢が掛かるように屈曲させられるという極めて堅固な構えを有していた。

明治の廃藩置県後、宇都宮市の中心部にあったことが災いし、宇都宮城の城地は分割売却され、それに従って遺構の破壊が進み、往時の美しさを伝えるものがなくなっていった。

だが近年、宇都宮市民の要望に応えた市が公園化に取り組み、本丸土塁の北西部にあった清《せい》明台《めいだい》櫓や同南西部にあった富士見櫓などを復元したことで、宇都宮は城下町の美しいたたずまいを取り戻しつつある。

幕末の宇都宮城攻防戦

この城は幕末に大きな災厄に見舞われている。

幕末の宇都宮藩（戸田家八万石）は、近代化が遅れて旧式の軍隊しか擁していなかった。

慶応四年（一八六八）四月、大鳥圭介率いる伝習隊など二千の旧幕府軍が江戸を脱出し、北上の途に就いた。大鳥らは宇都宮城を奪取し、そこを根城として新政府軍と戦おうとしていた。

大鳥は自ら率いる部隊と副将の土方歳三率いる部隊に分かれ、別ルートで宇都宮を目指した。結局、宇都宮城の攻撃は土方隊が単独で行うことになる。

伝習隊の装備は最新のもので、士気も高く、旧式装備の宇都宮藩兵とかき集められた近隣諸藩兵は彼らの敵ではなかった。戦いは激しいものとなったが、四月十九日の一日で終わり、土方は城を占拠した。これが第一次宇都宮合戦である。

しかし新政府軍は薩長両藩の強力な部隊を中心にした東山道総督府救援軍を派遣し、火力によって大鳥ら旧幕府軍を圧倒して日光方面へと敗走させた。これが第二次宇都宮合戦である。

この二つの戦いによって、宇都宮城は壊滅的な損害をこうむり、それが後の土地売却や遺構破壊へとつながっていく。

かくして、壮絶な攻防戦によって宇都宮城の長い歴史は幕を閉じた。しかしそれもまた、歴史の中を生き抜いてきたこの城の終幕にはふさわしい気がする。

足利氏館

天下人・足利一族の本拠に造られた一大居館城

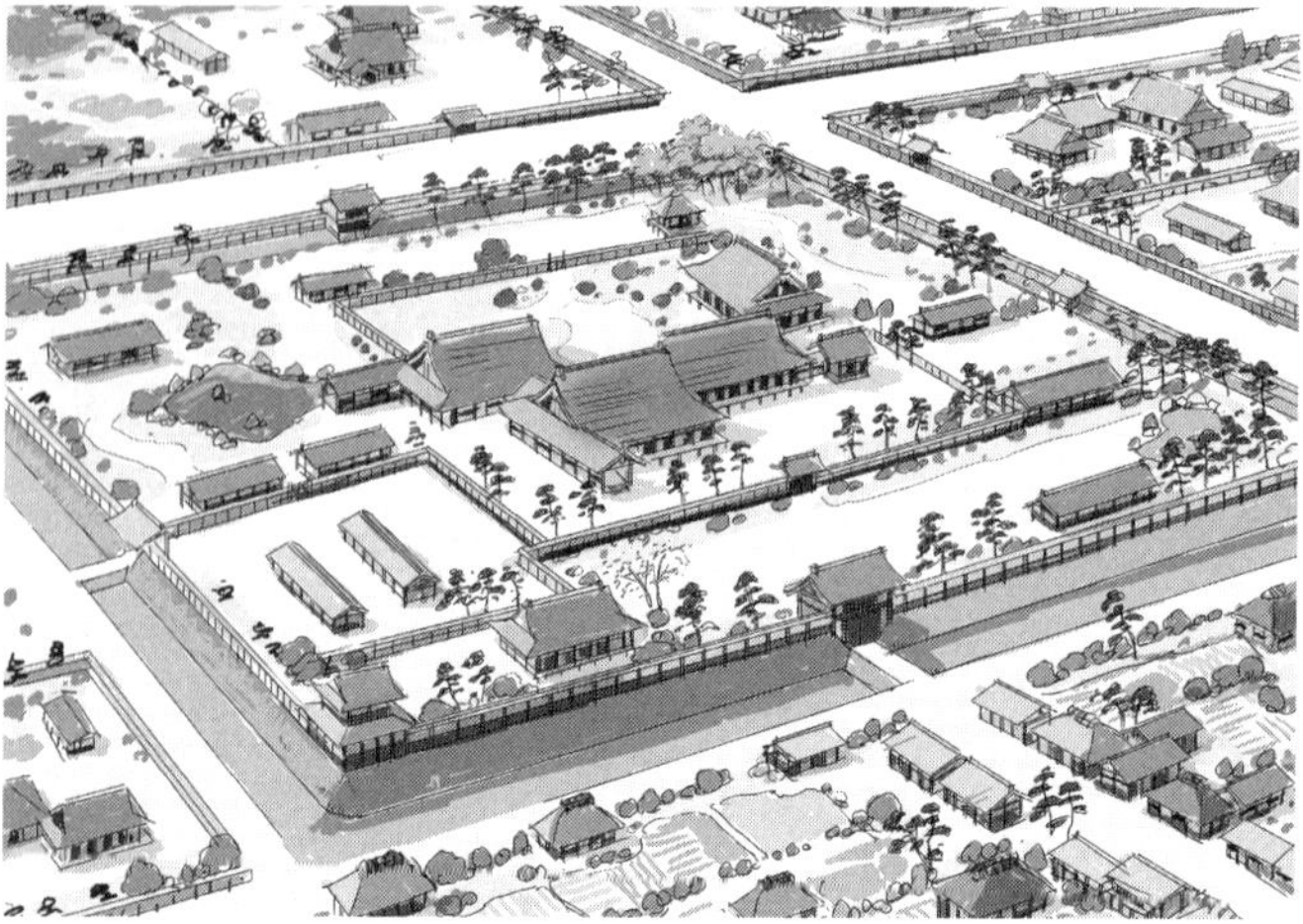

所在地	栃木県足利市家富町
城郭構造	平城
築城主	足利義兼
築城年	文治年間（1185～1190年）
主な城主	足利義国
廃城年	―
遺構	曲輪、土塁、横堀（水堀）
アクセス	JR両毛線足利駅から徒歩約10分。 東武伊勢崎線足利市駅から徒歩約15分

室町幕府の権力の象徴「方形居館」

鎌倉時代末期、一人の男によって籠城戦の有用性が証明された。その男とは、赤坂城や千早城に拠り、手練れの戦闘集団である鎌倉幕府の御家人たちを手玉に取った楠木正成だ。

それ以前、城と呼べるものは平地に築かれた居館が基本で、そこは戦闘の場というよりも、開発領主の根拠地（守護所ないしは統治拠点）・倉庫・生活の場という側面が強かった。敵の攻撃があったとしても討ち入りや喧嘩の域を出ておらず、源頼朝の旗揚げ戦となった山木館襲撃のように、十数人での討ち入りというのが普通だった。つまり鎌倉時代の屋敷は、さほどの防御力を備えていなかったのだ。

室町時代に入ると、足利将軍家の邸宅の室町殿、すなわち花の御所に倣った居館が各地で造られる。足利氏と同型の居館を造り、そこに住むことで、守護や守護代はもとより、実力だけが頼りの国人たちでさえも、室町幕府の権威と権力をわがものにできたのだ。

彼らは中央の公権力や政治秩序に自ら包含《ほうがん》されることで、勢力基盤を確固たるものにすると同時に、敵対勢力の実力行使（いわゆる反乱）を防ごうとした。

こうした居館跡には、一乗谷朝倉氏遺跡（福井県）、大内氏館（山口県）、大友氏遺跡（大分県）、躑躅ヶ崎《つつじがさき》館（山梨県）、江馬《えま》氏館（岐阜県）といった現在でも復元ないしは公園化されているものがある。これらの遺構は、どれも方形を基本としており、一辺は百十メートルが基本で、その多くが塁濠《るいごう》（土塁と堀）で囲まれていた。

足利氏館の場合、創築は平安時代末期から鎌倉時代初期と想定されるので、こうした例には含まれないが、足利氏は鎌倉幕府を代表する御家人として、その権威と権力を誇示できるだけの居館を造らねばならなかった。それが一辺二百メートルという通常の居館の倍近い大きさを持つ足利氏館である。

方形居館と固定観念

固定観念というのは恐ろしいもので、定説とされているものでも、そのルーツをたどると、根拠が薄弱だったり、何となくそうなったりしているものが多い。

方形居館についても同様で、平地にある塁濠に囲まれた方形の遺構はすべて、その地を治めていた守護大名や国人が平時に過ごしていた居館遺構だと決めつけられてきた。

ところが研究者たちの努力により、居館跡とされてきた遺構のすべてが、そうとは言い切れないことが分かってきた。

例えば一時的な陣であっても塁濠を伴うものもあり、百十メートル四方の塁濠を伴う陣所なら、ある程度の人数を投入すれば、三日ほどで築くことは可能だからだ。これは太田道灌の主君の扇谷上杉定正が、「陣所を築くには三日あれば十分」という文書を残していることからも裏付けられている。

居館遺構に関する疑義については、西股総生氏が分布という観点から証明してみせた。実は方形居館の分布には偏りがあり、平野部に多く、山間部や丘陵の多い地域には少ない。だが平野部でも方形居館跡が密集していたとしたら、「おかしい」と思えるのではないだろうか。

西股氏は、埼玉県川越市の下広谷《しもひろや》地区に、塁濠のある方形居館遺構が集中していることに目を付け、これを河越城の戦いが行われた時、寄手となった山内上杉勢の「上戸陣」ではないかという説を唱えた。つまりこれらの遺構群は、居館ではなく陣所、すなわち城攻めのための支撐陣地だったというのだ。

また戦国時代の固定観念の一つに、「大名や国人領主は、普段は平地の居館に住み、有事になると山や丘に造られた詰城に籠もった」というものがある。

すなわち平地にある居館は、有事の際の司令部兼防御拠点となる詰城とセットになっていることが多いというのだ。越前国の朝倉氏館と一乗谷城しかり、甲斐国の躑躅ヶ崎館と要害山城しかり、駿河口の今川氏館と賤機山《しずはたやま》城しかりである。この場合、学術的には居館を「根小屋」、詰城を「根小屋式山城」と呼ぶ。こうした概念はすでに常識と化しており、私も当然のことだと思ってきた。

ところが静岡県裾野市にある葛山館《かずらやま》とその詰城の葛山城に行った時、違和感を抱いた。居館跡の大きさに比べ、詰城がやけに小さく感じられたのだ。居館跡は一辺百メートルで標準サイズだが、詰城は曲輪が狭小で、居館に住んでいる女性や子供まで収容できるとは思えなかった。

歴史を紐解くと、この辺りは武田氏傘下の葛山氏の所領で、北条氏の領国に近い、いわゆる境目の地だった。そこで仮説として導き出したのが、詰城の葛山城は葛山氏のものだが、葛山氏の居館と呼ばれてきたものは、武田氏の策源地（駐屯地兼兵糧蓄積地）だったのではないかというものだ。

ちなみに足利氏館に詰城はない。だが足利城という戦国期の山城が近くにあるので、混乱を招くことがある。それゆえ足利城についても、後で触れておきたいと思う。

足利氏館の位置と構造

足尾山地から流れ出る渡良瀬川は、上野・下野両国の境付近を南西へと流れ、途中で南東へと流路を変えながら常陸国の古河で利根川に合流する。

その渡良瀬川の中流域にある足利荘（現在の足利市域）は下野国の南西部にあたり、北に足尾山地、南に関東平野が開ける山地と平野部の接点になる。足利荘は東西にも足尾山地の尾根が延びているため、三方に山を背負う形になり、また南には渡良瀬川が流れているため、極めて防御性の高い地だった。

十二世紀中頃、皇族の荘園として形成された足利荘を預けられていたのは、開発領主の藤姓足利氏だった。しかし治承・寿永の乱（源平合戦）で平家側に付いたため、源頼朝によって滅ぼされる。その後、足利荘を引き継いだのが源姓足利氏で、足利氏館は二代義兼《よしかね》が十二世紀末頃に創築したとされている。

ちなみに足利氏館は現在、鑁阿寺《ばんなじ》の境内となっているが、鑁阿寺は足利氏館内の持仏堂が発展したもので、三代義氏《よしうじ》の時代には、すでに足利氏の菩提寺になっていたという。つまり足利氏館の時代は、鑁阿寺の歴史に比べて極端に短いことになる。

その形状だが、四囲を堀と土塁に囲まれた方形居館形式を取っており、専門用語で言うところの「初期平地単濠単郭方形館」となる。

その規模は二町四方という大規模なものだが、東辺百八十・二メートル、西辺二百七・五メートル、南辺二百十四・八メートル、北辺二百二十・二メートルという、極端な不整形となっている点が特徴となる。なぜこれほど不整形になったかは方位の問題と言われるが、研究家筋からも明確な答えは出てきていない。

四囲をめぐる土塁の幅は底部で八〜十メートル、上辺部で二〜二・五メートル、高さは二〜三メートルにすぎない。これは「下部が厚めで上部が薄め」という初期の土塁構造の特徴を有している。すなわち版築《はんちく》などの土留め技術が未発達な時代に築かれた土塁と分かる。

出入口は四辺の中央部にあり、堀をまたぐ橋と門による平入虎口で、現在見られる橋や門は、室町時代から江戸時代にかけて、ばらばらに造られたものだ。おそらく初期は、どれも櫓門となっていたと考えられるが、鉄砲のない時代でも、その防御力は極めて心もとなかったはずだ。

ちなみに国指定史跡の足利学校は、足利氏館（鑁阿寺）とは通りを隔てた南東部にある。鎌倉時代初期に造られたという足利学校は関東における最高学府で、最盛期の天文年間（一五三二〜一五五五）には「学徒三千」を誇ったと言われる。フランシスコ・ザビエルも、「日本国中において最も大にして有名な坂東の大学」と本国に書き送っている。

足利学校は足利氏館の二分の一ほどの規模の方形居館形式で、堀や土塁を伴っており、内部にも孔子廟、方丈、庫裏、衆寮、書院、庭園などが復元されている。

足利氏館の詰城・足利城

足利城は足利市の市街地の北方にそびえる標高二百四十六・九メートルの両崖山《りょうがいさん》の山頂部を主郭とする山城で、天喜年間（一〇五三〜一〇五八）に藤姓足利成行《しげゆき》が築いたとされてきたが、最新の定説では永正九年（一五一二）以降に、足利長尾景長《かげなが》の手によるものとされている。

この城は両崖山の山頂から三方に延びる尾根筋に、いくつかの狭小な曲輪を配しただけの典型的な山城で、曲輪、堀切、井戸があるだけの簡素な構造である。

　戦国時代に足利荘を領していたのは、関東管領・山内上杉氏の家臣の足利長尾氏で、六代百二十年間、足利荘の領主として君臨していた。

　十六世紀前半、足利長尾氏はそれまで本拠としていた勧農《かんのう》城から足利城に移ったとされるが、足利城は不便な山城のため、本拠は山麓部にあったとされる。現に「足利城古絵図」というものが残っており、城の大手方向にあたる南西部には、居館のようなもの（現在の八雲《やぐも》神社）、家臣団屋敷、寺社、城下町などが広がっている。

　足利長尾氏は紆余曲折を経て小田原北条氏の傘下に入っていたが、小田原合戦によって没落を余儀なくされた。その際に足利城も山麓の居館も廃城となったらしい。

第七章 茨城県

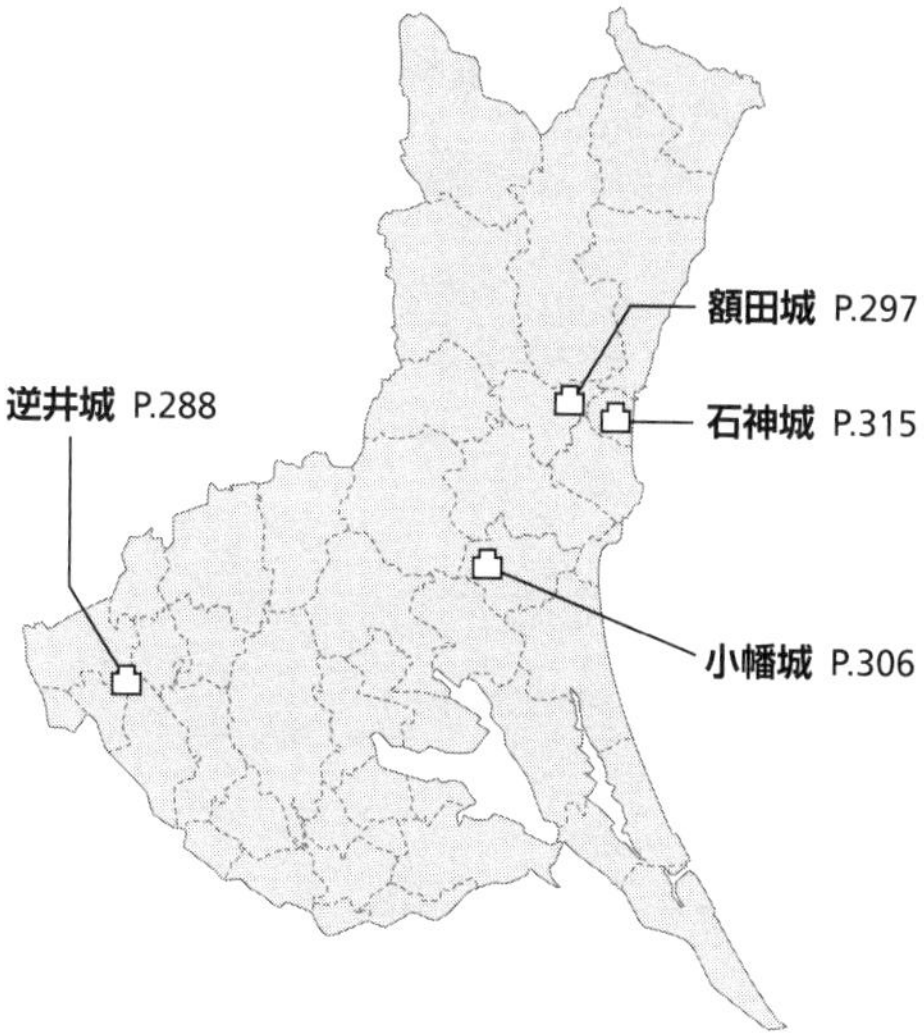

逆井城

現代によみがえった戦国時代の平城

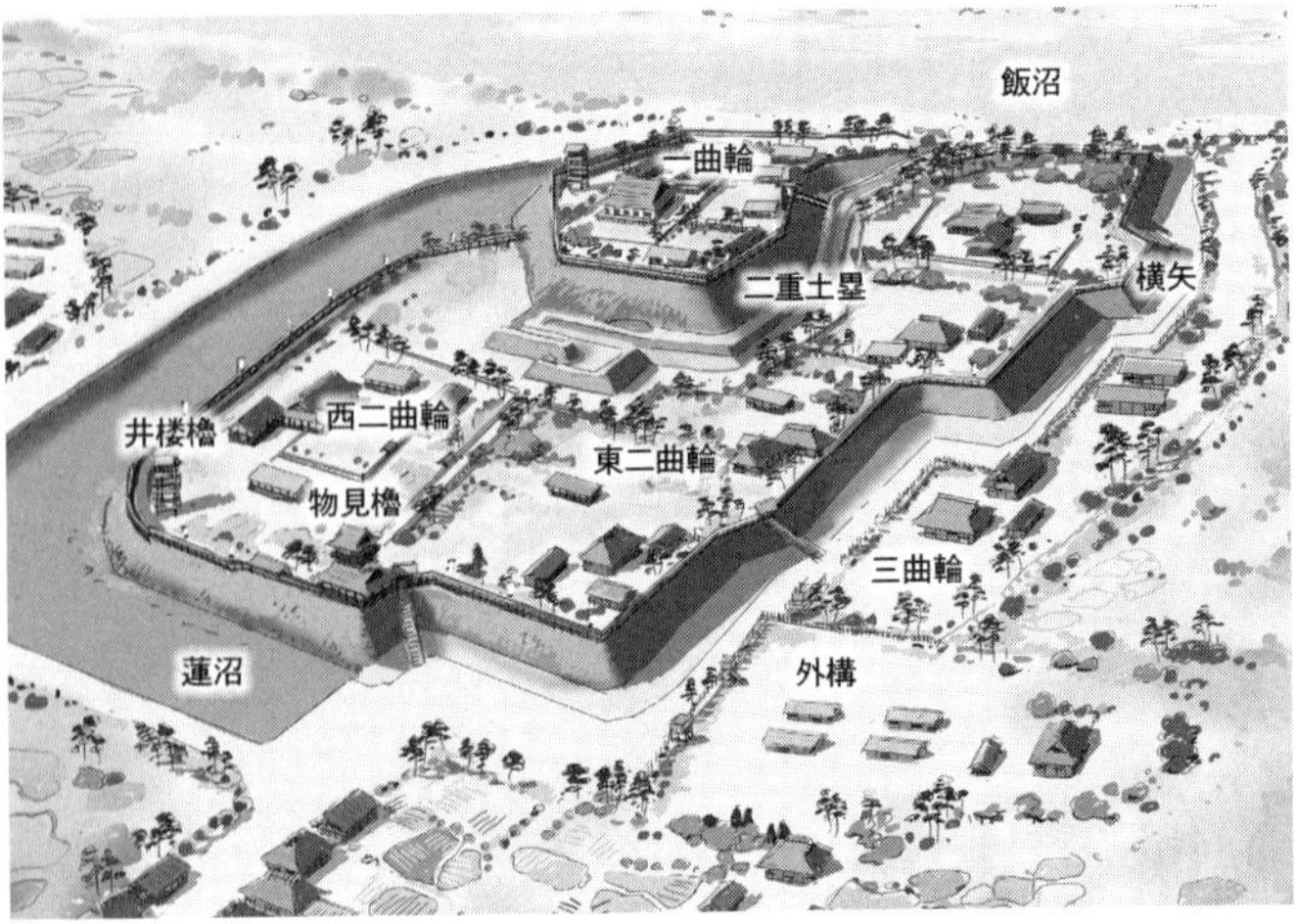

所在地	茨城県坂東市逆井
城郭構造	平城
築城主	逆井常宗?
築城年	享徳年間(1452～1455年)?
主な城主	逆井氏、後北条氏
廃城年	天正18年(1590年)?
遺構	土塁、空堀、水堀、曲輪、井戸。復元建物
アクセス	守谷駅からバスで「猿島バスターミナル」下車、 坂東号に乗り換え「逆井城跡公園」下車

復元された城

これだけ身の回りにＶＲ（Virtual Reality）が溢れる時代になると、疑似体験というものが当たり前になってくる。アミューズメント・パークでも現実体験に近いアトラクションが考案され、そのリアリティ度の高さによって人気のあるなしが決まる。

だがＶＲによるアトラクションは、決められた枠組みの中で誰もが同じ体験をするだけで、様々な角度から目的に応じて楽しむことはできない。その点、現実世界の復元施設は時間と空間という枠組みを取り去り、個々の目的に応じた楽しみ方ができる。

昨今は何の建築物もない中世城郭も大ブームになってきているが、二十年ほど前までは、模擬天守もなく、ただ土をこねただけの城など見向きもされなかった。そこで各地の自治体が考えたのが、しっかりした時代考証を基にして中世城郭を復元しようという試みである。

こうした中、静岡県浜松市の高根城、長野県千曲《ちくま》市の荒砥《あらと》城、愛知県豊田市の足助《あすけ》城、そして茨城県坂東市の逆井城などでは、うるさいマニアも黙らせてしまう良心的な復元がなされている。

昭和の頃、ただ観光客を引き寄せたいがために、全く考証などしていない鉄筋コンクリート製の復興天守や模擬天守を建てた自治体や企業が数多くあるが、それが今は負の遺産になり、

逆井城の井楼櫓（推定復元）。

各自治体に重くのしかかっていることを考えると、こうした誠実な復元と公園化は好感が持てる。

例えば、埼玉県秩父郡の天神山城などは、模擬天守を造ったはいいが、客が来なくて運営会社が倒産し、今は山頂に廃墟と化した鉄筋の天守が残り、たいへん危険な状態となっている（天守の重みで曲輪の四隅が崩れてきている）。

そうした中、日本城郭史学会が中心となって行われた逆井城の復元は、良心的な復元の嚆矢《こうし》であり、「よくぞここまでやってくれた」と言いたくなる。

なおこの城は、厳密には逆井《さかさい》氏時代の城を逆井城、北条氏の城となってからは飯沼《いいぬま》城と呼ぶが、混乱を避けるために、本書では逆井城で統一する。

逆井城の建築物

逆井城に着くと、大手正面の駐車場から、土塁上の二重の物見櫓、城門、土塀《どべい》、平《ひら》櫓、井楼《せいろう》櫓などが見渡せ、中世古城ファンなら誰でも興奮してくるだろう。中に入ると公園化がなされており、関宿城の移築城門、同時代の主殿と庭園、発掘調査を基に復元された二階門と木橋、築山《つきやま》の上に建てられた観音堂などが見学できる。

この城の物見櫓は、底辺が五・五メートル四方の大入母屋《おおいりもや》の上に望楼《ぼうろう》櫓を載せる形式で、二重三階になっていた。外壁には下見《したみ》板張りを採用している。礎石などの位置から大きさは確かなようだが、外観は同時代史料などを基に慎重に復元されたという。

逆井城のもう一つの顔とも言える井楼櫓は、饅頭《まんじゅう》などを蒸す蒸籠《せいろう》と同じように、井形に組んだ方形材を四本柱の支柱にはめ込むラーメン構造をしており、見た目よりも堅固なものだ。この井楼櫓については、西ヶ谷《にしがや》恭弘《やすひろ》氏から、軌道の上を車輪によって移動していく「車《くるま》井楼」だったのではないかという指摘がなされているが、現地を見る限り、その可能性は大いにあると思う。

「車井楼」は戦国時代末期、寄手側の攻城兵器として使われたという伝承はあるが、城方の防御用施設として使われた例は聞いたことがない。だが、寄手の攻撃によって危うくなった箇所に移動して、その部分の防御力を補強することができれば、これほど効果的な防御施設はないだろう。

主殿とそれに付随する枯山水庭園は、茨城県潮来《いたこ》市にある堀之内大台《ほりのうちおおだい》城の発掘成果を基に復元されたもので、寝殿造りが簡素化された主殿形式を取っている。

関宿城の移築城門は明治五年（一八七二）に廃城となった時のもので、江戸時代後期に造られたとされる。いったん地元の名士宅に移築されていたものを、さらにこの場所に移したという。この門は薬医《やくい》門形式で、関宿城唯一の現存建築物であり、極めて貴重なものだ。観音堂も移築建築だが、天正十六年（一五八八）の棟札《むねふだ》が出てきており、逆井城と同時代のものだという。

また復元遺構のほかにも、北条氏の城になってから造られた「比高二重土塁」（内側の土塁が外側のものよりも高くなっている二重土塁）はもとより、多くの土塁や堀といった土の城ならではの遺構が見られる。

逆井城の位置と歴史

この城は、飯沼の畔にある標高二十メートルの段丘の先端部に築かれている。厳密には河岸段丘上に築かれた丘城になるが、ほぼ平城と考えていいだろう。

城の北から北東にかけて飯沼が、西側には人工的に水を引き入れた蓮沼《はすぬま》（浮島沼《うきしまぬま》）が広がっていたが、陸続きの南や東も泥湿地で、後ろ堅固の極めて攻めにくい城だったと想像できる。

飯沼は古代には鬼怒《きぬ》川水系の河川だったが、地震か何かで流路がふさがれ、沼になったと言われている。現在、飯沼は干拓され、一部が西仁連《にしにれ》川として残っているが、干拓地は新田となり、長さ三十キロメートル、幅一キロメートルにわたって飯沼の痕跡をとどめている。

この城は小山氏の流れを汲む逆井常宗《つねむね》が、享徳年間（一四五二〜一四五五）に築城したとされるが、伝承の域を出ていない。ただこの人物は、当時の記録から実在が確認できているので、頭から否定することはできない。

確かに下総・常陸両国の境目にあたる要地にある城なので、古河公方陣営の逆井氏が、古河の東を守るために築いたとしてもおかしくはない。

また常宗の孫の常繁《つねしげ》が当主の天文五年（一五三六）、北条氏康の重臣・大道寺《だいどうじ》盛昌《もりまさ》が逆井城に攻め寄せて落城に追い込んだという伝承がある。

この時、常繁は討ち死にし、その妻は釣鐘《つりがね》をかぶって城内の池に飛び込んだとされるが、この頃、北条氏は駿河今川氏の内訌に介入しており（花蔵《はなぐら》の乱）、常陸国まで兵を送るとは考えにくい。つまりこの話は伝承にすぎないか年代比定が誤って伝わったものと思われる。おそらく逆井氏の滅亡は永禄年間で、攻め寄せたのは、大道寺盛昌の息子の周勝《かねかつ》か孫の政繁《まさしげ》だと考えられる。それにしても、釣鐘をかぶって身投げすること自体、その重量からして不可能だろう（城内の池を探ったが、釣鐘は出てきていないという）。

いずれにせよ関東全土の制圧を目指す北条氏にとって、ようやく切り取った常陸国西部に拠点城を築く必要があった。そこで天正五年（一五七七）初頭から逆井城を飯沼城と改名して普請作事が始まる。おそらく逆井氏の逆井城は、現在も城内で古城と呼ばれている辺りだけだったはずなので、城域は五倍以上に広がったことになる。

築城にあたって、城将となった玉縄北条氏繁が本拠の相模国の藤沢から大《お》鋸《が》引きの職人を呼び寄せている文書が残っているので、普請作事はかなり大規模なものになったはずだ。

逆井城が北条氏の手によって再創築された天正五年（一五七七）は、上杉謙信の関東越山がなく、北条氏の常陸国への侵攻が強まった年だ。ところが下総国の有力国衆の結城晴朝が北条方から佐竹方へと寝返ったため、侵攻が一時的に停滞する。

北条氏四代当主の氏政は関宿・栗橋・逆井城を拠点として結城城攻めを開始し、七月には外曲輪を攻略し、三百人の敵を討ち取った。

その後、玉縄北条氏繁は病没し、その跡を嫡男の氏舜が継いだ。しかし北条家中における玉縄北条氏の位置付けは次第に低下し、常陸国への関与もほとんど見られなくなる。

ちなみに逆井城では、何層にもわたって空堀内に炭と焦土層が見つかっている。これは敵の夜襲を警戒してのもので、空堀内に何カ所も枯木を積み上げておき、物音がする度に櫓上から火矢を射て堀底を照らしたとされる。

ほかの城ではあまり聞かないことだが、城の夜間警戒法の一つとして、とても合理的な方法だと思う。地層の調査から、こうした焼け跡は小田原合戦が行われた天正十八年（一五九〇）

のものまであったという。すなわち築城から十三年にわたって、逆井城は常に最前線の「戦う城」だったのだ。

しかし小田原合戦での攻防戦の記録はなく、どのような経緯で豊臣方の手に落ちたかは定かでない。北条氏の滅亡と共に逆井城は廃城とされ、長い眠りに就くことになる。

逆井城の縄張り

この城は、北の飯沼を背にした台地先端部に一曲輪（本曲輪）を置き、それを取り巻くように二曲輪やその他の曲輪を配するという梯郭式の構造をしている。二曲輪は広大だが、現況では公園化にあたって中央部分が抉り取られているため、本来の姿は分かりにくい。

東二曲輪の外側には、外構《そとがまえ》や三曲輪と呼ばれる曲輪がある。三曲輪は東二曲輪とは空堀を隔てた外側にあり、狭小な曲輪である。その南にある外構は曲輪というより、緊張が高まった時の増援兵の駐屯地と考えた方がよく、堀や土塁で囲まれていた痕跡はない。

一曲輪は東西六十メートル、南北八十メートルで面積は四千四百七十五平方メートルなので、さほど大きくはないが、これに二曲輪を足すと東西百八十メートル、南北三百二十メートルもの広さになり、推定面積も五万七千六百平方メートルに達する。この城の中核部分である一曲輪と東西二曲輪を合わせると、北条氏の最前線拠点城としては十分な広さになる。

また、南西の状付山《じょうつきやま》、南東の八幡神社、東の金久曽《かなくそ》といった出城群を城域に含めると、まさに北条氏の主要支城の鉢形・玉縄・滝山城にも匹敵する広さとなる。

地域の要となる城や境目の城は常駐できる防御兵力を考慮して規模や縄張りを決めるため、天正五年（一五七七）の北条氏が、平時でも数千単位の兵力を、逆井城に駐屯させられたと推定できる。本拠の小田原から遠い常陸国の最前線拠点でありながら、これだけの規模の城を築いてしまう北条氏の力は、われわれが思っていた以上に大きかったのかもしれない。

額田城

茨城県下で戦国最大規模の連郭式平山城

所在地	茨城県那珂市額田南郷
城郭構造	平山城
築城主	額田氏
築城年	15世紀
主な城主	佐竹氏系額田氏、小野崎氏系額田氏、江戸氏系額田氏
廃城年	天正19年(1591年)
遺構	曲輪、泥田堀、空堀、土塁、櫓台など
アクセス	那珂駅から徒歩20分

額田城の立地と規模

茨城県北部には一級河川の久慈川が北西から東に流れ、太平洋に注いでいる。江戸時代の流路変更によって今の久慈川は直線に近い形になったが、戦国時代には蛇行を繰り返し、多くの河岸段丘を造り出していた。

久慈川や久慈郡のいわれは、この地にやってきた「倭武天皇《やまとたけるのすめらみこと》」が河岸段丘の一つを指差し、「鯨の頭のようだ」と言ったからだという（『常陸国風土記』）。それだけ久慈川下流には、河岸段丘が多かったのだろう。

額田城は、久慈川に浸食されて複雑な谷地形が形成された額田台地のうちの一つに築かれている。城のある台地は久慈川南岸（右岸）の標高二十九メートル、比高十五メートル程度なので、感覚的には平地とさほど変わらない。

ただし東西一千七十メートル（出城を入れると一千三百五十メートル）、南北八百二十五メートルという城域の広さには驚かされる。茨城県下の城では、北条氏の拠点城の逆井城（東西四百二十メートル、南北三百メートル）、額田城の東方五キロメートルにある石神《いしがみ》城（東西六百八十メートル、南北四百三十メートル）などを凌駕する規模で、戦国時代の城としては県下屈指である（木原城や牛久城に匹敵する規模）。

城の中核部は主要な四つの曲輪（本丸、二の丸、三の丸、阿弥陀寺の郭）から成り、外郭がそれらを東・西・北の三面から取り巻くという構造になっている。すなわち平地が広がる北側に厚い郭配置を取っている。

城の南側は急崖となっており、かつて存在した有ヶ《ありが》池《いけ》と湿地帯が広がっていた。また外郭を隔てた北には久慈川が流れているため、寄手は兵の展開がしにくい地形となっている。

城とは、寄手が兵の投入や展開を自在にできない地形に築かれることが多く、この城も遠江国の諏訪原城や武蔵国の菅谷城のような絶妙の地形に築かれている。

額田城の縄張り

この城の本丸は百五十メートル四方で、正方形とも楕円形ともつかない形をしている。その東西には自然の谷津が切れ込んでおり、西側の谷津は幅が五十メートルもある。それだけでは安心できなかったのか、さらに周囲に水堀と土塁をめぐらせている。とくに二の丸との間の堀幅は十五〜二十一メートル、深さは八メートルもある。

本丸は有ヶ池に向かって緩斜面となっているため、こちら側にも堀を設け、さらに堀の外側の平場（捨曲輪）にも、本丸に向き合うような土塁を設けている。本丸に向かって土塁を造るのは、本丸と平場の高低差があるため外側にも土塁を盛らないと、深さが確保できないからだ。また寄手に平場を取られた場合、本丸に対する目隠しにもなる。

本丸の虎口は北側に付けられていたと思われるが、現況からは場所を特定できない。しかし主郭の北西部が小さく出構状になっているので、そこに木橋を架けていたのだろう。虎口の位置が特定できないほど、厳重に土塁がめぐらされているのには驚かされる。

本丸の北側に隣接する二の丸は、東西二百五十メートル、南北百メートルの細長い曲輪で、土塁は西側を除く三辺に設けられ、四辺は堀で囲まれている。

二の丸虎口は東と北西の二カ所に付けられているが、東の虎口は土橋を架けた平入なので、農耕用として後世に付けられたものかもしれない。北西部の虎口も土橋だが、横矢が掛かっており、櫓台らしきものも隣接しているので当時からあったものだろう。

二の丸の北には東西二百五十メートル、南北百七十メートルの三の丸があり、こちらも二の丸側を除いた三方に土塁がめぐらされている。ここまでが城の中核部で、大味だが横矢掛りや櫓台によって厳重に守られている。

その外側には、中核部の三つの曲輪を取り囲むように外郭が築かれている。

広大な外郭は現在、宅地化が進み旧状を想定しにくいが、残存遺構や古写真などを基に復元を試みた地元の研究家によると、外郭は九つの区画に分けられ、小字名などから家臣、商人、職人が集住し、根小屋や宿町を形成していたことが分かってきた。つまり外郭部を取り巻いていた堀と土塁は、惣構の役割を果たしていたことになる。ただし惣構の堀は幅五メートル、深さ二・五メートル程度で、横矢もほとんど掛かっていない。ここから分かることは、戦国時代末期になり、外敵の本格的な攻撃を受ける可能性が低くなってから、この惣構が築かれた可能性が高いということだ。

本丸から大きな谷津を隔てた西側には、阿弥陀寺の郭と呼ばれる東西二百メートル、南北四百五十メートルの広大な曲輪がある。この曲輪は北・東・南の渓谷地形を利用し、唯一地続きの西側に堀をうがつという構造で、西・北両面に土塁をめぐらせている。また西側の土塁は二カ所で開けられており、それぞれ喰違虎口となっている。

ちなみに阿弥陀寺は明徳三年（一三九二）に、当時の城主だった小野崎従通《おのざきつぐみち》によってこの地に移され、小野崎氏の守護寺にされたという。つまり戦国時代黎明期には、阿弥陀寺の郭が設けられていたことになる。

外曲輪・外郭とは何か

外曲輪・外郭とは城の最も外側の曲輪を指し、外構、惣曲輪、惣構などとも呼ばれる。これらは主に平城や平山城にあり、寄手を城の中核部に容易に近づけさせないために築かれる。

外曲輪は、戦国時代が進むにつれて重要性が増していったはずだ。というのも鉄砲の数が増えて射程が長くなれば、流れ弾にあたるケースも増えるので、中核部にいる人々が射程に入らないようにしておかねばならない。また火矢や大筒の射程からも、城の中核部を守らねばならない。

大坂城の三の丸は、そのための緩衝地帯として築かれ、平時は城下町となっていた（しかし、北西部の淀川の中洲から砲撃されてしまう）。

大坂城のような大城郭でない場合、外曲輪には駐屯用の掘建小屋が築かれ、また畑にもなっていたはずだ。これが戦時になると、下級武士や農兵の駐屯地になる。

よく外曲輪に近隣の農民を収容したという説もあるが、最前線にあたる場所に戦闘能力も意欲も低い非戦闘員を置くことのメリットは少ないと思う。

軍記物の記述なので定かではないが、信州の大島城では、武田氏が外曲輪に民衆を収容したため、寄手（織田勢）が迫った時、民衆が外曲輪の建築物に火を放って逃げ出してしまい、連鎖的に足軽小者も逃走し、戦わずして城を放棄せざるを得なくなったという。これが事実なら、戦闘正面となる外曲輪に民衆を収容してしまったことが原因だろう。

ちなみに戦国大名は民衆を労働力という財産の一種と考え、敵が去ると即座に生産活動に復帰させるべく城内に収容していた。こうしないと農民たちは人足や農奴とされ、敵に連れ去られてしまうからだ。

武蔵国の滝山城の北西端には、山の神曲輪と呼ばれる一帯がある。この曲輪の周囲には竪堀や切岸といった簡易な防御遺構が散見され、何らかの目的で造られたと分かる。地元史家によると、ここは民衆の避難場所で、大手口から城に入らずに行けるようになっていたという。ここで大切なのは、この曲輪が城の外郭部ではなく、想定される寄手の攻撃正面から離れた位置にあることだ。

また小田原城にも同様の避難場所らしき曲輪（百姓曲輪など）があるが、これも大外郭から離れた城の内懐にある。こうしたことから外曲輪は、民衆の収容を目的とした曲輪ではなく、寄手と城の中核部との緩衝地帯の役割を果たしていたと分かるだろう。

それでは額田城の外郭は、いかなる役割を担っていたのか。おそらくここが造られたのは、この城が使用された最末期だろう。戦闘を想定していたわけではなく、久慈川水運の中継基地の役割を担った宿町を、野盗から守るという目的が主だったのではないだろうか。堺などの環濠と似たような役割である。また石神城と同様、上杉景勝との通牒を疑われた佐竹義宣《よしのぶ》が関ヶ原の戦いの後、万が一の徳川勢来襲に備えたものかもしれない。

額田城の歴史

この城は建長年間（一二四九～一二五六）、佐竹氏五代当主義重の次男・義直が額田氏を称し、この地に移ってきたことに始まる。

当初は佐竹氏の忠実な分家だった額田氏だが、室町時代中期になると独立傾向を強め、同じく佐竹氏分家の山入氏と手を組み、惣領家と対立していく。しかし応永二十三年（一四一六）に勃発した上杉禅秀の乱で禅秀に与したため、関東公方の足利持氏に与した佐竹惣領家の義人《よしひと》の攻撃を受け、同三十年（一四二三）に額田城は落城する。これにより百七十年間続いた佐竹氏系額田氏は滅亡する。

勝者となった義人は、重臣の小野崎通重に城と領地を与えた。これが小野崎氏系額田氏の始まりとなる。ところが通重に子がなかったため、江戸氏から養子をもらい受け、江戸氏系額田氏が発足する。

その後、佐竹氏の重臣として平穏に過ごしていた額田氏だったが、時代は下って天正十六年（一五八八）、江戸氏家中で分裂があり、額田城に逃げ込んできた重臣の一人を城主の額田照通が匿った。これに怒った江戸氏が額田城に兵を差し向け、これに佐竹惣領家が味方したため、再び額田城は落城した。それでも照通は詫びを入れて額田城復帰を許される。

その後、佐竹義宣は常陸国の旧族一掃に乗り出し、江戸氏や大掾《だいじょう》氏らを次々と滅ぼしていく。そして天正十九年（一五九一）、義宣は照通に難癖を付けて額田城に攻め寄せ、落城に追い込んだ。照通は伊達政宗の許に逃れ、後に水戸徳川家に転じて六百石取りの家臣となり、額田氏の命脈を伝えていく。

結局、額田城は佐竹氏系額田氏の時に一度、江戸氏系額田氏の時に二度、落城を遂げたことになる。ただし三度とも城攻めの際の詳細な記録はないので、いかなる経緯で落城に至ったのかは定かでない。

さほど歴史ファンでない方は、城をめぐる攻防戦の経緯の大半が記録に残っていると思い込んでいるが、実際は残っている方が少ない。この城の三度の攻防戦もその例に漏れず、詳細の経緯は伝わっていない。だが一見、堅固そうな額田城だが、三度も落ちたという「実績」からすると、意外にもろい城だったのかもしれない。

小幡城

巧緻を極めた中世城郭の最高傑作

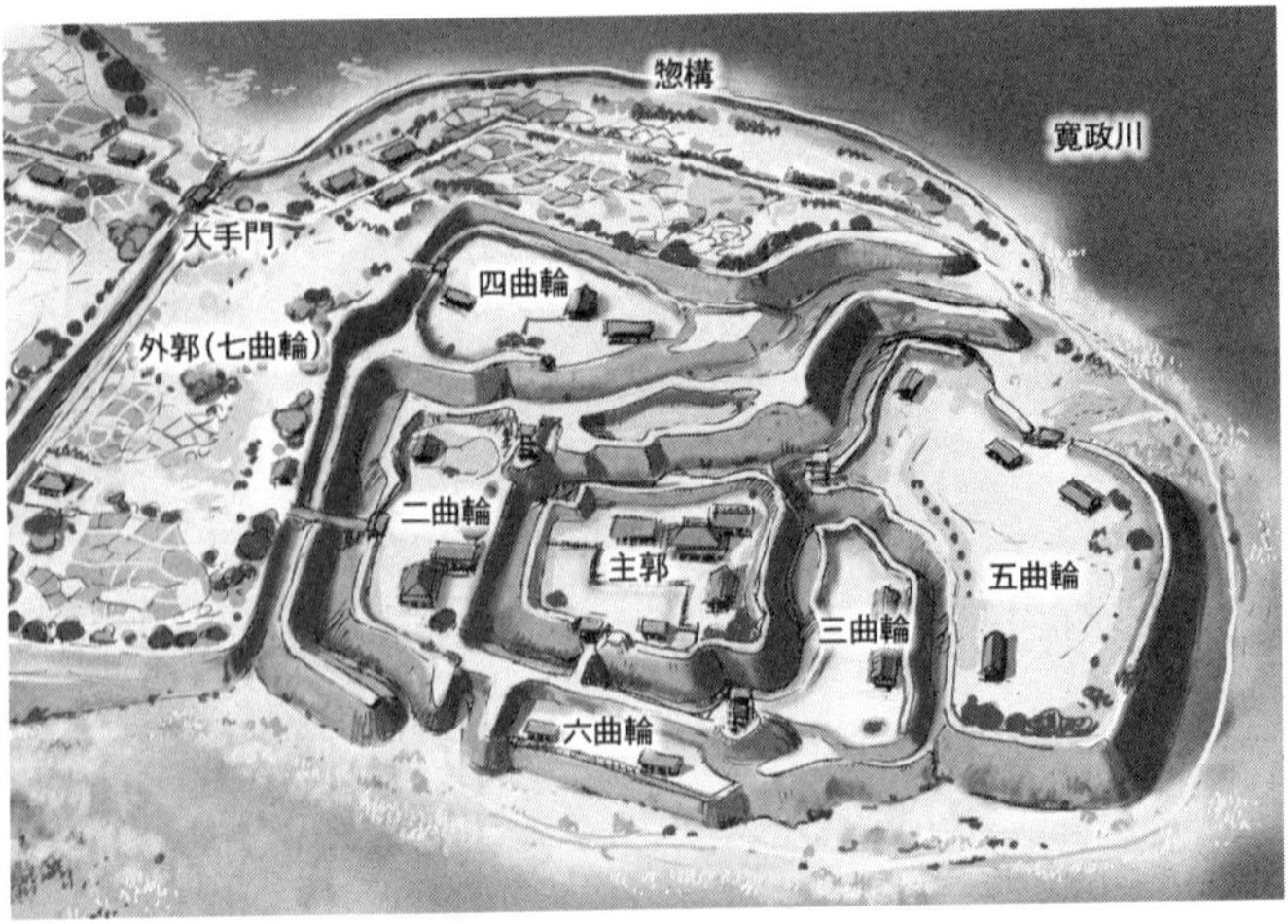

所在地	茨城県東茨城郡茨城町小幡
城郭構造	平山城(丘城)
築城主	小田氏?　大掾義幹?
築城年	戦国時代
主な城主	大掾氏、江戸氏、佐竹氏
廃城年	慶長7年(1602年)
遺構	曲輪、空堀、土塁、土橋、井戸
アクセス	水戸駅からバスで「新小幡」降車、徒歩20分

小幡城の特徴と位置

「あなたの一番好きな城はどこですか」と問われて、すぐに回答するのは難しい。様々な要素が絡み合い、一言で「どこが一番好き」とは言えないからだ。だが「縄張りが好きな城はどこですか」と問われれば「関東に限定するなら、滝山城、杉山城、小幡城」と即答できる。この三城は甲乙付け難く、どれも縄張りの巧妙さでは拮抗しているからだ。またこの三城は遺構の保存状態も良好で、険しい山城でもないので見学もしやすく、お城ファンならずとも一度は訪れてほしい城だ。

だが、この三城にも一長一短はある。

滝山城は公園化されていることから、遺構の保存状態は杉山・小幡の二城に劣り、杉山城は「箱庭的名城」と呼ばれていることからも分かるように、滝山・小幡の二城に比べてスケールが小さい。つまり、この二点を完全に満たす小幡城こそ、中世城郭ファンが満足する理想の城と言えるだろう（少し強引だが）。

茨城県中央部の茨城町にある小幡城は、汽水湖で知られる涸沼《ひぬま》から延びてきた低湿地に面した比高十メートルほどの舌状台地先端部に築かれた平山城である。城の東には、寛政《かんせい》川が台地を回るように流れており、外堀の役割を果たしている。

この地の北西九百メートルには、常陸国の国府である石岡から水戸に通じる陸前浜街道が通っており、小幡城の城下町の小幡宿は、石岡と水戸の中継地として賑わっていた。

そのためこの城は交通の要衝と言ってよく、常陸国南部の国人たちの争奪戦の場となったのもうなずける。

小幡城の歴史

小幡城の創築については諸説ある。一つは鎌倉時代、この地を治めていた小田氏によって方形居館が築かれていたというもの。もちろん伝承にすぎず、何の裏付けもない。

もう一つは応永二十四年（一四一七）、国人の大掾義幹《よしもと》によって築かれたというもの。ただし義幹の名は大掾氏の系図になく、謎の人物とされている。つまり「創築者も創築の経緯も不明」と言っていいだろう。

その後、この一帯は江戸氏の支配下となる。茨城町から水戸にかけては江戸氏によって築かれた城が数多くあり、それらは大規模な土木量を投下し、おそらく短期間で築かれている。これは江戸氏の支配力が強かったことの証しだが、小幡城もその例に漏れないことから、江戸氏の手が大幅に入っていたと考えられる。

戦国時代の常陸国南部は、大掾氏、江戸氏、小田氏の勢力が角逐する場であった。それを前提に小幡城の歴史を見ていこう。

天文元年（一五三二）、水戸から常陸国の南部方面へと勢力を拡大しつつあった江戸通泰《みちやす》は、この地を押さえていた小国人の小幡義清を謀殺し、小幡城を奪取した。これにより小幡城は、江戸氏勢力圏の最南端に位置することになり、石岡を本拠とする大掾氏に対する境目の城になった。そのため江戸氏は小幡城に大規模な改修を施した。その後、江戸氏は小幡城を支城とし、当番制で家臣を入れていたという記録が残っている（江戸氏の本拠は水戸城）。

天正十八年（一五九〇）の小田原合戦は、関東の諸国人にも大きな地殻変動を起こした。いち早く秀吉と誼を通じていた佐竹義重・義宣父子は、秀吉から常陸一国五十四万石の領有を認められる。これにより官軍のような立場となった佐竹勢は大掾氏と江戸氏を滅ぼし、十城十八砦を立て続けに攻略することで、常陸国南部に深く根を下ろしていた両氏の末葉《ばつよう》までをも一掃した。

以後、十二年間にわたって、小幡城は佐竹氏の管理下に置かれることになるが、その間に何らかの改修が行われたという痕跡も記録もない。おそらく位置的に利用価値がなくなったので捨て城とされたのだろう。そして慶長七年（一六〇二）、佐竹氏の秋田移封によって、そのまま廃城となった。

小幡城の縄張り

舌状台地上に築かれた城の大半は、先端部に主郭を配して縦深陣と後ろ堅固という要素を併せ持たせようとするが（典型例は信州大島城）、小幡城の場合、主郭が曲輪群の中心にあり、主郭の周囲を曲輪群が囲む輪郭式という縄張りを取っている。主要な曲輪は七つあり、それぞれの連携性は極めて高い。

主郭は台地中央部に置かれ、東西八十メートル、南北五十メートルという不整形な矩形《くけい》をしている。主郭の周囲は高土塁と深い堀に囲まれ、極めて求心力が強い縄張りとなっている。主郭の虎口は南側に付けられ、土橋を隔てて六曲輪とつながっている。

全体の曲輪配置は、主郭の東に三曲輪と五曲輪が、西に二曲輪と外郭（七曲輪）が、南には六曲輪が配され、さらに主郭の北側には二重空堀が横たわり、それを隔てる土塁が屏風のように東西に走っている。さらにその外側に土塁と堀を配し、ようやく四曲輪となる。

それでは見学順路に沿って小幡城を見ていくことにしよう。

まず車を止めて鬱蒼とした丘に近づいていくと、二本の堀底道が現れる。ここが見学ルートの起点となる。位置的には城の北東端で、四曲輪と五曲輪の間にあたる。

小幡城の場合、主要な曲輪を土橋で連結させており、堀底道を主体とした動線設計にはなっていない。しかし寄手は攻略を焦るあまり、堀底道に入ってしまう可能性が高いので、その前提で話を進めていく。

二本の堀底道のどちらでもいいので進んでいくと、すぐに二本の堀底道をつなぐ通路に出る。これでは堀底道を二本にした意味がないと思うなかれ、この接続路は後世に造られたもので、この城が使われていた当時は、二本の堀底道は最後まで交わらずに続いていた。

起点に戻り、北側（右手側）の堀底道を進んでいくと、すぐに分岐があり、四曲輪を中に挟む形で北側の道と南側の道に分かれる。この二つの堀底道も最後まで交わらないが、双方共に主郭に近づくことはできず、頭上からの攻撃を延々と浴びせられた末、行き止まりとなる。

では、入口に戻って東側（左手側）の道を進んだらどうだろう。まず東側の五曲輪から寄手を遮るように西に延びる土塁に行く手を阻まれる。これを通過すると、堀底道は三方に分かれる。最も東側の道を選ぶと、五曲輪と三曲輪の間を通ることになり、双方から集中砲火を浴びせられた末に行き止まりとなる。中央の道を選ぶと、三曲輪と主郭からの攻撃を受けながらも、何とか南の主郭虎口に到達できる。また西側に向かう道を選ぶと二曲輪と主郭から攻撃を受けるものの、同じ主郭虎口に反対側から到達できる。

つまり、この二本の堀底道を行くことが正解といえば正解だが、主郭の虎口に至るまでに相当の損耗を強いられるのは間違いない。豊臣勢のような巨大勢力ならまだしも、国人の兵力では、とても攻略できないはずだ。

この城が、いかに迷路のようになっているかお分かりいただけただろう。築城家は、寄手を城内に誘い込んで八〜十メートルある高土塁で視界を遮り、堀底道の中を迷走させるという防御法を考えたのだろう。まさに寄手の血を吸うキルゾーンを、これでもかというほど配していくことに心血を注いでいるのだ。

つまり城の中に寄手を入れないことを主眼として築かれる城が多い中、この城は城の中に寄手を入れてしまっても、いかようにも対応できるようにしているのだ。

こうした発想の城は意外に少なく、江戸氏のほかの城にも類例がない。おそらく江戸氏の築城担当者は、この城が大掾氏と国境を接する地にありながら要害地形でないことから、考え抜いた縄張りを描いたのだろう。

続いてパーツを見ていこう。

主郭の北側にある二重堀の間に築かれた高土塁には、この城独自の工夫として、土塁の中央部に凹《おう》状の道が付けられている。この道は、上にいる兵がかがめば下からは見えない深さがある。つまり堀底道にいる寄手から土塁上の兵を見せないことによって、土塁上を安心して移動させることを念頭に置いている。

また四曲輪が二曲輪の外延部まで延びている部分の二重空堀を挟んだ土塁二カ所は、上辺部分に厚みがあり、曲輪状になっている。南側のものは直結している土橋を守るための外桝形的な役割を果たしており、北側のものは土橋と直結してはいないものの、土橋を渡ってくる敵を側面から攻撃できるようになっている。

このほかにも細部に至るまで横矢掛りや折れ歪《ひず》みといった工夫が凝らされており、築城者には城郭攻防戦の豊富な経験があったとしか思えない。

この城では、平成十八年（二〇〇六）から発掘調査が続けられている。調査の重点は城の中核部の西側の平地にある外郭（七曲輪）だが、ここからも十五世紀半ばから近世に至るまでの遺構や遺物が発見されている（井戸跡や掘立《ほったて》柱）。とくに外郭を区画する幅七メートル、深さ三メートルの堀が発見されたことで、城域が丘部分だけでなく平地にまで広がっていたと分かってきた。この外郭は、国境の緊張が高まった際に援軍を一時的に駐屯させるために造られていたのだろう。

さらに小幡城から半径一キロメートル内には、土塁と空堀の遺構が点在している。とくに北側の堀と土塁は一キロメートルを超える長大なもので、堀幅は四メートルで深さは二〜二・五メートルある。中核部の堀と土塁に比べれば小さいが、西側だけでなく北側にも、外郭と惣構が造られていたことは興味深い。

また南側にも「小幡山ノ崎外囲い」「小幡千貫桜西堀切」「同東堀切」といった遺構が発見されている。そこまでを城域に含めると、小幡城は惣構を有する巨大城郭だったことになる。

同じ常陸国にある額田城や石神城なども、最終的には城下町や宿町を取り込んだ惣構を有していることから、小幡城も同様の惣構が造られたことは十分に考えられる。

これまで惣構は経済的負担が計り知れず、また近隣農民の協力も必要なので、支配力の強い戦国大名が、統治の浸透した地域だけに築けるものと思われてきた。だが戦国時代も末期に差し掛かると、巨大勢力から自領を守るために、国人たちが領土拡張よりも防衛に重点を置いた方針を取るのは、自然の成り行きだったのかもしれない。

土で造られた名城が目白押しの関東でも、これだけ巨大で、なおかつ考え尽くされた遺構を持つ城はほかにない。とくに寄手の侵入路となる空堀を複雑に屈曲させ、敵を行き止まりに追い込んで殲滅しようという築城構想は、いかに戦国時代が過酷だったかを痛感させてくれる。

石神城

時代の要請と共に変貌していく城の姿

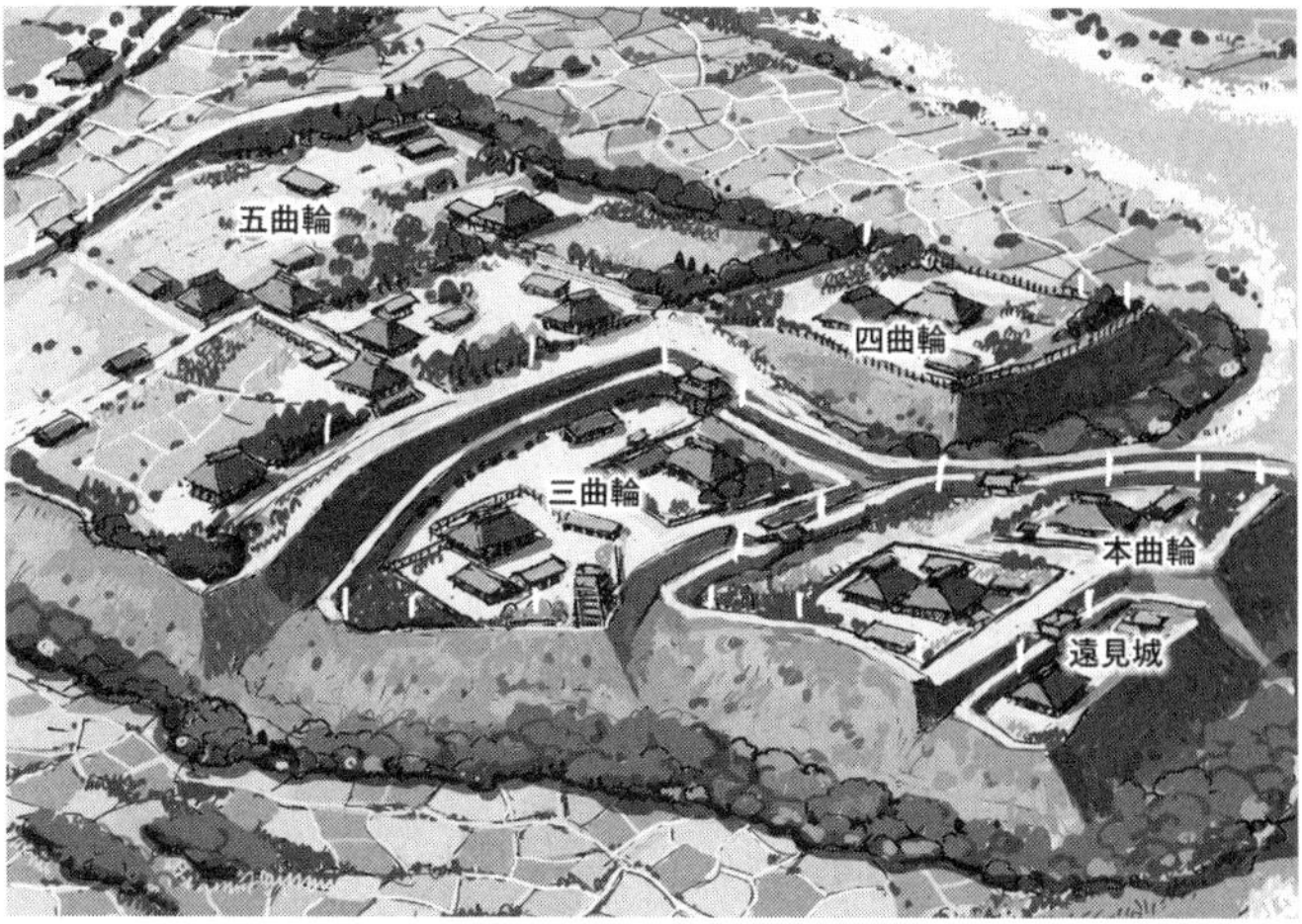

所在地	茨城県那珂郡東海村石神内宿
城郭構造	平山城
築城主	石神通房
築城年	15世紀前半?
主な城主	石神氏、小野崎氏
廃城年	慶長7年(1602年)
遺構	土塁、空堀、土橋
アクセス	東海駅より徒歩約40分

石神城の歴史

茨城県北部を流れる一級河川の久慈川は、茨城・栃木・福島三県の境にある八《や》溝山《みぞさん》を水源とし、茨城県に入ってからは大子《だいご》町《まち》から常陸大宮市を経て、日立市と東海村の間で太平洋に注いでいる。

久慈川の河口付近の流路は、江戸時代中頃に大規模な改変が行われたことで、現在は直線になっているが、かつては大きく蛇行していた。その頃の絵図によると、久慈川は河口付近でうねるように五度も曲がり、ようやく河口に達していた。

その河口付近の河岸段丘上に石神城はある。

城を見ていく前に、その歴史について触れておこう。

北関東の有力国人である小山氏・結城氏・佐野氏同様、平将門征伐で名を挙げた藤原秀郷を祖とする小野崎氏は、秀郷から数えて四代通延《みちのぶ》の時、佐《さ》都西郡《とにしごおり》小野崎郷（現・常陸太田市）に住み着き小野崎という姓を名乗った。だが、すぐに久慈郡の佐竹郷に移り、太田城を築いて本拠とした。しかし平安時代末期、新羅三郎義光流源氏の佐竹氏が伊勢平氏に味方して台頭してくると、服属を余儀なくされて小野崎郷に戻された。

貞和四年（一三四八）、十代通胤《みちたね》の時、小野崎氏は多《た》賀郡十王町《がぐんじゅうおうまち》に本拠を移して櫛形《くしがた》城を築いたが、その子の通春《みちはる》は建徳《けんとく》元年（一三七〇）、同地の山尾《やまのお》に城を築いて移った。

その後、佐竹氏が源頼朝に敵対して没落すると、小野崎氏は勢力を回復し、山尾氏（惣領家）、次弟通房《みちふさ》の石神氏、三弟通業《みちなり》の額田氏の三氏へと分かれていく。

三氏は「小野崎三家」と呼ばれ、常陸国北部に一大勢力を築いていく。その勢力は侮り難く、頼朝に赦免されて復活を遂げた佐竹氏の家督争いにも介入し、どさくさに紛れて自領を拡大することまでした。

十五世紀前半、石神城は「石上城」として初めて文書に登場するので、築城者は石神氏初代の通房と考えていいだろう。

応永十四年（一四〇七）、佐竹義人《よしひと》（山内上杉家からの婿養子）が一族の山入与義《やまいりともよし》と家督をめぐって争い（山入の乱）、常陸国を二分する戦いが始まると、山尾氏と石神氏は佐竹氏に、額田氏は山入氏に味方する。

ところが佐竹氏の家督争いは、あっけない幕切れを迎える。応永二十九年（一四二二）、鎌倉にいた山入与義は謀反を疑われ、関東公方の足利持氏から追討を受けて敗死したのだ。

これにより常陸国の山入一派は額田城で籠城戦を展開するが、応永三十年（一四二三）、関東公方の支援を受けた佐竹義人の攻撃を受けて額田城は落城し、額田氏は滅亡した。

それでも額田氏の名跡を山尾氏の者が継ぐことで額田小野崎氏は存続し、「石神城合戦」と呼ばれる戦いが勃発する。

永享十年（一四三八）、永享の乱すなわち関東公方と関東管領山内上杉氏の戦いが常陸国にまで波及する。この時、額田氏の残党に奪われていた石神城を、佐竹氏の支援を受けた石神氏が奪還した。これが「石神城合戦」である。

戦国時代に入ると、佐竹氏の勢力が一段と強くなり、その一方で小野崎氏内部では惣領家が衰え、石神氏も額田氏との所領争いを抱えるなどして振るわなくなる。

天文四年（一五三五）から天文十五年（一五四六）まで「石神兵乱」ないしは「額田石神合戦」と呼ばれる紛争が勃発したが、額田氏が佐竹氏の後援を得てからは孤立し、「石神没落」という事態を招いてしまう。だがその後、石神氏は赦免され、領地の返還と石神城への復帰が認められる。だが石神氏は次第に独立性を失い、佐竹氏の家臣化が進んでいった。

一方、天正十八年（一五九〇）、佐竹義宣は豊臣秀吉から常陸一国および下野国の一部を安堵され、敵対勢力や独立国人の一掃に乗り出す。義宣は額田氏を「異心あり」として攻め、翌年には額田城を落城させている。額田氏は伊達氏を頼って落ちていった。

慶長七年（一六〇二）、佐竹氏が常陸国五十四万石から出羽国秋田二十万石（久保田藩）へと移封されることになり、石神氏も秋田に移ることになる。この時、石神城も廃城となった。

秋田に移った石神氏は常陸時代の禄高九百石を四百石に減らされたが、久保田藩士として江戸時代を生き抜くことになる。

石神城の構造

石神城は、常陸国北部に張り出す那珂台地が北東に延びていく先端部に築かれている。先端部すなわち北東端は急崖になっており、南側には谷が南西に向かって切れ込み、隣接する別の台地との間を遮断している。北側にも谷が西に向かって走っているが、こちらは水田地帯ないしは湿地帯となっていたので、視界は開けていた。

江戸時代中期の流路変更まで、久慈川は城の東側の直下を北東へと流れていたので、標高十九メートル、比高十五〜十七メートルほどの平山城であるにもかかわらず、石神城は要害と呼んで差し支えない地形に築かれていた。

その縄張りだが、東から遠見《とおみ》城（二曲輪）、御城（本曲輪）、城の内（三曲輪）、そして現在では田畑や住宅で分かりにくくなっているが、四曲輪と五曲輪という外郭が続く連郭式となっていた。

東端の遠見城は、その名称からも分かる通り、物見櫓が設けられていたと思われる。ここはこの城の曲輪で最も狭く、東西三十メートル、南北九十五メートルという細長い形をしている。久慈川方面から城に取り付こうとする寄手を撃退する目的で造られた曲輪だが、台地先端部ということもあり、平時には物見の役割を果たしていたのだろう。遠見城とその西の御城の間は、土橋の痕跡がないことから木橋によって連絡されていたらしい。

一説には、この遠見城が本曲輪にあたるのではないかという。その理由として、この曲輪の土塁が御城側に向かって造られており、また遠見城と御城との間に築かれた逆コの字状の堀と土塁が、遠見城の独立性を高いものにしているからだ。極めて正論だが、時代によって本曲輪の位置が変わったとも考えられる。

遠見城の西に隣接する御城は、その名の通り長らく本曲輪だとされてきた。東西百メートル、南北百二十五メートルで不整台形をしており、北端部では遠見城を取り巻くようになっている。虎口は西側の土塁中央部に設けられ、喰違虎口となっている。御城と城の内の間の堀は土塁天《てん》端《たん》までの比高差が七～八メートルもあり、この城の見どころの一つである。ただし現在見られる土橋は、この城が使われていた当時は存在していなかったことが確認されている（木橋だったのだろう）。

城の内と呼ばれる三曲輪は東西九十メートル、南北百四十八メートルで、この台地の根元となる西側が長い底辺となる台形をしている。

御城と城の内の堀と土塁は、横矢が掛かるようになっている。ただしこの城の横矢掛りは中途半端なものなので、小川か小さな水路などの自然地形を利用したのではないかという説もある。ここまでが石神城の中核部になる。

続いて外郭群だが、四曲輪は東西二百メートル、南北百五十メートルで別名北郭とも呼ばれ、先代の隠居所になっていたらしい。この曲輪は中核部の北側に隣り合う台地の先端部に築かれているが、この台地は東側先端部が切断されたように削れているので、本城域のある台地よりも引っ込んだ位置にある。

五曲輪は三曲輪の西方に広がる東西四百六十メートル、南北四百三十メートルの広大な曲輪だが、現在は宅地や田畑となっており、その広さは実感できない。

五曲輪の西端部には、台地を分断するかのように南北に総延長九百メートルの土塁と一千三百メートルの堀が延びている（現在は一部のみ残存）。五曲輪には石神内宿《うちじゅく》と呼ばれる家臣団の居住区兼城下町もあるので、この堀と土塁は惣構の役割を果たしていたのだろう。この長大な堀と土塁の中央部には、小字西表《にしおもて》と呼ばれる場所があり、大手門と推定されている。そこからさらに南へ百五十メートルほど行くと、西木戸と呼ばれる虎口も確認されている。

城内から一キロメートルほど北西には石神外宿《とじゅく》と呼ばれる宿があるが、ここは久慈川の渡し場として発展した宿町で、往時は大きな町場を形成していたらしい。つまりこの城は、水運を掌握するという点でも優れていたことになる。

石神城の発掘調査

石神城では、数度にわたる発掘調査が行われている。その結果、十五世紀から十六世紀末頃までの遺物が出土した。つまり戦国時代に使われた城だということがはっきりしたのだ。

一連の発掘調査では、数カ所で改修の痕跡も発見されており、築城と改修は主に三段階に分けて考えることができるという。

第一期は十五世紀から十六世紀後半とされ、石神城が使用された歴史の大半を占める。この時期は遠見城と御城だけが城域で、石神氏が遠見城に居住し、御城は地域住民の避難所だったという説がある。石神氏と額田氏との間で争われた「石神兵乱」の折、石神氏は押され気味だったので、地域住民と共に籠城することが多かったのかもしれない。

第二期ａは十六世紀末で、前述した佐竹義宣の額田城攻めの際、石神城は策源地にされたが、この時、佐竹氏による大規模な改修を受けたらしく、現在見られる三曲輪をはじめとする外曲輪が造られた。これにより石神城は大名権力を背景にした大城郭へと変貌を遂げた。この時、石神内宿を取り込んだ惣構が造られ、また本曲輪が御城にされた可能性もある。

第二期ｂも十六世紀末で、慶長七年（一六〇二）の佐竹氏の移封に伴う廃城寸前、佐竹氏が虎口などの改修を行って防御性を高め、城下の整備を進めた痕跡がある。だがこの頃は城としての機能は失われており、城の中核部は空き地化していた。おそらく関ヶ原の戦いの後、上杉景勝との通牒を疑われた佐竹義宣が、万が一の徳川勢来襲に備えたものと推定できる。

国人と民の城という中世的な城から、佐竹氏による大名権力の城へと変貌し、さらに宿だけが繁栄し、城は使われなくなるという平和な時代へと移行していく石神城の姿こそ、地域の歴史を考える上で格好の教材だろう。

第八章

山梨県

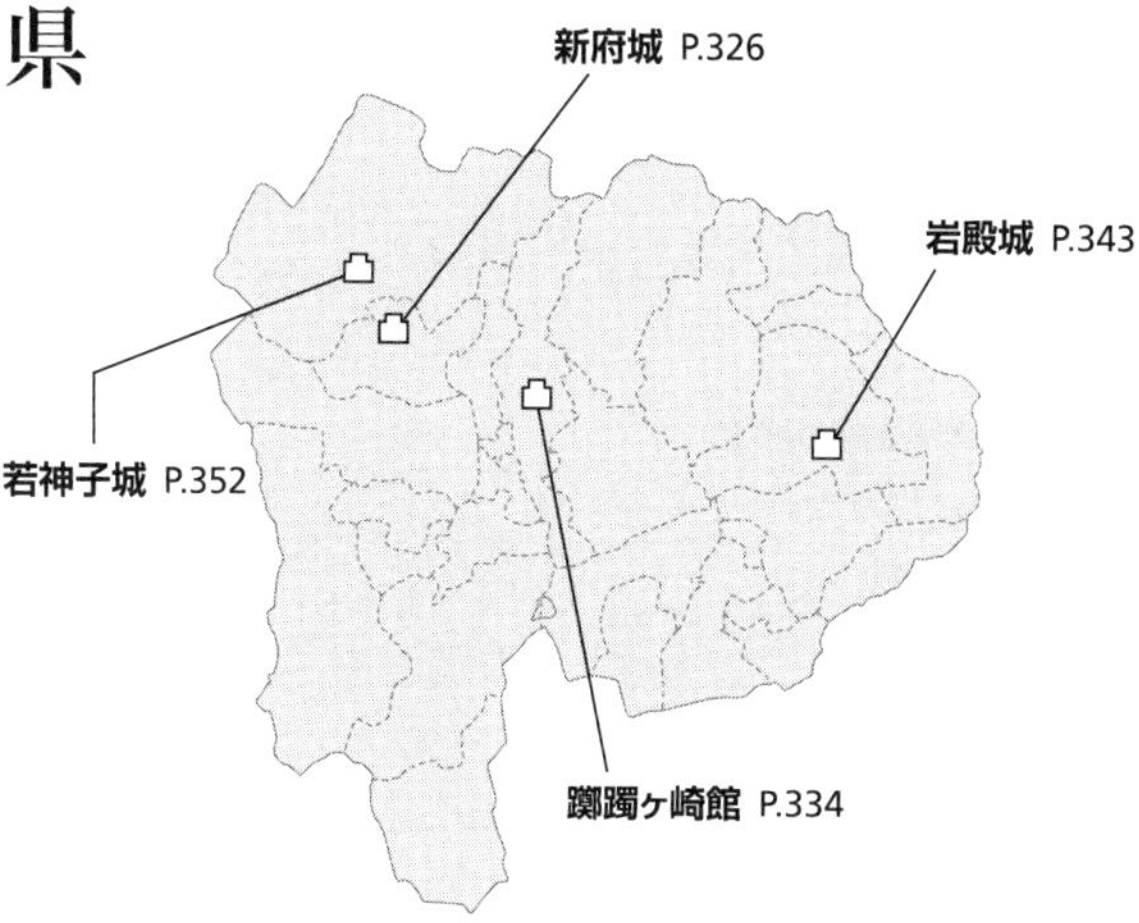

新府城

武田家の終焉を看取った悲劇の城

所在地	山梨県韮崎市中田町
城郭構造	連郭式平山城
築城主	武田勝頼
築城年	天正9年（1581年）
主な城主	武田勝頼
廃城年	天正18年（1590年）
遺構	曲輪、土塁、虎口、堀、馬出
アクセス	新府駅から徒歩10分

まれに見る短命な城

太平洋戦争末期、日本海軍の技術を結集し、当時としては最新鋭かつ最大の航空母艦が就航した。「信濃」である。「信濃」は戦局の悪化に伴い、大和型戦艦の三番艦を空母に設計変更したほど日本海軍の輿望《よぼう》を担っていた。だが不沈空母と謳われた「信濃」は、最終艤装《ぎそう》を行うべく横須賀から呉《くれ》へと回航される途中、米国潜水艦の攻撃を受け、潮岬沖で沈没してしまう。竣工《しゅんこう》から十日、出港から十七時間という世界海軍史上で最も短命な軍艦として、「信濃」はその名を戦史に刻まれることになった。

空母「信濃」を思う時、私は武田勝頼と新府城を思い出さずにはいられない。「信濃」と新府城に共通しているのは、その巨大さもさることながら、艤装（城の場合は櫓などの作事）前に無念の最後を遂げたことだ。

結論から言うと、武田勝頼が新府城に在城したのは、わずか六十八日だった。つまり新府城は六十八日間だけ城主が在城し、戦闘用の城としては遂に使われず、勝頼自らの手で焼かれることになる。

武田勝頼の厳しい立場

天正三年（一五七五）五月、武田勝頼は三河国の長篠で織田・徳川連合軍の前に惨敗を喫し、それまでの攻勢から守勢に転じることになる。

これに対抗すべく天正五年（一五七七）一月、勝頼は北条氏政の妹を正室に迎え、北条氏との同盟を強化し、領国の東側の脅威を取り除いた。だが天正六年（一五七八）三月、上杉謙信の死をきっかけに勃発した御館の乱に介入し、北条氏と手切れとなってしまう。これにより北方の上杉景勝を除き、周囲は敵ばかりとなる。

ここで勝頼の取った戦略は、遠江・美濃の両戦線は現状維持で、北条領の上野戦線での領国拡大を目指すというものだった。

積極策を取ったのはいいが、武田家のリソース（財力や兵力など）にも限りがある。信玄の上洛作戦のために資金の大半を使い果たしてしまった武田家は、交易や検地などで新たな財源の確保に努めねばならなかったが、勝頼は内政の充実による財源の確保よりも、軍事行動による敵領国の併呑《へいどん》に向かった。

一方、ライバルの織田信長は堺や大坂を押さえて経済的な優位を確立し、また領国も拡大の一途をたどっており、武田氏との国力の差は開くばかりだった。その焦りが長篠の戦いを生み、さらにその敗戦後も、領国の外縁部を放棄するといった縮小戦略を取れなかった。

一方、上野国を勝頼に席巻《せっけん》された北条氏政も黙っていない。氏政は家康を通じて信長と同盟を結び、家康と共に武田領国を東西から攻め立てて勝頼を東奔西走させた。

そうした中、ようやく勝頼は、領国の安定を図るためには強固な城を築く必要性に気づいた。城は領主の勢威の象徴であり、それがあるだけで国人たちの離反は減り、民心も安定する。おそらく北条氏の小田原城を念頭に置いていたのだろう。

だが天正九年（一五八一）三月、家康によって高天神城が落とされ、同年八月には氏政によって長窪城が陥落した。これにより遠江・駿河両国の要衝を落とされた勝頼は苦境に陥る。

新府城の位置

新府城のある韮崎の地は、甲斐一国で見た場合は西に偏っているが、信濃・駿河・西上野を包含する武田領国全体から見れば中心に位置する。この地は交通の要衝でもあり、北西に進めば信濃国の諏訪郡に至り、そこから高遠に出れば、天竜川沿いに三州街道を南下し、伊那谷経由で遠江・三河両国への進出が可能になる。

また諏訪から北に進めば信濃国の深志に至り、佐久往還を北に進めば同佐久郡に出られる。佐久から上野国へは東山道を使えばすぐだ。さらに城の下を流れる釜無川《かまなしがわ》の流れに乗れば富士川に合流するので、駿河国の駿府に至る。駿信往還《すんしんおうかん》を使えば陸路でも駿府に出られる。

要害という点からしても、七里岩の急崖上であれば防御上の心配は少ない。

七里岩は八ヶ岳南麓から南東の甲府盆地に向かって、七里にわたってV字形に細くなっていく台地で、その突端近くの南西台地上に築かれたのが新府城になる。

新府城のある七里岩の台地上は、釜無川に面する西側は比高百二十九メートルもの急崖の上、東側にも釜無川支流の塩川が流れており、こちらも比高は七十メートルほどある。台地の傾斜は南側の韮崎方面に向かって落ちており、南から攻撃しようとしても低地からなので、多大な困難を伴う。唯一、北側からは攻められやすいが、釜無川と塩川の分岐点があるため渡河しにくい上、北半里のところに長塁と能見《のうけん》城という支城を築くことで、新府城の前衛とした。つまり新府城の西は釜無川、東は塩川、南は台地突端なので、地続きの北側に防衛線さえ築けば、小田原同様の大外郭を築くことができるのだ。ただしこの長塁と能見城は、虎口などの形態から、天正壬午の乱の際に徳川家康が築いたという説もあるので付記しておく。

このように新府城が築かれた七里岩の台地上は、武田氏の本拠にふさわしい利便性と要害性を併せ持つ理想的な地であった。

新府城の縄張り

新府城は天正九年（一五八一）の一月末頃から着工し、九月に完成した。むろん城に完成はないので、ひとまず勝頼一家が入城し、生活できる状態になったという意味だ。

新府城の築かれた七里岩の台地上には、元々「西の森」と呼ばれていた小さな丘があり、その山頂を削平して本丸とし、西側に二の丸、南側に西三の丸と東三の丸を配するという連郭式の縄張りを取った。

三の丸は、広大な削平地を土塁で東西に二分して二つの曲輪としたものだが、何のために二分されたのかは分かっていない。おそらく平時のことも想定し、勝頼の生活空間になる御主殿（ケ）と執務所（ハレ）を分けていたのかもしれない。

大手は南東に築かれており、ここには内桝形、丸馬出、三日月堀がセットになった堅固な虎口が築かれている。攻撃型防御の役割を果たす丸馬出と、敵が侵入してきた時に防戦しやすい内桝形が連なる形状は、諏訪原城や大島城にも見られ、武田氏が幾多の経験から効果的だと判断した組み合わせなのだろう。

搦手の北側から東側にかけては、堀と土塁を伴う長大な帯曲輪が築かれており、北側には鬼の角のように西出郭と東出郭と呼ばれる出構が造られている。

これは外縁部を守る堀の中に半島のような陣地を設けたもので、堀を渡ろうとする敵を側面から攻撃できる横矢掛りの役割を果たしている。

搦手の北西には乾《いぬい》門がある。こちらは釜無川の断崖に接するように築かれ、こちらも内桝形、丸馬出、三日月堀がセットになった堅固な構えとなっている（現在、遺構は湮滅）。

こうしたことから勝頼は、虎口や自分の生活空間といった最重点箇所だけを仕上げた状態で入城を急いだ形跡がある。『甲陽軍鑑』に「半造作《はんぞうさく》」という言葉が出てくるように、普請作事の途中ながらも早急に本拠を移すことで、武田氏の勢威が衰えていないことを周囲に示す必要があったのだ。だが「半造作」という言葉からして、兵舎や櫓などの建築物が未完成だったのは明らかで、籠城ができる状態にあったとは思えない。

武田家の最後

新府城に移り、天正十年（一五八二）の正月を祝ったのも束の間、勝頼の許に驚くべき情報が入ってくる。武田領国の西の守りを担う木曽谷の木曽義昌が離反したのだ。怒った勝頼は、すぐさま討伐軍を差し向けるが、木曽谷は道も険しく雪も深いため容易に侵攻できない。

一方、木曽義昌が寝返ってきたのを契機として、織田信長は武田領への侵攻を決意する。早速、信長は嫡男の信忠を総大将として出陣させ、信濃国南部の伊那谷に侵入させる。

これに驚いた下伊那の諸城では、自落や降伏開城が相次ぎ、二月十四日には飯田城が戦わずして自落した。一方、勝頼は十六日、鳥居峠を突破して木曽谷への侵入を図ろうとするが、木曽勢の激しい抵抗に遭って頓挫する。

翌十七日には伊那谷の要衝・大島城が戦わずして自落した。また家康も同時に駿河国への侵攻を開始し、二十一日には駿府を占領した。

諏訪まで出陣していた勝頼は、武田領国が崩壊しつつあることに気づき、二十八日、新府城に撤退する。武田家が滅亡に近づいていることは兵にも分かったらしく、諏訪を出た時は七千〜八千ほどいた兵が、新府城に着いた時は一千ほどに減っていたという。

三月二日、伊那谷最大の拠点・高遠城が落城し、勝頼の庶弟の仁科盛信《にしなもりのぶ》が自刃《じじん》して果てた。

この情報は敗勢の武田方にさらなる衝撃を与えた。勝頼としては、高遠城が長期の籠城戦を展開している間に、新府城の普請作事を急がせるつもりでいたのだろう。

この時の新府城は「半造作」で、櫓一つもない有様だったので、とても籠城戦には耐えられない。となれば、いずれかの要害に籠もって時間を稼ぐしかない。この時、重臣の真田昌幸は上州岩櫃城に勝頼一行を迎えたいと訴えたが、同じく重臣の小山田信茂が甲斐国東部の郡内にある岩殿城での籠城戦を勧めたので、勝頼は岩殿城に向かうことにした。

同月三日、勝頼は新府城に火を掛けて逃避行を開始する。かくして武田家の最後の威光とも言える新府城は、劫火《ごうか》に焼かれてその短い生涯を閉じた。

同月十一日、勝頼は天目山麓田野の地で織田方に捕捉され、最期を遂げることになる。新府城を焼いた時、勝頼は最後の望みを絶たれ、すでに再起する気力を失っていたのかもしれない。

躑躅ヶ崎館

武田氏三代の盛衰を見てきた居館型城郭

所在地	山梨県甲府市古府中町
城郭構造	連郭式平城
築城主	武田信虎
築城年	永正16年(1519年)
主な城主	武田氏、徳川氏、平岩親吉
廃城年	文禄3年(1594年)
遺構	石垣、土塁、水堀、空堀、土橋、虎口など
アクセス	甲府駅からバスで「武田神社」下車

守護大名から戦国大名へ

源頼朝による武家政権の樹立以来、日本は武士たちによって明治維新まで統治されてきた。とくに鎌倉幕府の御家人支配は「御恩」と「奉公」を基本とする双務的なもので、優れた「奉公」をした者が、「御恩」を賜れるという仕組みが極めてうまく機能した。この慣習的かつ明文化しにくい仕組みは、室町・江戸の両幕府へと引き継がれ、武家社会（封建制）の根幹を成すものとなっていく。

鎌倉幕府は、優れた「奉公」をした者への見返りとして、知行（所領支配権）を与えるだけでなく、守護と地頭に任命した。

鎌倉時代の守護とは、国単位で設けられた軍事・警察権（動員権）を持つ者のことで、大きな権益が得られた。さらに室町時代には、国内の武士間の紛争介入権と司法執行権を得ることで、配下の地頭や豪族の被官化（家臣化）が進んでいく。

やがて室町幕府の権力が衰退していくのと反比例するかのように、一部の守護大名の勢力が肥大化していく。しかし応仁の乱以後、守護大名諸家で内訌が頻発《ひんぱつ》し、守護大名自体の力も削がれていく。

こうした中から勃興してきたのが、室町幕府の権力とは切り離された各地の在地勢力、いわゆる国人や土豪である。彼らは自力で所領を獲得し、独自の領域支配を行った。

　そんな中、室町時代の守護大名から戦国大名へと、うまく脱皮を図れた家もあった。駿河の今川氏、越前の朝倉氏（元は守護代）、薩摩の島津氏、陸奥の伊達氏、常陸の佐竹氏などだ。中でも甲斐武田氏は、その代表的存在だろう。

甲斐武田氏の系譜

大治《だいじ》五年（一一三〇）、新羅三郎義光の子の義清と孫の清光が常陸国の武田郷から甲斐国市河庄に配流されたことで、武田氏の長い歴史は始まる。清光の子で庶腹次男の信義が、常陸以来の武田姓を受け継いで始祖となる（嫡流は逸見《へみ》氏）。初代信義は治承四年（一一八〇）の源頼朝の挙兵にもいち早く参加し、鎌倉幕府創建に貢献した。

　頼朝挙兵の頃から、甲斐源氏は頼朝にとって最も有力な同盟者であり、最も恐れるべき勢力でもあった。鎌倉時代初期には、惣領の武田信義が駿河国、安田義定が遠江国、平賀《ひらが》義信《よしのぶ》が武蔵国、大内惟義《これよし》が相模国、加賀美遠光《とおみつ》が信濃国、安田義資《よしすけ》が越後国、石和《いさわ》信光《のぶみつ》が安芸国の国守（国司の長官）に補任されるほど甲斐源氏は栄えていく。

　ところが頼朝に過度に警戒された甲斐源氏は元暦元年（一一八四）、惣領家当主の武田信義が駿河国守の座を取り上げられ、息子の一条忠頼も宴席で謀殺されることで衰退が始まる。それとは対照的に、同じ甲斐源氏の平賀義信、大内惟義、加賀美遠光、石和信光らは厚遇されている。頼朝は甲斐源氏の分裂を図っていたのだ。その後、最大勢力を誇っていた安田義定・義資父子も滅ぼされ、残る甲斐源氏は鎌倉幕府体制に組み込まれていった。

室町時代、武田氏七代の信武は足利尊氏の室町幕府創建を助けて武田氏を興隆に導く。しかし応永二十三年（一四一六）の上杉禅秀の乱において十代信満が岳父の禅秀方となり、鎌倉公方足利持氏を支持する逸見有直《ありなお》に敗れてしまう。信満は天目山麓の栖雲寺《せいうんじ》で自刃する。

しかし幕府は持氏一派の勢力伸張を危惧し、高野山に匿われていた信満嫡男の信重を甲斐国に下向させた。その結果、甲斐国は武田・逸見・穴山の三氏、さらに信濃から侵攻してきた跡部氏が入り乱れて争奪戦を展開するようになる。

寛正五年（一四六四）、ようやく十二代信昌が跡部景家を倒し、甲斐に覇権を打ち立てた。武田家が甲斐国主の座に返り咲いたのだ。武田家にとって約五十年ぶりの国守復帰となった。

さらに油川信恵《のぶよし》との家督争いに勝った十四代信縄《のぶつな》が武田家を隆盛に導き、十五代信虎が甲斐国全土を掌握し、石和にあった川田館を甲斐盆地北端の躑躅ヶ崎に移すことになる。

そして十六代信玄は、父信虎が成した甲斐統一という基盤を背景に、信濃、駿河、遠江東部、上野西部などを制し、広大な領国を築き上げる。だが信玄も病魔には勝てず元亀四年（一五七三）、上洛戦の途上で力尽きた。

ところが十七代の勝頼が天正三年（一五七五）の長篠の戦いで織田信長と徳川家康に大敗を喫することで、武田氏は一転して衰勢に陥る。勝頼は本拠を躑躅ヶ崎館から新府城へと移すものの天正十年（一五八二）、信長によって武田家は滅ぼされる。かくして甲斐武田氏は長い歴史に幕を閉じることになる。

初期の躑躅ヶ崎館

『甲陽軍鑑』によると、信玄は「人は城、人は石垣、人は堀、情けは味方、仇は敵なり」と言ったとされる。これは、「信玄公は家臣や領民を大切にするので、他国から攻められることがなく、城を造る必要もなかった」などと解釈されてきた。しかし信玄は、いざ攻め込まれた時の防衛構想を持っていないわけではなかった。

武田家の本拠の躑躅ヶ崎館は国中《くになか》と呼ばれる甲府盆地の北の隅にある。躑躅ヶ崎という名は、館の東方にせり出すように延びている丘陵の名から付けられた。かつてその地には、山躑躅が咲き乱れていたからだという。

この館は相川と西富士川が作り出した扇状地の扇の要の部分にあたり、南西に向かって緩やかに下っていく甲府盆地を睥睨《へいげい》する位置にあった。

館の北方二キロメートル半には帯那《おびな》山系の深山が連なり、詰城の要害山城（積翠寺《せきすいじ》城）が築かれている。さらに館から西二キロメートルの湯村山には湯村山城が、南二・五キロメートルには一条小山《こやま》城（後の甲府城）があり、躑躅ヶ崎館を三方から守っていた。唯一、支城と呼べるもののない東方には大笠山《おおがさやま》・夢見山・愛宕山《あたごやま》が張り出しており、その尾根沿いに、平時には遊覧の茶堂《さどう》（休憩所）、戦時には砦に早変りする「亭候《ていこう》」と呼ばれる施設が設けられていた。

すなわち信玄は国中全域を城に見立て、それぞれの支城と亭候を有機的に連携させて防御させる構想を持っていた。さらに領国全体に棒道《ぼうみち》を配して外縁部からの援軍も駆けつけやすくした。それゆえ躑躅ヶ崎館自体は、単郭方形の平面を初期形式とする屋敷城で事足りたのだ。

それでは初期の躑躅ヶ崎館から、その構造の変遷をたどっていこう。

永正十六年（一五一九）、信玄の父・信虎は、それまでの甲斐源氏の本拠だった石和の川田館を廃し、同年八月に躑躅ヶ崎館の創築を始め、十二月に入居している。

極めて短期間のうちに造られた躑躅ヶ崎館だが、発掘調査の結果、この時の館は単郭方形で、今あるものよりも小さな曲輪が一つだけで、土塁も低く堀も浅く、室町時代の武家屋敷のようなものだったという。

しかし甲斐を統一した信虎は、館の防御力を高めることよりも、統治体制の確立と商工業都市の建設を急いでいた。すなわち国人たちを統制し、反乱を起こさせないために、まず城下に国人たちを集住させようとした。石和から移転したのも、国人たちを住まわせる広い地が必要だったからだ。さらに商業の振興を期すべく、条坊制に倣って五本の南北基幹道路と多くの市を設けた。この新都市計画は成功し、天文十七年（一五四八）には新たに移ってくる者を禁止する触れが出されたほどだった。

　しかし信虎はその七年前に息子の信玄に追放され、この繁栄を見ることはなかった。

信玄時代から武田氏滅亡後の躑躅ヶ崎館

　武田信玄期の躑躅ヶ崎館は、信虎の造った単郭を拡大してスペースのある北西方向へと拡大していった。だが確かな記録として残るのは、信玄の嫡男の義信のために西曲輪を増設したことぐらいだ。それでも発掘調査によると、主郭（東曲輪）が拡張されたのは確かなようで、堀と土塁も大規模になり、今ある館の原型はこの時にできていた。

　この主郭部は方形で東西二百メートル、南北百九十メートルもあり、足利氏館（二町四方）とほぼ同等の規模になる。これは室町幕府の将軍邸や管領邸に倣ったもので、当主になったばかりの信玄が、幕府の権威を借りて国内を統制しようとしていたことが分かる。また西曲輪の北にある味噌曲輪と小さな稲荷曲輪も、天文年間（一五三二〜一五五五）末期には造られていた。

　信虎時代から信玄時代の初期までは、室町幕府の権威を借りていた武田氏だったが、守護大名から戦国大名へと変貌を遂げる過程で、借り物の権威の衣を脱ぎ捨て、実力だけを頼りにしていったのだろう。

また信玄の晩年か勝頼時代のことになるが、主郭の東側の大手に三日月堀が掘られ、丸馬出で大手を守れるようにすると同時に、西曲輪の南北に内桝形を増設した。すでに西曲輪創築時に南面には角馬出が造られているので、かなり防御力が高まったと言えるだろう。

しかし長篠の戦いで惨敗することで、長らく隆盛を誇った武田氏の家運は傾く。守勢に立たされた勝頼は、躑躅ヶ崎館では万が一の籠城戦に耐えられないと考え、新府城を築くことにする。だが新府城がいまだ「半造作」の天正十年（一五八二）三月、織田信長の侵攻によって武田氏は滅ぼされる。

皮肉なことだが、新府城創築のために、勝頼が木曽氏に過度な木材の供出を命じたことが木曽氏の離反を生み、それがきっかけとなって織田氏の侵攻が始まった。つまり本拠の移転と新府城の創築が、逆に武田氏の命脈を縮めてしまったのだ。

武田氏滅亡後、甲斐国は織田家の直轄地となり、信長直臣の河尻秀隆が入部する。秀隆は岩《いわ》窪《くぼ》の地に新たな館を築いたが、六月、本能寺の変の煽りを食らって武田旧臣一揆に襲われて殺される。

その後に勃発した天正壬午の乱を勝ち抜いた徳川家康が新たな甲斐の主となり、平岩親吉《ひらいわちかよし》を入れるが、家康が豊臣政権に臣従することで関東に移封され、甲斐国には羽柴秀勝、加藤光泰《みつやす》、浅野長政・幸長《よしなが》父子が入る。

この時期、館は北東方面へと拡張され、無名曲輪と伝御隠居曲輪が造られた。伝御隠居曲輪は、独立した屋敷地を結合したものと言われている。

さらに最終段階で主郭の北西隅に天守台が築かれ（現在、立ち入り禁止）、主郭内も四つの区画に分けられた。さらに西曲輪の南側に梅翁《ばいおう》曲輪が創築され、それらを囲むように惣構堀が掘られた。

かくして方形館から平城としての威容を備えるようになった躑躅ヶ崎館だが、旧式なのは歴然で、羽柴秀勝期以降に甲府城が創築され、甲斐国統治の中心は、そちらへと移っていく。

岩殿城

山麓部の防衛まで考え抜かれた大要害

所在地	山梨県大月市賑岡町
城郭構造	連郭式山城
築城主	小山田氏もしくは武田氏
築城年	不明
主な城主	小山田氏もしくは武田氏
廃城年	天正10年（1582年）
遺構	曲輪、堀切、虎口、井戸、土橋など
アクセス	大月駅から徒歩15分

「武田氏三名城」の一つ

室町時代末期の甲斐国は大きく三つの地域に分かれており、それぞれに領主が割拠していた。国中と呼ばれる甲府盆地を押さえる武田氏、富士川流域の河内《かわうち》を押さえる穴山氏、富士山北麓にあたる桂川流域の郡内（現在の大月市、都留《つる》市、上野原市、南北都留郡一帯）を押さえる小山田氏だ。三氏とも独立傾向は強かったが、信玄の父の信虎は実力で穴山・小山田両氏を従属させた。

穴山氏は武田氏と同族だが、小山田氏は桓武平氏の流れを汲む秩父氏の一族で、源頼朝が鎌倉幕府を開く前から郡内地方に根を下ろしていたと言われている。

永正年間（一五〇四～一五二一）末頃、小山田信有《のぶあり》は国中を平定した武田信虎の妹を嫡男の信有（同名）に嫁がせ、武田家との連携を深めていく。その後、信虎が信玄に放逐されてからは主従関係に近い従属関係になり、武田勢の先兵として、その領国拡大に多大な貢献を果たしていく。だが武田氏の滅亡に際して土壇場で裏切り（異説あり）、最後は信長によって一族そろって処刑され、血脈を断たれることになる。

その治める郡内地方は、秩父山地、御坂《みさか》山地、丹沢山地などに囲まれており、その中心の大月宿は、桂川沿いに町場が形成されたことで細長い形をしている。

大月宿は、相模国の小田原から甲斐国へと続く甲州道、武蔵国から笹子《ささご》峠を越えて甲斐国へ向かう小仏道、奥秩父から雁坂《かりさか》峠を越えて甲斐国に入る秩父道、箱根西麓から須走《すばしり》・山中湖を経て甲斐国へとつながる富士道などの主要街道が交差する交通の要衝となっており、甲斐国の東を守る要地だった。その大月宿からほど近い岩殿山に、岩殿城（岩殿山城とも）はある。岩殿山は中央自動車道からも見上げられるので、ご存じの方も多いと思われるが、全長百十メートルという巨大な裸岩の鏡岩が、大地からせり上がる波のようにそそり立っている。

この城は、その鏡岩のある標高六百三十四メートルの岩殿山の山頂に築かれた典型的山城である。城の南は桂川が深さ七十メートルの渓谷を成し、東は北西から南東に流れる葛野川《かずの》が自然の大外堀を形成し、西と北は獣も登れぬほどに切り立つ断崖絶壁となっている。

それゆえ『甲陽軍鑑』では、駿河国の久能山城、上野国の岩櫃城と共に「（武田氏）三大名城」に数えられていた。

天正十年（一五八二）、織田信長の侵攻によって武田氏が滅亡の危機に瀕した時、家臣の真田昌幸が上州岩櫃城での籠城を勧めたにもかかわらず、当主の勝頼は小山田信茂の勧めに応じて岩殿城に向かうことにした。しかし変心した信茂によって笹子峠を封鎖され（異説あり）、致し方なく天目山麓田野の地まで逃げていくが、織田勢に追いつかれて武田氏は滅亡する。

皮肉なことに武田氏滅亡の三カ月後、信長は本能寺で横死するので、勝頼が岩殿城に籠もっていれば、武田氏は滅亡の危機を乗り越えられた可能性が高い。

ただし一言付け加えると、小山田氏には四百年に及ぶ郡内の領主としての立場があり、最後の当主となった信茂は、自滅に近い形で衰勢に陥った勝頼に忠節を尽くすよりも、郡内を戦火から救うことを選んだのかもしれない。

かくして籠城戦は行われなかったものの、岩殿城が難攻不落の大要害だったという事実は変わらない。だが自然地形に依存していただけでなく、岩殿城には、山麓部から山頂部まで考え抜かれた防御構想があったのを見過ごしてはならない。

岩殿城の築城者と城主は誰か

明治十二年（一八七九）、後に日露戦争の二百三高地の戦いで山地攻防戦の厳しさを知ることになる乃木《のぎ》希典《まれすけ》将軍がこの城に登り、「兎も登れぬ城なり」と感嘆したという岩殿城は、峻険を絵に描いたような山城だ。

これまで岩殿城は、谷村館《やむらやかた》を本拠とする小山田氏の詰城だったとされてきたが、武田信虎の時代、武田氏によって造られたという説が急浮上してきた。

その理由として、この辺りは小山田氏の勢力圏としては北端であり、周辺地域から小山田氏の発給文書が見つかっていないこと。その逆に、武田氏の城番にかかわる文書が出てきたことが挙げられている。こうした城主不明の番城は東国の境目の城ではよく見られるので、不自然ではないということも論拠の一つだ。

しかも谷村館から岩殿城までは十二キロメートルもあり（直線で八・六キロメートル）、詰城としては距離が遠すぎる上、大月宿は相模国からの国中への途次にあたり、小山田氏よりも武田氏にとって領国防衛の生命線だったことから、武田氏の城ではないかと言われるようになった。

しかし岩殿山麓にある七社《しちしゃ》権現（円通寺の一部）の記録に、小山田氏が「当郡守護」とあり、また寄進状などにも小山田氏当主の名があること、さらに城下に小山田氏の家臣屋敷や、信虎時代の小山田氏当主だった出羽守信有の妾宅《しょうたく》が存在していたという記録もあり、小山田氏が築城し、ある時期まで使用していたという説も否定できない。

最近は、小山田氏の持ち城だが、国境を接する北条氏との関係が悪化した時期のみ、武田氏から城番衆を出してもらっていたという説が出てきている。

岩殿城の山麓防御構想

岩殿山の南東麓には大同元年（八〇六）開基の天台宗円通寺があり、岩殿山は古くから信仰の山として地域の人々から崇められてきた。円通寺は京都の聖護《しょうご》院を本寺とする本山《ほんざん》派修験の東国の中心であり、明治時代まで多数の堂塔伽藍が軒を連ねていた。

　この城の城下町に相当するのは円通寺の門前町の岩殿村と、その南東の強瀬《こわぜ》村の二つだが、強瀬村には「御所」や「馬場」といった山麓居館があったことを示す小字名があり、武田氏か小山田氏関連の武士の居住地だったと分かる。

　戦国時代当時、強瀬村が周辺で唯一の桂川の渡し場であり、南から迫った寄手は、ここを渡らないと岩殿城に近づけなかった。だが渡河できたとしても、対岸では要塞化された円通寺から出撃してきた城方の攻撃を受けたはずだ。

　寄手は円通寺からの攻撃をかいくぐりつつ、北方に向かわされることになるが、少し行くと切通しが造られており、頭上からの攻撃を受けることになる。しかも円通寺などから出撃した兵が背後から迫ってくるので、寄手は切通しを通過せざるを得なくなる。つまりここには、キルゾーンが形成されているのだ。切通しを突破しても、その北には新宮出丸という砦があり、そこからも攻撃を受けることになる。

　また、桂川北方の葛野川東岸の大島村から葛野川を渡河しようとしても、裏砦と呼ばれた宝《ほう》林《りん》寺があるため、先にここを制圧せねばならない。裏砦を落として葛野川を渡河できても、対岸では円通寺から出撃してきた兵が待っている。

　ここで渡河せずに秩父道を北に向かい、浅川村で渡河することもできる。だが渡ったとしても、対岸には堀沢と呼ばれる深さ二十メートル、幅三十メートルの竪堀があり、そこを突破せねばならない。ここは畑倉村と呼ばれ、こちらにある東光寺や武家屋敷が戦時には砦に変わり、寄手を悩ますことになる。

　東光寺は岩殿城山麓防衛網の最北端に位置するが、山麓部の最高所にあたり、葛野川流域を一望することができた。おそらく山麓防衛の指揮所とされていたのだろう。

　葛野川を畑倉村に渡った寄手が仮に東光寺を制圧し、西から南下する形で城に接近しようとすると、大沢堀と呼ばれる深さ七十メートル、幅百メートルに及ぶ自然地形に阻まれる。

　最後に西方から寄手が接近してきた場合だが、この城の西方の浅利村の頭上には、「稚児《ちご》落とし」や「兜岩」といった岩殿山山頂部の名勝があることからも分かるように、峻険に過ぎて登攀は不可能だ。

　このように岩殿城は山麓部にも幾重もの防御施設がちりばめられており、籠城戦の際には相当の威力を発揮したと思われる。

　またこの周辺の集落には、かつて土蔵が多かったらしく、伝承によると武田氏に命じられて造らされたという。おそらく土蔵群は兵糧などの貯蔵庫だろう。それが本当なら、勝頼は危機に陥った際、初めから岩殿城に籠もるつもりでいたのではないだろうか。それを思えば、小山田氏に離反されて笹子峠を封鎖されたのは、痛恨事だったに違いない。

岩殿城の中核部

山麓防衛網を突破できた寄手は、ようやく大手門に達する。ここは岩殿山の西麓にあたるが、ここからつづら折りの細道を三十分ほど登っていくと、「揚城戸《あげきど》」と呼ばれる岩盤をうがった切通しに出る。ここの道幅は一メートルほどしかなく、左側は断崖絶壁なので、寄手はここで足止めを食らう。

「揚城戸」を突破してさらに登っていくと、今度は緩やかな尾根道に出る。ここには物見台や馬屋と呼ばれる曲輪がある。

さらに進んでいくと兵舎跡や馬場と呼ばれる曲輪に出る。ここは岩殿城内で最も広い曲輪で、二千五百平方メートルもあり、優に三百人の兵が駐屯できたという。これだけ峻険な山の上に、これほど広い平場があるというのも驚きだが、これが地選の理由になったのかもしれない。

さらに東に進むと、蔵屋敷と呼ばれる平場に出る。ここには武器弾薬や食料が貯蔵されていたという伝承がある。蔵屋敷という名が残っていることも、万が一の際、勝頼が籠城するつもりでいたという仮説の裏付けになる。

続いて三曲輪、二曲輪、本曲輪といったこの城の中核部へと入っていく。ここには物見台や狼煙台が設置されていたとされるが、今はテレビ電波の中継施設が鎮座しており、雰囲気を壊している。

本丸付近には、亀ヶ池と呼ばれる井戸跡が二つ並んでいる。これだけ高い山にもかかわらず、井戸が二つもあることに驚かされるが、調査の結果、それぞれ一日で一千二百リットルもの水が湧き出しており、一度も涸れたことがないという。こうした点も、この城が長期籠城戦に耐え得る条件を満たしている。

この城は、縄張り的には山頂のスペースを区切った連郭式山城にすぎないが、自然地形に頼ることなく、寄手の侵入路を限定してキルゾーンに誘導するとか、要所に小さな曲輪や土塁を設けて寄手の進撃を阻むといった小技が多く施されている。

世に難攻不落と呼ばれる城は多いが、峻険な自然地形に人知の及ぶ限りの工夫が凝らされていたという点において、岩殿城こそ最強の山城と言っていいだろう。

若神子城

盛衰の分岐点となった城

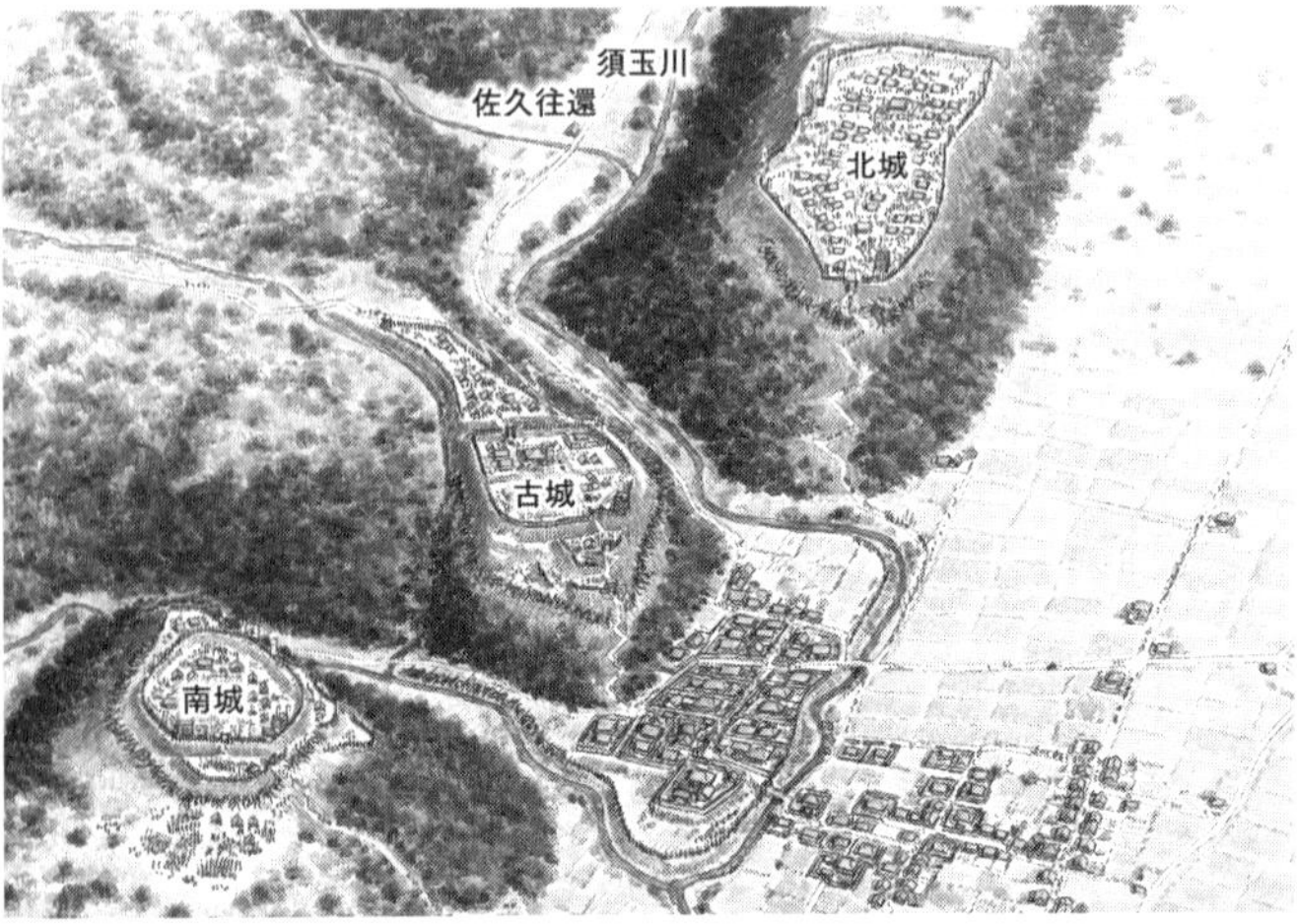

所在地	山梨県北杜市須玉町若神子3380-1（須玉ふるさと公園）
城郭構造	山城
築城主	新羅三郎義光（伝承）
築城年	不明
主な城主	武田氏
廃城年	不明
遺構	土塁、堀、曲輪
アクセス	日野春駅から徒歩約30分

天正壬午の乱

天正十年（一五八二）は戦国時代でも激動の年だった。まず三月、織田信長によって甲州武田氏が滅ぼされ、六月には、信長が本能寺で横死する。その後、信長の弔《とむら》い合戦となり、羽柴秀吉が謀反人・明智光秀を破り、天下の帰趨が定まっていく。

武田氏を滅ぼした信長は、武田氏に付き従っていた家臣や国人層の大半を没落させ、旧武田領に直接的な支配秩序を築こうとした。そのため早期に寝返った木曽氏や穴山氏らの所領を除く旧武田領には、直臣の河尻秀隆、森長可《ながよし》、毛利秀頼、滝川一益らを配し、さらに間接支配となるが、忠実な同盟者の徳川家康に駿河一国を与えた。

この時、北条氏は信長の同盟者として出兵し、駿河国駿東《すんとう》郡と上野国西部を支配下に収めた。ところが信長は北条氏に恩賞を与えず、逆に上野一国の支配権を取り上げるという仕打ちで報いた。しかし北条氏といえども、強大になった信長に対抗することはできない。ところが本能寺の変により、失地回復と勢力拡大の機会を得た北条氏は、上野国回復と甲信制圧に乗り出すことにした。

この時、徳川家康は上洛しており、その生死さえ不明だった。結局、家康は伊賀越えによって三河国に帰り着くことになるが、武田遺領争奪戦で後手に回ったのは否めない。

六月五日、三河国の岡崎に帰国した家康は、まず甲斐国南部の穴山梅雪《ばいせつ》領の接収に乗り出す。というのも梅雪は家康に同行していたが、家康と別ルートで帰国しようとしていた途次、野盗に襲われて落命していたからだ。

この時の家康は、まだ畿内の信長弔い合戦に参入し、織田家中に対しての発言力を強めようとしていた。

だが家康は次善の策として織田家の同盟者として甲信の地を守り抜く、ないしは手に入れようとも考えていた。そのため甲斐府中の河尻秀隆に家臣の本多信俊《のぶとし》を送り、今後の対応策を協議させようとしたが、家康の真意を疑った秀隆によって、信俊は殺される。

六月十七日、北条氏直は武蔵・上野国境の神流川で滝川一益を撃破して上野国を手中に収めると、二十八日には碓氷峠を越えて信濃国侵入を開始した。小諸《こもろ》城を落として拠点とした氏直は、佐久・小県《ちいさがた》・諏訪郡を制圧して川中島地方の平定に取り掛かった。

一方、越後の上杉景勝も北信濃の制圧に乗り出そうとしていた。謙信時代の恩義から、川中島四郡（更級《さらしな》・埴科《はにしな》・水内《みのち》・高井）の国人たちは景勝に忠節を誓い、北条氏に付け入る隙を与えなかった。

それでも氏直は、四万三千の大軍を擁して川中島へと出陣した。だが内応を約束していた海津城主の春日信達《のぶたつ》が景勝によって殺されることで、決め手がなくなる。

一方の景勝も、背後の揚北《あがきた》郡で新発田《しばた》重家が反旗を翻したことで、信濃制圧をあきらめざるを得なくなる。

この頃、家康は本国三河にとどまり、上方の情勢に神経を尖らせていた。畿内への進出か甲信両国の制圧かで家康が判断に迷っている間、信濃戦線を支えていたのは信濃国人の依田《よだ》信蕃《のぶしげ》だった。信蕃は北条方の後方を攪乱し、北条方となっていた国人たちを調略によって寝返らせていた。北条氏が制圧していた佐久郡も信蕃によって混乱し、その支配基盤は揺らいでいた。氏直は信蕃の討伐に心血を注いだが失敗し、逆に北条方となっていた諏訪城の諏訪頼忠《よりただ》が徳川勢の先手衆に包囲されることで、そちらに後詰せねばならなくなった。

北条勢は諏訪城（後の諏訪高島城）を囲んでいた徳川方の先手衆を蹴散らし、甲斐府中方面へと向かう途次にある若神子《わかみこ》北城に布陣し、かつて武田勝頼が本拠としていた新府城に籠もる徳川方と対峙した。

八月八日、家康がわずか八千の兵で新府城に入ったことを知った氏直は、圧倒的に有利な戦力差から、決戦を挑むことにした（先手衆も含めると徳川勢は一万）。

氏直は若神子北城を本陣とし、かつて武田氏やその国人衆が築いた大小の城に兵を配置した。大豆生田《まみようだ》砦・獅子吼《ししく》城・旭山砦・谷戸《やと》城・大坪砦・中丸砦・長坂氏館《ながさかしやかた》・中尾塁などだ。

対する家康は新府城に本陣を置き、その北方の能見《のうけん》城・堂ヶ坂《どうがさか》砦・日ノ出砦・白山《はくさん》城・中山砦に兵を配した。

先に仕掛けたのは北条方だった。同月十二日、北条氏勝・氏忠率いる別働隊が、甲斐国南方の御坂《みさか》城を下りて黒駒《くろこま》まで進出した。家康の背後を遮断し、挟撃態勢を布こうというのだ。

だがこの別働隊は、逆に徳川家別働隊の奇襲を受けて大敗を喫する。これにより徳川方の士気は天を衝くばかりになり、同月二十八日には最前線の大豆生田砦を落とし、北条方を圧迫し始めた。

北条方不利の知らせは、遠く信濃で上杉景勝の南下を抑えていた真田昌幸の耳にも届き、依田信蕃の調略に昌幸が乗る形で、家康傘下へと寝返った。これにより逆包囲された氏直は和議を申し入れ、家康に甲斐・信濃両国を明け渡すことになる。

家康勝利の要因は、信長存命中から甲信の地の国人衆を手なずけていたことに尽きる。また、どんなに苦しい状況に追い込まれても、依田信蕃が粘り強く戦ったことが挙げられる。

この戦いの結果、武田氏旧臣は徳川家中に重きを成し、やがて彼らが家康天下取りの原動力となっていく。

一方、用兵と戦闘能力で意外にもろい一面を見せてしまった北条氏は、後に甘く見られて豊臣軍に攻め込まれ、なすところなく滅亡への道をひた走ることになる。明暗を分けるとは、このことを言うのだろう。

若神子城の構造的特徴

天正壬午の乱の舞台の一つとなった若神子城は、甲斐源氏の祖とされた新羅三郎こと源義光（八幡太郎義家の末弟）が居館を構えた地とされる。この地は信濃国の諏訪・佐久方面へと続く街道を押さえる要衝にあたり、その伝承にもうなずける。

信玄も信濃国に出陣する際には、行きと帰りで幾度となく若神子城を宿営地としているが、その頃には、若神子の北西の八ヶ岳南麓を通る棒道、北の須玉川沿いにある佐久往還、北東の塩川沿いに付けられた穂坂路《ほさかみち》があり、まさに甲斐と信濃を結ぶ交通の要衝となっていた。

この城は八ヶ岳南麓の尾根が半島状に突き出した三つの台地の先端部に築かれており、それぞれ深さ五十〜六十メートルの谷を経由しないと行き来ができないので、一城別郭と考えてよい。そのため北から、北城《きたじょう》、古城《こじょう》、南城《みなみじょう》と呼ばれていた。

中央の古城が新羅三郎の館とされ、『甲斐国志』に大城という名で登場する北城が、天正壬午の乱における北条氏直の本陣になったという。

古城は比高六十メートルの台地先端部に築かれ、北を除く三方が急崖となっているため、北側に堀切を入れるだけで要害性が高まる。ここでは掘削途中で放棄された障子堀や、北側に古道として使われていた堀切が発掘されており、この城が天正壬午の乱の際に大規模な改変を加えられた可能性を示唆している。なお古城は開墾などで遺構の破壊が激しく、当時の縄張りは摑みにくい。

三城の中で最大の面積を持つ北城は、小さな渓谷を隔てて古城の北側の尾根上にあり、比高五十メートルの台地上に築かれている。古城同様、北を除く三方が急崖に囲まれているので防御性は高い。こちらも遺構の破壊は進んでいるが、北の堀切が確認でき、南北四百メートルにわたって遺構が散在している。北城は北と西に土塁、空堀、竪堀を配して堅固な造りとしているので、佐久往還や背後の尾根筋を通ってくる敵を想定しているのは明らかだろう。なお北城は「須玉ふるさと公園」となっており、「つるべ式狼煙台」が復元されている。

最後に南城だが、こちらは比高五十メートルほどの尾根先端部に築かれている。この尾根は南西から続いてきており、古城との間は狭い谷となっている。こちらも土砂採取によって遺構は破壊されているが、過去の記録によると、空堀で隔てられた南北二つの曲輪を中心に、複数の腰曲輪、帯曲輪、竪堀などがあったという。

運命の分岐点

本能寺の変に端を発した徳川・北条両軍による武田遺領争奪戦・天正壬午の乱は、黒駒合戦での徳川方の勝利を境にして、一気に形勢が徳川方に傾き、結果的に家康は、甲信二国を領有することになった。

運命の分岐点は、氏直が家康との決戦を志向したことに尽きるだろう。それまで徳川家とは親密な関係を保ってきた北条家である。まず家康に甲斐一国と信濃南部（木曽郡・伊那郡）の領有を認めることで背後の憂いをなくし、上杉景勝との決戦を優先すべきだった。

四万三千の大軍をもってすれば、さほどの要害ではない海津城を落とすことは容易であり、犀川を境として上杉勢と対峙し、新発田氏をはじめとする揚北衆に景勝の背後を牽制してもらい、川中島四郡の制圧に乗り出すべきだった。

この時、信長の天下統一事業に手を貸していた家康率いる三河武士団は、士気が高い上に経験豊富だったが、上杉勢は御館の乱や新発田重家の離反によって国内が疲弊しており、北条氏が全力を投入すれば、上杉氏を攻め滅ぼすのは、さほど難しいことではなかっただろう。

強敵にあたらず弱敵にあたるのは戦の基本だ。それを忘れて南に進んだことが、北条氏にとって墓穴を掘ることにつながり、その後の真田昌幸による沼田領割譲問題、そして名胡桃城事件を招いてしまったことは否めない事実だろう。

天正壬午の乱における北条氏は、一つの判断ミスが負の連鎖を呼び起こし、その亀裂が次第に広がり、手の施しようがなくなってしまった典型例と言えよう。

第九章

長野県

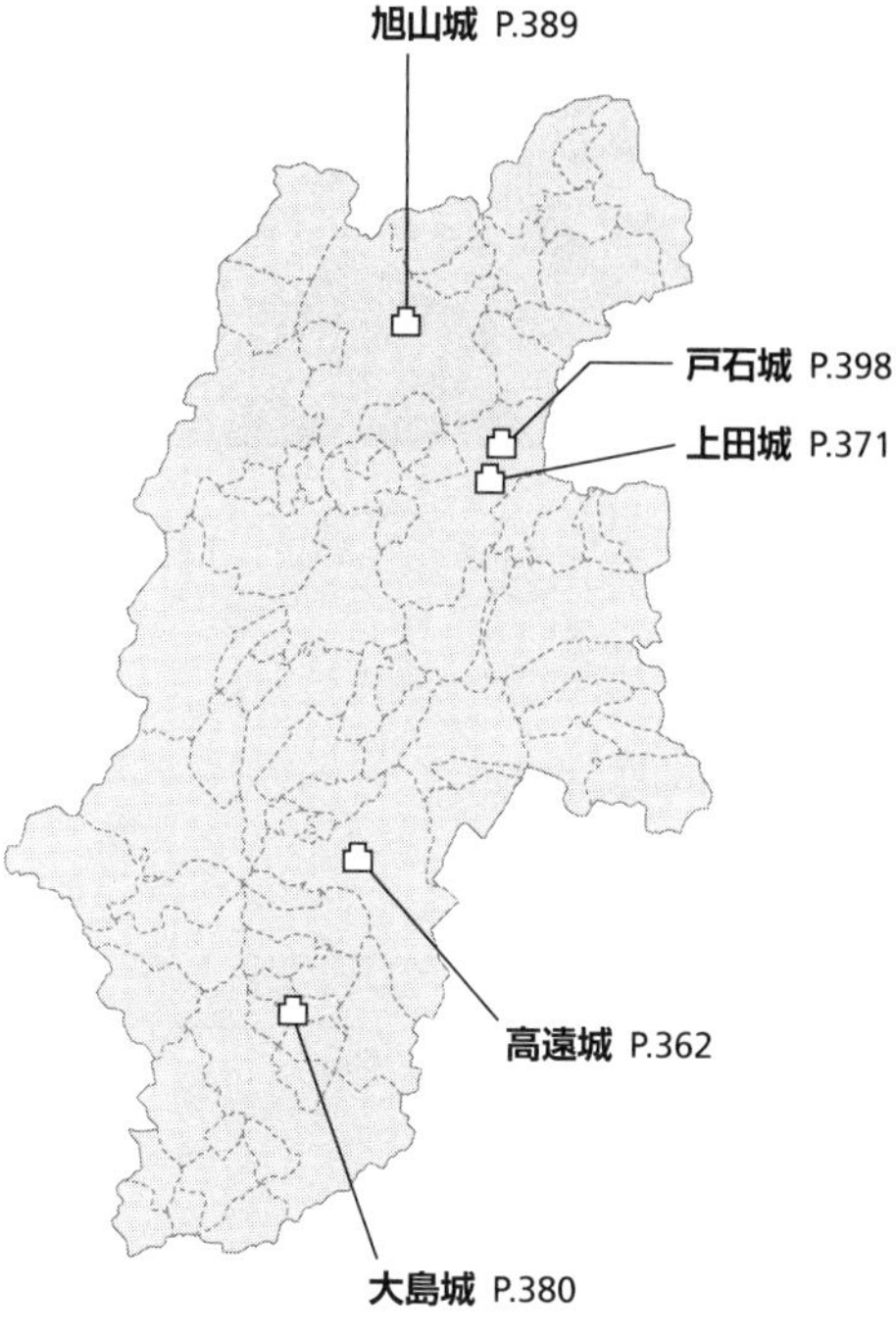

高遠城

絶対防衛圏の城

所在地	長野県伊那市高遠町
城郭構造	梯郭式平山城
築城主	不明
築城年	不明
主な城主	高遠氏、秋山氏、武田氏、仁科氏
廃城年	明治5年（1872年）
遺構	石垣、土塁、空堀
アクセス	伊那市駅からバスで「高遠駅」下車、徒歩15分

撤退戦略の重要性

太平洋戦争末期、大日本帝国は本土防衛のために必要な領域を定め、そこだけは死守する方針を立てた。これが絶対防衛圏（国防圏）だ。

だが大本営は、絶対防衛圏を死守する戦略も覚悟も持ち合わせておらず、ソロモン諸島やラバウルのように、その外側に位置する島嶼《とうしょ》でも、占領している地すべてを守り抜くという方針を維持した。そのため消耗戦に陥り、やがて絶対防衛圏を守る気力も国力も奪われていくことになる。

それをさかのぼること三百六十年ほど前、同じ状況に陥り、滅亡していった戦国大名がいた。甲州武田氏だ。

大本営の話はさておくとして、戦国時代でもドクトリン（政治・外交・軍事における基本原則）や戦略がいかに大切かを、武田氏の滅亡は教えてくれる。とくに撤退戦略は重要だ。

撤退戦略とは、例えばＡという城を失ったら、Ｂという城も捨て、Ｃという川の線まで引くといったことだ。これを事前に決めておくことで、敵の攻勢を最小の損害で防げ、その後の挽回策も迅速に行える。

武田氏の隣国の北条氏では、大軍の侵攻を受けた際、近隣の城に農民を保護・収容した上、拠点城に兵力を集中し、籠城態勢を布くといったことを行っていた。

北条氏は、永禄四年（一五六一）の上杉謙信、永禄十二年（一五六九）の武田信玄の侵攻を受けた際、領国を放棄するかのように小田原城まで撤退し、籠城戦を完遂した。そのため両者が撤退した後の立ち直りは早かった。

だが武田氏最後の当主勝頼には、撤退戦略など頭の片隅にもなかったに違いない。

戦国最強の侍大将

私は、武田勝頼こそ戦国時代最強の侍大将だと思っている。勝頼は元服した十七歳の時から当主を継いだ二十八歳まで、信玄の息子でありながら一人の侍大将として戦場を行き来し、赫々《かくかく》たる武功を挙げてきた。

信玄生前の書状にも、「例式四郎、左《さ》馬助《まのすけ》聊爾《りょうじ》故、無紋《むもん》に城に攻め上り候、まことに恐怖候の処《ところ》、不思議に乗り崩し（後略）」とある。これは永禄十二年（一五六九）、北条方の駿河国の蒲原《かんばら》城を攻略した際に書かれたもので、「いつものように勝頼と左馬助信豊《のぶとよ》（勝頼の従兄弟）は考えがないから、無謀に城に攻め寄せてひやひやしていたが、不思議と城を攻略できた」という意味だ。

また『甲陽軍鑑』は勝頼を「強すぎたる大将」と呼び、勝頼の側近・安倍宗貞《むねさだ》は、「ただ強すぎて今明年《こんみょうねん》の内に討死なさるべきかと存ずる」と案じ、勝頼の謀臣《ぼうしん》・長坂釣閑斎《ながさかちょうかんさい》は、「勝頼様の武辺形儀《ぶへんかたぎ》は信玄公よりも謙信公に似ている」とまで言っている。

軍記物には、勝頼自ら槍を取って戦ったという記載さえある。

だが、いかに勇猛果敢な武将でも、統治者すなわち大名に向いているとは限らない。しかも信玄の四男にすぎなかった勝頼は、幼い頃に信濃国の諏訪氏に養子入りさせられ、幼少年時に信玄の薫陶《くんとう》を受けていないのだ。

ところが、信玄と折り合いの悪かった長男義信が自害を強要され、次男は失明し、三男は早世《そうせい》という不幸が重なり、四男で妾腹《しょうふく》の勝頼に家督が回ってきた。

元亀四年（一五七三）、信玄が上洛戦の途上で病没する。これにより勝頼が家督を継いだが、それまで同格の地位にいた勝頼に、山県昌景、馬場信春、内藤昌秀《まさひで》といった宿老たちは容易に従おうとしない。彼らは勝頼の側近たちに武田氏の主導権を奪われたくなかったのだ。それゆえ勝頼は実績を積み上げ、当主としての権威を確立せねばならない立場に追い込まれた。

こうしたことから勝頼は積極的な領国拡張策を取り、天正二年（一五七四）一月、東美濃への侵攻を開始し、瞬く間に信長の所有する十八城を攻略すると、同年五月には遠江国の要衝・高天神城を降伏開城させた。その後も徳川領を荒らしまくり、家康を滅亡寸前にまで追い込むものの、天正三年（一五七五）、織田・徳川連合軍を相手にして戦った長篠の戦いで大敗を喫し、それまでの優勢が嘘のように劣勢に陥る。

しかし戦国大名としての手腕が問われるのは、ここからなのだ。

高遠城の地理・歴史・構造

武田氏の絶対防衛圏にある信州伊那谷には、国人土豪の城が多くある。その中で信玄は、飯田、大島、高遠の三城を拠点城に取り立て、大規模な改修を施した。

遠江国からの侵入経路となる三州街道が通っている伊那谷は、その西隣の木曽谷と並び、武田氏の絶対防衛圏（甲斐・信濃・駿河三国）の西の外縁部にあたっており、とくに高遠城は最重要拠点となっていた。

高遠城から北に行けば杖突《つえつき》峠を越えて諏訪に、西に行けば上伊那を経て木曽に、南下すれば大鹿村《おおしかむら》に、さらに半里ほど西の上伊那に出てから南下すれば、三州街道を使って遠江国に行ける。すなわち高遠は交通の要衝であり、武田氏としては死守しなければならない城だった。

天文十年（一五四一）、信濃国人の高遠頼継《よりつぐ》の本拠として、高遠城は歴史の表舞台に登場する。頼継は武田信玄と手を組んで本家の諏訪氏を滅ぼしたが、諏訪領の分配をめぐって信玄と対立して没落させられる。高遠城を手に入れた信玄は、伊那谷支配の拠点城に取り立てた。

永禄五年（一五六二）、諏訪氏の名跡を継いだ勝頼が城主として入城する。この時、軍師の山本勘助が大幅な改修を施したとされる。

元亀二年（一五七一）、勝頼は世継ぎとして甲府に呼び戻され、高遠城には信玄の弟の信廉《のぶかど》が入る。さらに天正九年（一五八一）、信廉が大島城に転出することで、最後の城主として仁科盛信が入城した。

本丸と二の丸の間の空堀。この空堀は幅約15m、深さ約17mとかなりの大きさで、法面は40度と急勾配である。

その縄張りだが、高遠城は天竜川水系の三《み》峰《ぶ》川《がわ》と藤沢川の合流点に築かれており、三峰川に面した段丘の先端に本丸を置き、それを守るように、東に二の丸、北東に三の丸、北西に勘介曲輪（勘助ではなく勘介）、そして搦手にあたる南に、小規模な南曲輪と法幢院《ほうどういん》曲輪を配した梯郭式となっている。

河川の合流点によく城が築かれるのは、二本の川の河川交通を掌握できるのと、二面から三面が「後ろ堅固」になるので、残る一面の防御力を高めるだけで、少ない守備兵力でも籠城戦が行えるからだ。高遠城もこのセオリーに則った占地がなされている。

絶対防衛圏を守れなかった勝頼

長篠の戦いで敗れた後、勝頼はいかなる戦略を取るべきだったのか。

まず考えるべきは、戦線や占領地の拡大ではなく、絶対防衛圏の堅持であろう。長篠の戦い後でも、勝頼には北条氏という頼れる同盟国が東方にあり、西方の守りを固めて防衛戦に徹すれば、織田・徳川連合軍の圧力に耐えることもできたはずだ。

しかも天正六年（一五七八）、越後の上杉謙信が死去することで、北方の脅威が取り除かれた。だが北条家四代当主・氏政の弟にあたる三郎景虎が、謙信の後継者候補として同じ立場の景勝と対峙しているので、越後に侵攻することはできない。

この時、氏政は佐竹義重と鬼怒川《きぬがわ》を挟んで対峙しており、身動きが取れなかった。そのため妹婿の勝頼に越後に進駐してもらい、景勝を駆逐し、景虎を当主の座に就けてほしいという依頼をした。

これに喜んだ勝頼は越後に進駐するが、景虎を支援するどころか、景勝に買収されて景虎と断交する。実は信玄の上洛作戦などで多額の戦費を使ったためか、勝頼の代に入ってから、武田家の財政は悪化の一途をたどっていたのだ。

当初、氏政は勝頼に翻意《ほんい》を促していたが、天正七年（一五七九）、景勝との後継者争いに敗れた景虎が自刃《じじん》することで、勝頼と氏政も手切れとなる。これで勝頼は北方の上杉景勝を除き、周囲は敵ばかりとなってしまった。

こうした閉塞感を打破すべく勝頼は上野国に乱入し、北条領国を荒らしまくった。だが、国力が衰微しつつあるこの時、領国を広げるのは得策ではない。案の定、手薄になった遠江国の高天神城が孤立し、天正九年（一五八一）に壮絶な落城を遂げる。高天神城は再三にわたって勝頼に後詰要請をしていたが、勝頼はそれを無視して籠城衆を見殺しにしたのだ。これにより勝頼の信用は失墜する。

では、勝頼はどうすべきだったのか。

長篠の戦いの直後、高天神城への兵站線を維持する諏訪原城が落とされた時点で、遠江国から全面撤退し、大井川以西の城は放棄すべきだったのだ。

長篠の戦いから七年後の天正十年（一五八二）、織田・徳川・北条連合軍の武田領侵攻作戦が始まる。騎虎の勢いで三州街道を北上する織田軍三万を前にして、伊那谷の飯田城と大島城は戦わずして放棄され、戦の帰趨は高遠城での攻防戦次第になってきた。

だが仁科盛信に率いられた高遠籠城衆は三千にすぎない。そこで勝頼は一万の軍勢を率いて新府城を出陣し、諏訪に陣を布いた。迅速に兵を進めれば、高遠城まで一日半から二日の距離だ。ところが突然、勝頼は信州放棄を決定する。宿老の一人の穴山梅雪の裏切りで駿河戦線が崩壊し、甲斐本国が危うくなったからだ。

敗勢に陥れば兵は逃げ散る。勝頼が新府城に戻った時、付き従う兵は一千ほどになっていた。逃げるしか手がなくなった勝頼は、甲斐国東部で織田軍に追いつかれ、天目山麓田野の地で自刃する。ここに武田氏は滅亡した。

勝頼の敗因は、絶対防衛圏を設定しなかったことにある。諏訪原城失陥後、遠江国から撤退し、甲斐・信濃・駿河三国を死守する方針に転じていれば、兵力の温存が図れ、信用も失墜しなかったはずだ。その一方、絶対防衛圏内の要衝・高遠城は死守するという覚悟があれば、兵が四散することもなかったに違いない。

勝頼にはドクトリン（政治・外交・軍事における基本原則）がなく、その場その場の思いつきで決断を下していた。それが滅亡の坂を転がり落ちる原因となったことを、彼は死ぬまで気づかなかったのだ。

織田信長が本能寺に斃れるのは、武田家が滅亡してから三カ月後のことだった。

上田城

稀代の策士・真田昌幸が築いた城

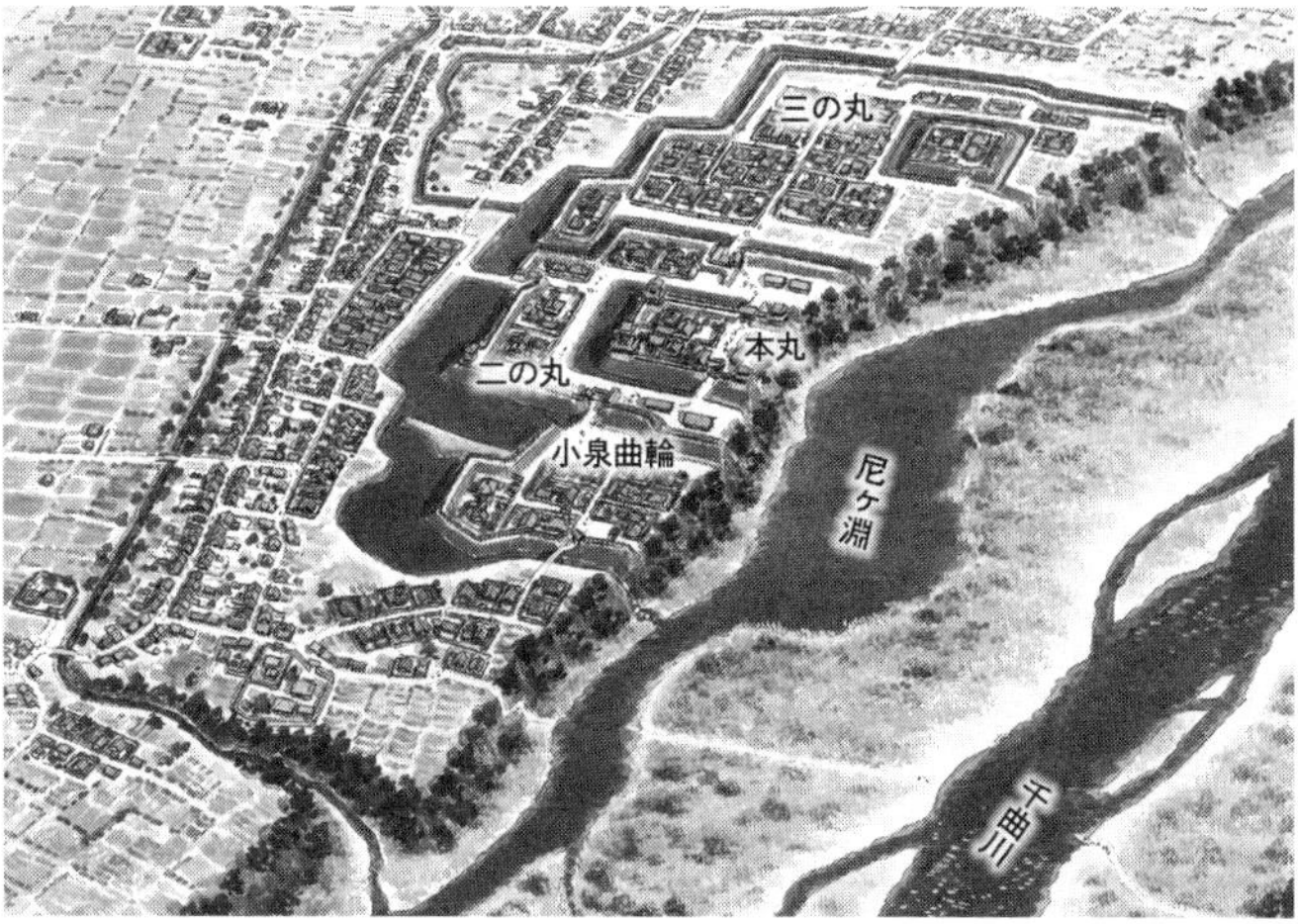

所在地	長野県上田市二の丸（上田城跡公園）
城郭構造	梯郭式平城
築城主	真田昌幸
築城年	天正11年（1583年）
主な城主	真田氏、仙石氏、松平氏
廃城年	明治7年（1874年）
遺構	櫓、石垣、土塁、堀
アクセス	上田駅から徒歩10分

神算鬼謀の人

武田信玄の最もよき弟子といえば、敵方にあってその戦法をよく学び、また武田氏滅亡後、多くの旧臣を召し抱えて信玄の教えを継承した徳川家康だろう。だが信玄の直弟子といえば、まず真田昌幸の名が浮かぶ。

古代から信濃に土着した海野氏の流れを汲む真田氏は、天文年間（一五三二～一五五五）半ば、当主幸綱の時に武田氏に臣従して以後、武田氏の滅亡まで忠節を尽くした。

昌幸は幸綱の三男として天文十六年（一五四七）に生まれた。兄が二人いたため家督を継ぐ可能性が低く、人質同然に信玄の許に預けられる。だが少年時代から優秀だったらしく、甲斐の名族・武藤氏に養子入りさせられ、武藤喜兵衛と名乗った。信玄の奥近習衆の一人として日々、信玄の謦咳《けいがい》に接した昌幸は、その知識を吸収していく。

信玄の死後、昌幸は後継となった勝頼の腹心となるが、天正三年（一五七五）の長篠の戦いで兄二人が討ち死にを遂げることで、真田家の家督を継ぐ。

その後、勝頼の上州侵攻作戦でも活躍し、実力で切り取った吾妻領と沼田領を勝頼から与えられている。これにより昌幸は、本拠の信州上田平から鳥居峠を越えて上州に入り、吾妻街道沿いに岩櫃・沼田両城まで所有することになる。その後も勝頼の信頼は厚く、新府城の築城の際も普請奉行に任命されている。

ところが天正十年（一五八二）、織田・徳川連合軍の武田領への侵攻が始まる。昌幸は本拠に戻り、織田方の攻撃を待つ形になるが、本能寺の変によって九死に一生を得るや、徳川・北条・上杉といった巨大勢力の間で臣従と離反を繰り返し、生き残りに成功する。

真田領は、信州上田領三万八千石に自力で切り取った上州の吾妻領と沼田領二万七千石を足しても、六万五千石にしかならないが、巨大勢力がぶつかり合う戦国時代後半戦を、昌幸は調略と駆け引きを武器にして生き残っていく。

そうした最中の天正十一年（一五八三）、徳川傘下となった昌幸は上田城の構築を開始する。この地は尼ケ《あまが》淵《ふち》（海士淵）と呼ばれ、かつて小泉氏という国人の小さな居館城があったが、昌幸は「守り戦」に適した地だと見抜き、城を築くことにした。

この時、敵対する上杉方の北信国衆が、上田城の北西三キロメートルの位置にある虚空蔵山《こくうぞうやま》に集結しており、緊張の高まる中での築城となった。

当初、昌幸は上田城を本拠にするつもりはなく、あくまで上杉方の押さえとする境目の城として築いた。そのため徳川方の全面的な支援を受けて築城されたという説や、実は真田氏の城ではなく、徳川方の北信濃侵攻部隊を収容する城だったという説まである。

城の構造については後述するが、いかに昌幸の地選が慧眼《けいがん》だったかは、後に証明される。

第一次・第二次上田合戦

徳川・北条間で争われた武田遺領争奪戦「天正壬午の乱」も終息し、両者の間で国分けが行われた。この時、徳川傘下だった真田氏は、徳川・北条両氏の「甲斐・信濃両国は徳川領、上野国は北条領」という和睦条件の煽りを食らい、家康から吾妻・沼田領を北条氏に差し出すよう命じられる。むろん家康からは同等の石高の所領を信州で与えると約束された。

だが昌幸は家康を信じておらず、吾妻・沼田領を明け渡さない。家康が何度も催促する間、徳川傘下を脱することにした昌幸は、ひそかに上杉景勝と通じ、さらに中央の豊臣秀吉にも使者を送って誼を通じようとした。これに気づいた家康は怒り、第一次上田合戦（神川《かんがわ》合戦）が勃発する。

昌幸は後に秀吉から「表裏比興《ひきょう》の者」と呼ばれるように、信義に欠ける人物だったという評価もあるが、当時の国人が自領から分離されれば、瞬く間に勢力の弱体化を招く。それを考えれば、替地を承諾しなかったのは至極当然だった。

天正十三年（一五八五）閏《うるう》八月、家康は七千の大軍を信州上田に送るが、昌幸の奇策に翻弄され、わずか二千の真田勢の前に完敗する。

以下は『真田軍記』や『加沢記』といった軍記物の記述になるが、昌幸は迎撃部隊を二手に分け、自らは上田城に腰を据え、長男の信之に五百の兵を率いさせて砥《と》石《いし》城に配した。

攻め寄せてきた徳川勢を上田城から出撃した部隊が神川の畔で迎撃するが、すぐに撤退を始める。つられて渡河前進する徳川勢を、昌幸は二の丸まで引き入れて反撃に転じると、信之の部隊に横撃させて散々に打ち破った。

この時、敗走する徳川勢の多くが神川の濁流《だくりゅう》にのみ込まれて命を落としたという。結局、徳川方はこの戦いで二千もの死傷者を出してしまう。おそらく戦力差から来る油断と、周辺地形を十分に調べていなかったのが敗因だろう。

昌幸の築いた当時の上田城は本丸と二の丸しかなかったので、まさに捨て身の戦法を取ったわけだが、城に引き付けて反転逆襲に転じるところなどは、後に大坂の陣で活躍する次男信繁に引き継がれていく戦法でもある。なぜこうした捨て身の戦法が取れたのだろうか。実は、昌幸は上田城の放棄も視野に入れていたのだ。

上田平の背後には、砥石城、伊勢崎城、矢沢城といった支城群で作られた防衛線があり、さらに真田谷を経て真田氏館、真田山城、松尾城といった後背地の城郭群も控えている。それゆえ上田城を失っても、山間の地に敵を引き込み、山城群を拠点にして山戦（ゲリラ戦）を展開することで、敵兵力の漸減を企図していたのだ。最悪の場合には吾妻街道を通って上州に後退し、捲土重来《けんどちょうらい》を期することも考えていたに違いない。

幸いにして、緒戦で徳川方が崩れてくれたおかげで上田城を守りきれたが、昌幸が敗勢に陥った際のシナリオも練っていたのは、その城郭配置を見れば歴然だろう。

家康は再度の攻撃に備えて援軍を送ろうとするが、天正十三年（一五八五）十一月、秀吉の調略によって股肱《ここう》の老臣・石川数正が秀吉の許に走り、真田攻めどころではなくなった。

すでに同年十月、昌幸は豊臣家の寄子大名となっており、家康が真田氏を攻撃することは、秀吉との対決を意味する。

結局、翌天正十四年（一五八六）二月、家康も秀吉に臣従した。これを知った北条氏も豊臣政権への臣従を決定し、臣従する条件として吾妻・沼田領の全面返還を秀吉に訴え、その裁定を仰いだ。そこで秀吉は三分の二を北条領とし、利根川以西の名胡桃領を昌幸のものとした。

北条氏もこれを了承し、上州戦線は安定したかと思えたのも束の間、北条方の沼田城将の猪俣邦憲が名胡桃城を乗っ取ることで、天正十八年（一五九〇）、小田原合戦が勃発する。

結局、昌幸の思惑通りに北条氏は滅び、真田氏は豊臣政権下でも重きを成すようになる。

豊臣大名となった昌幸は、天正十八年から慶長二年（一五九七）頃にかけて上田城の大改修を実施する。これは上田城を織豊系城郭へと変貌させた大規模な普請・作事だったと言われるが、記録が欠落しており、その内容は全く分からない。

ただし秀吉の許可がなければ使用できなかった菊・桐紋を金箔瓦に使用していたことは遺物から判明しており、真田氏が豊臣大名化を果たしたことを証明している。

この頃の上田城の詳細は、武田氏研究の泰斗である平山優氏の『真田信之　父の知略に勝った決断力』（PHP新書）に詳しい。

ところが秀吉が没することで家康が天下取りへと動き出し、慶長五年（一六〇〇）、関ヶ原の戦いが勃発する。この時、西軍に付いた昌幸は、東山道を西上する徳川秀忠率いる三万五千の大軍を上田城で迎え撃つ。第二次上田合戦である。この時は小競り合いだけだったが、わずか二千五百の兵で大軍に立ち向かおうとした昌幸の度胸は並ではない。

しかし関ヶ原で西軍が敗れたため、昌幸と次男の信繁は紀州九度山《くどやま》に配流となり、上田城は東軍に付いた長男信之のものとなる。その後、真田氏は松代に移封され、代わって仙谷《せんごく》氏が入るが、その後は大きな事件もなく幕末を迎える。

上田城の構造と見どころ

第一次上田合戦で徳川勢を撃退したことから「難攻不落」というイメージを抱かれがちな上田城だが、縄張り自体はさほど技巧が凝らされたものではない。真田昌幸の築城時は本丸と二の丸だけの構造で、慶長期の大改修でも三の丸と惣構が増設されたにすぎない。今われわれが見ている上田城は、真田信之が松代に移封された後に入部した仙石氏が、創築と言ってもいいほど手を入れたものだ。

上田城のある上田平は千曲川水運と北国街道を同時に掌握できる要衝の地であり、北の矢出《やで》沢川《さわがわ》と南の千曲川の作り出す河岸段丘上のこの城は、最奥部の南が最も高所になり、すぐに切り立った崖になっているという「後ろ堅固」の理想的な立地にあった。

仙谷氏の上田城は、最も高所となる南端に築かれた本丸の北側前面に二の丸を、本丸と二の丸の東方に三の丸を、また西側の搦手に小泉曲輪を配し、それぞれの間に水堀を回すことで、本丸を中心にして同心円を描くような曲輪配置になっている。種別としては梯郭式平城だが、三の丸と小泉曲輪がつながっていないので、厳密な意味では梯郭式配置とは呼べない。

この城の東側は台地続きなので、一見脆弱に思われるが、そこも蛭沢《ひるさわ》川や泥湿地が広がり、容易には兵を展開できないようになっていた。

本丸は土塁に囲繞されており、仙谷氏の時代は七つの隅櫓と二つの櫓門が立っていたというので、防御性は高かったと思われる。

明治維新で廃城後、このうちの二基の櫓は上田遊郭に払い下げられ、昭和まで使われていた。それが幸いし、二基の櫓は城内に移築復元されている。内部には遊郭で使用された際に、ほぞ穴を変更した痕跡などが残っている。

またこの城に行った際には、千曲川河畔の尼ヶ淵に下りて石垣も見てほしい。これは千曲川の氾濫によって城が削り取られてしまうのを防ぐために積まれた護岸用の石垣だが、何度にもわたって積まれた痕跡が残り、その苦労のほどがしのばれる。

　さらに上田平一帯を車で走り回っていただくと、昌幸が単体としての城ではなく、上田平全体を城と見立て、敵を迎え撃つ構想だったことが分かってくる。

　いずれにしても真田昌幸という男は才人だった。幼い頃から信玄の薫陶を受けられたという幸運はあるものの、それを完全に消化し、さらに発展させた手腕には敬服する。そして、その知識と経験は息子の信繁に引き継がれ、「日本《ひのもと》一の兵《つわもの》」の名を青史に刻むことになる。

大島城

武田家の伊那谷防衛線を担った城

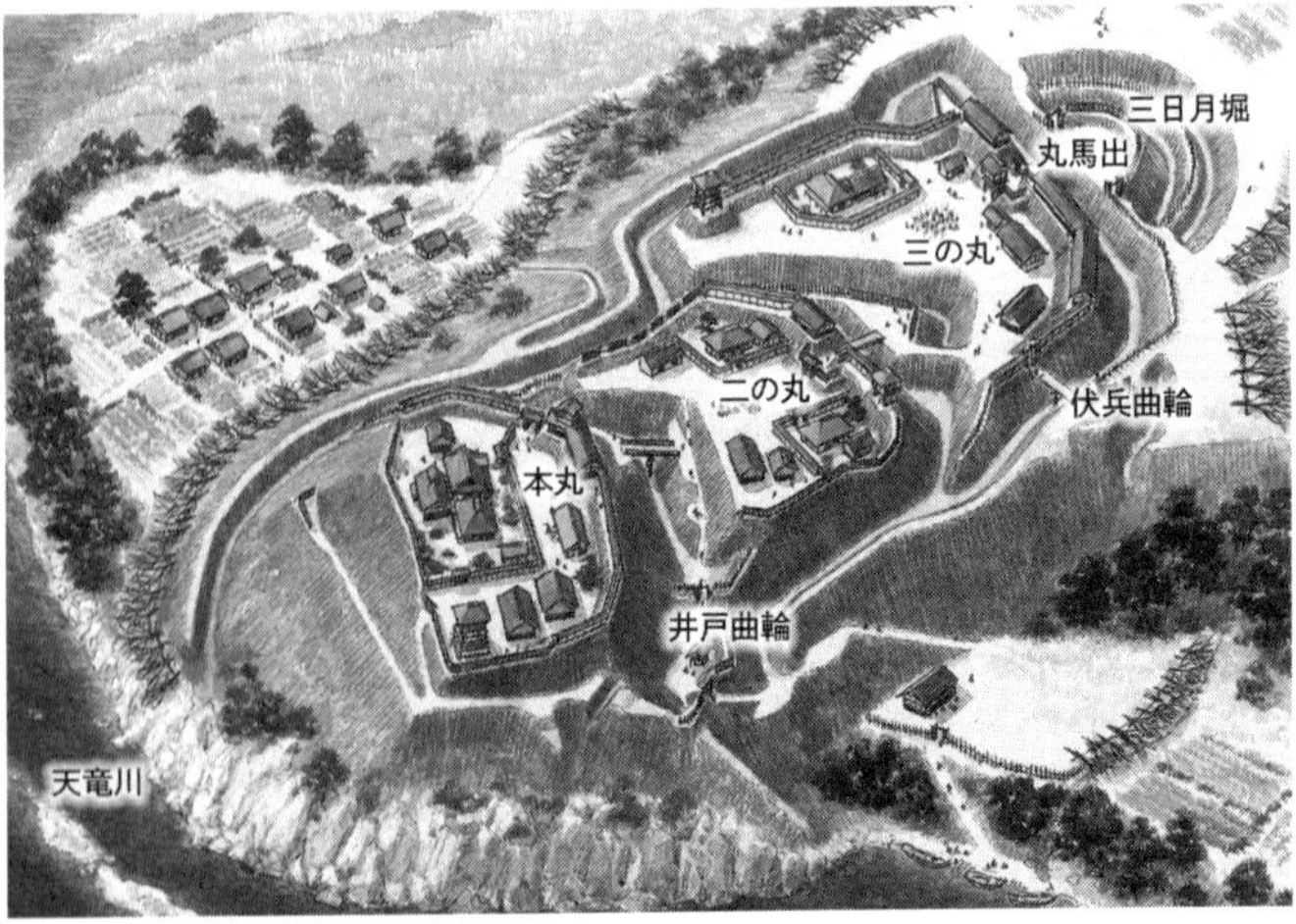

所在地	長野県下伊那郡松川町元大島（台城公園）
城郭構造	連郭式平山城
築城主	大島氏
築城年	不明
主な城主	大島氏、武田氏
廃城年	天正10年（1582年）
遺構	土塁、曲輪、堀、馬出
アクセス	山吹駅から徒歩30分

大島城の立地

大島城のある南信濃の地形を大雑把に記すと、信濃国の中央付近にある諏訪湖を起点とし、伊那谷（長さ八十キロメートル）が南に延び、木曽谷（長さ六十キロメートル）が南西に延びて、それぞれ遠江国と美濃国に至る。伊那谷と甲斐国の間には赤石《あかいし》山脈が、伊那谷と木曽谷の間には木曽山脈が連なっている。つまり南信濃を領有する者は、この二つの谷を攻め上ってくる敵を、いかに拘束し、いかに撃退するかを念頭に置いた防御構想を考えておかねばならない。とくに伊那谷は、幅が五～十キロメートルと広い上に天竜川が中央を貫通しているため、木曽谷に比べて防御は困難な地形となる。

その伊那谷のほぼ中央付近に位置する大島城は、天竜川の右岸つまり西側に築かれている。さらにその西には三州街道が天竜川と並行して走っているため、平時の大島城は、天竜川の舟運と三州街道の陸上輸送の双方を管制する役割を担っていた。

天竜川には、いくつもの河岸段丘が折り重なるように連なっているが、大島城のある古町段《ふるまちだん》丘《きゅう》の最南端は、半島のように川に飛び出しており、天竜川の流路まで変えてしまっている。これが大島という地名の由来となるわけだが、城を築くには「後ろ堅固」の理想的な地形と言えるだろう。すなわち城の東側は天竜川なので攻撃される心配がなく、南北も大半は氾濫原や湿原なので、攻撃を受けるとしたら西側の台地続きだけとなる。さらに川の中に突出している地形のため、最高所からは南西十キロメートルほどにある飯田城付近まで見渡せる。

大島城の歴史

元々大島城は、この地域に根を張る国人・大島（大嶋）氏の支城の一つだった。この時の大島城は現在の本丸だけだったとされるが、大島氏の支城という位置付けからすれば当然だろう。そこに侵攻してきたのが武田信玄である。

天文二十三年（一五五四）、信濃国領有を目指す武田信玄が伊那谷への侵攻を開始する。その時に降伏してきた大島氏からこの城を取り上げた信玄は、日向玄徳斎宗英《ひなたげんとくさいそうえい》を物主《ものぬし》（城代）として入れた。

信玄の構想は伊那谷を二分割し、上伊那は高遠城、下伊那は飯田城を統治拠点にすることだ。大島城は飯田城に近いので、その支城的位置付けだろう。この時、二の丸とその前衛の丸馬出が造られた。

元亀二年（一五七一）、信玄は西上作戦をにらんで、伊那郡代の秋山虎繁に大島城の拡張を命じる。これにより現在見られる大島城が完成する。

信玄は大島城を三河侵攻および西上作戦の策源地として、また織田・徳川連合軍に対して劣勢に陥った場合の防御拠点としても考えていたのだろう。そして、その心配は的中することになる。

天正十年（一五八二）一月、木曽谷を所領とする木曽義昌が武田方から離反したのを契機として、織田信長の武田領侵攻作戦が始まった。

織田勢が伊那谷を北上してくるのは確実なので、当主の武田勝頼は、国境の滝沢要害に下条信氏を、松尾城に小笠原信嶺《のぶみね》を、飯田城に保科や坂西《ばんざい》ら伊那国人衆を配し、さらに大島城を伊那谷防衛の要とし、信玄の弟の逍遥軒信綱《しょうようけんしんこう》（武田信廉《のぶかど》）らを加勢として入れた。これにより大島城は、総兵力一千で織田勢を迎え撃つことになった。

勝頼としては、大島城が敵を拘束している間に後詰勢を送り、一気に退勢を挽回しようとしていたに違いない。

しかし二月初旬、伊那谷に侵攻を始めた織田勢の前に、大島城以南の武田方諸城は戦わずして降伏開城し、十七日には敵が大島城に迫ってきた。

大島城の前衛となっていた飯田城が一戦も交えず降伏開城したのは、籠城兵たちに不安をもたらした。まず外曲輪に避難していた地下人《じげにん》（農民ら非戦闘員）一千人が建物に火を放って逃げ出した。

籠城戦における自焼は降伏時の作法であり、これによって追撃の矛先を弱めようという意図がある。ただ地下人たちを非難してばかりもいられない。大島城の外曲輪は、三の丸の前面にあたる天神平と呼ばれる一帯になると思われ、敵の来襲時、ここは真っ先に攻撃を受ける。これでは逃げ出さない方がおかしい。

城兵たちが外曲輪の鎮火で走り回っている間、逍遥軒がひそかに城から脱出する。おそらく落城が確実となったので、玄徳斎が逍遥軒を逃がしたのだろう。だがこれを知った城兵は慌てふためき、われ先にと逃げ出した。最後には籠城戦の遂行が困難となった玄徳斎も城を後にし、大島城は戦わずして織田方の手に落ちた。

このドミノ倒しのような現象の発端となった地下人たちの逃走について、平山優氏はその著書『武田氏滅亡』（KADOKAWA）の中で、領民たちは常々「武田氏が課した重税や、賞罰の不公平などを不満としていた」と記しているが、勝頼の諏訪大社造営事業や新府城の築城が、領民たちに相当の負担を強いていたのだろう。この後も武田領の農民たちは織田勢に協力的である。これは幕末の会津戦争における会津領の領民たちと同じで、平時の善政がいかに大切かを教えてくれている。

かくして大島城を無血で接収した織田勢は北上を続け、高遠城を落城に追い込み、その勢いで武田氏を滅亡させた。仮にだが、大島城で織田方に相応の出血を強いていれば、高遠城も善戦できたはずで、勝頼が逃走する時間を稼げたはずだ。

その後、信長の国割によって伊那郡を拝領した毛利秀頼が大島城に入ったが、武田氏滅亡後に勃発した本能寺の変に際し、秀頼は全軍を率いて上洛の途に就き、そのまま廃城になった。

丸馬出の防御構想

城にとって最大の弱点が城の出入口にあたる虎口なのはご存じの通りだが、人の出入りや物資の搬入のためだけだったら、堀には木橋を、土塁には梯子を掛けて通行すればよいし、虎口を造っておいても、戦時にはふさげばよいだろう。だがそうしないのは、城には迅速な兵の出し入れが必要だからだ。つまり城の虎口は、逆襲と退却（収容）のために必須の施設なのだ。

全く逆襲せずに籠城戦を貫徹するためには、城外の味方から後詰勢を派遣してもらわねばならない。だが何らかの事情で派遣されてこない場合もある。その時は自力で寄手（包囲軍）を撃退することになる。そのためには、まとまった兵力を一気に放出する必要がある。その一方、寄手を撤退させるほどの損害を与えられなかった場合、迅速に味方を撤収させねばならない。

つまり虎口には、侵入阻止・出撃・収容という矛盾した目的を実現するために必要な機能が求められる。その矛盾を解消した施設が桝形や馬出なのだ。

桝形とは土塁などで三方を囲んだ方形空間のことで、馬出とは虎口前面に設けられた区画のことだ。原則として虎口との間に堀が横たわっているため、背後には橋がある。

馬出の利点は多い。まず馬出は虎口前の堀の対岸に設けられるので、馬出が制圧されても、城方は城内から集中砲火を浴びせられる。また馬出は城門を隠しているので、寄手に逆襲のタイミングを摑ませない上、左右後方が開いている構造なので、どちらから城方が突出してくるか寄手に覚らせない効果もある。このように馬出は、侵入阻止・出撃・収容の三点を満たす理想的な虎口前施設なのだ。

とくに武田氏は丸馬出を好み、多くの城に築いているが、その中でも大島城の巨大丸馬出と三日月堀は、馬出というものの機能の優位性を堂々と主張しているかのようだ。

大島城の構造と防御構想

大島城が三期に分かれた築城の歴史を持つことはすでに述べたが、当然のことながら、それぞれの普請が一つの城として完結している。

本丸は、二の丸との間を隔てる大堀切から分かるように独立性が高く、それだけで一つの城になっている。

当初、本丸だけだった大島城は、その後、二の丸とその前衛の不整形の馬出、さらに三の丸とその前衛の丸馬出と増築されていくわけだが、こうした拡張は、武田氏の支配下に置かれて守備兵の増員が可能になったことのほかにも理由がある。

すなわちこの城は、本丸部分を除いた二の丸や三の丸が地続きの西方よりも低いという弱みがあるので、それをカバーするために城域を拡張し、丸馬出や三日月堀で防御力を高めねばならなかったのだ。その結果、強靭な多重防御構造を持つ大島城が生まれた。

とくに三の丸前面の丸馬出と三日月堀で寄手を防ぎながら、その北に設けられた伏兵曲輪から突出した逆襲部隊によって寄手を撃退するという方法は、武田氏ならではの積極的な防御思想の表れであろう。

ここで注目してほしいのは、三の丸前の丸馬出が台地の中心点からずれていることだ。つまり北の方が南よりも丸馬出の火力密度が低く、兵の展開がしやすくなっている。そうなれば寄手は戦いながら自然と北に寄っていく。その時、頃合いを見て伏兵曲輪から逆襲部隊が飛び出せば、敵は混乱に陥る。それに乗じて丸馬出から別の逆襲部隊が出撃することで、敵を撃退するという防御構想なのだ。

寄手が多大な犠牲を払いつつ丸馬出か伏兵曲輪を制圧しても、今度は三の丸からの攻撃に晒されて立ち往生せざるを得ない。それでも三の丸を制圧し、二の丸を攻撃しようとすると、今度はその前面にある不整形の馬出から攻撃される。仮にそれを制圧しても、今度は二の丸から猛射を受けるわけだ。これが多重防御構造である。

何とか二の丸まで制圧できたとしても、今度は眼前に大堀切が出現する。この堀切の傾斜は緩やかだが、上辺部の幅は優に五十メートルはあり、深さも十五〜二十メートルはある。この大堀切を越えて本丸を攻略するとなると、相当の出血を覚悟せねばならない。

また城の北にある天竜川の船着場から侵入することも可能だが、井戸曲輪を経て到達するのは本丸と二の丸の間の大堀切なので、そこで双方からの攻撃に晒される。

隙を見せるようにしてキルゾーンに誘導し、寄手に大きな損害を与えるという防御法は伏兵曲輪と同じだ。こうした「肉を切らせて骨を断つ」防御構造は、武田氏の城ではよく見られる。

大島城は、味方の後詰がなくても自力で敵を撃退できる強靭な構造を持つ城だった。

旭山城

川中島合戦の鍵を握った巨大山城

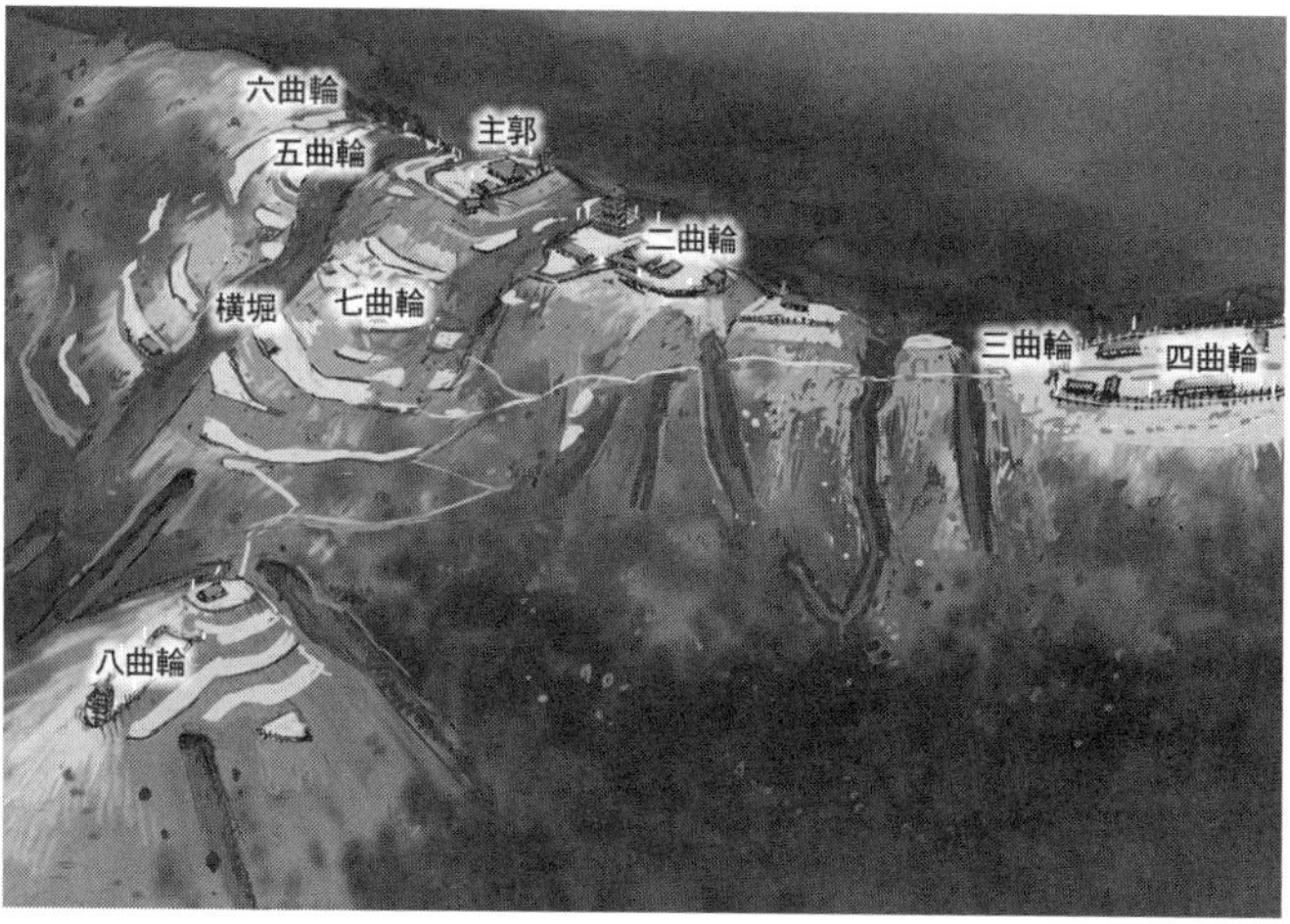

所在地	長野県長野市平柴
城郭構造	山城
築城主	栗田氏、武田氏
築城年	天文年間（1532～1555年）
主な城主	栗田氏、武田氏
廃城年	永禄年間（1558～1570年）
遺構	曲輪、堀切、竪堀、土塁など
アクセス	長野駅から徒歩60分

旭山城の位置

川中島合戦とは、北信濃の善光寺平（現・長野盆地）から川中島八幡原周辺を舞台にして、戦国時代を代表する大名の武田信玄と上杉謙信がつごう五回にわたってぶつかり合った合戦の総称だ。とくに第四次合戦は戦国時代を象徴する大激戦として名を残した。

川中島は信濃国の北部に広がる善光寺平の南側に広がる沖積平野で、厳密には西から東に流れる犀川の南、南から北に流れる千曲川の西の一帯を指す。

この地には関東と越後国を結ぶ北国街道と、松本から善光寺につながる善光寺往還の分岐点があることから人の行き来が多く、善光寺の前には大規模な門前町もあった。

川中島を取り巻く山地には多くの城が築かれていた。これらの城の大半は、この周辺に所領を持つ国人の詰城として築かれたものだ。とくに千曲川右岸の北東部の山地は、まさに城の密集地帯となっていた。この地は古くから小国人が共存共栄してきた一帯で、それぞれが小さいながらも城を築き、猫の額《ひたい》のような所領を守ってきた。第四次合戦で謙信が布陣した妻女山《さいじょさん》も、こうした城の一つだ。

一方、千曲川の対岸にあたる北西部にも城郭群がある。この一帯は、戸隠山系から続く尾根筋が善光寺のすぐ背後まで迫ってきており、多くの城が尾根先端部に築かれている。その中の一つが旭山城だ。

この城は、善光寺のある長野市街地の西に屹立《きつりつ》する旭山の山頂付近から中腹にかけて、多くの曲輪が築かれた典型的山城だ。旭山は標高七百七十八メートル、比高三百六十メートルもあり、長野市街のどこからでも、その山容を見ることができる。

一方、旭山城から裾花川《すそばながわ》の造る渓谷を隔てた北方一・八キロメートルには、上杉方の葛山城が築かれている。この城の南には頼朝山《よりともやま》城が、その背後には大峰《おおみね》城や桝形城があり、まさに旭山城と対峙する形になっている。

第二次川中島合戦

川中島合戦は五回にわたって行われたが、第四次は野戦、第五次はにらみ合いで終わったため、城郭の絡む戦いは第一次から第三次までとなる。

ただし第四次に次ぐ激戦を展開したと言われる第一次が行われた頃は、上杉勢が川中島を越えて東信地方から中信地方に容易に侵攻できたことから、川中島北西部の武田方城郭群はなかったのではないかとされている。

一方、第二次と第三次では、城が大いにかかわってくる。

天文二十四年（一五五五）、それまで上杉方だった善光寺別当の栗田鶴寿《つるひさ》が、信玄の調略に応じて武田方となった。『妙法寺記』によると、この時、信玄は三千の部隊に弓八百張《はり》と鉄砲三百挺を持たせ、栗田氏の詰城の旭山城に急行させたという。

これに対して謙信は善光寺の東に隣接する台地上にある横山城に着陣し、「向城」の築城を命じた。これが葛山城である。すでに記したように葛山城は、裾花川を隔てて旭山城と対峙するような位置にある。

謙信は旭山城と葛山城が互いに牽制し合って動きが取れないようにした上で、川中島一帯から武田勢を掃討しようとしていた。

これを聞いた信玄は、木曽谷攻めを中途で切り上げて川中島に急行すると、犀川の南を流れる支流の小島川の畔にある大堀館《おおぼりやかた》に入り、犀川の線で上杉勢を押しとどめようとした。

この時、武田方の小屋（旭山城と想定されている）に上杉方の内通者が放火しようとしたが、事前に見つかって未遂に終わっている。

結局、両軍共に決め手を欠き、対峙は二百日に及んだ。そうなると双方共に厭戦気分が漂い、兵糧も乏しくなる。そのため信玄は、駿河の今川義元に和睦の斡旋《あっせん》を依頼した。

義元の仲介により、双方は和睦条件を話し合うことになった。その結果、「国境を犀川とし、犀川以北の国衆を還住《げんじゅう》させる」「武田方の旭山城を破却する」という条件で和睦が成立した。

信玄は旭山城を破却した上、川中島一帯を放棄することになったが、言うまでもなく、この状態を長く続けるつもりはない。

ただし「旭山城の破却」については、上杉方立ち合いの下で行われたのか、虎口や石積みの崩壊が見られる。つまり信玄はこの条件を履行したようだ。

城破りは形式的なものから徹底したものまで様々だが、とくに虎口の破壊や復旧が困難な石垣の隅角部の破壊が多い。虎口を破壊すると復元が難しく、石垣の隅角部の破壊は石垣自体の作り直しを余儀なくされる。

旭山城の場合も、そうした部分的破壊によって上杉方の検視役に納得してもらったようだ。

第三次川中島合戦

弘治元年（一五五五）に今川義元の仲介で和睦した武田・上杉両氏だったが、平穏な日々は長くは続かない。和睦した直後から、信玄は水面下で川中島周辺の国人たちへの調略や一族内部の分裂工作を始めていたからだ。

一方、上杉家中では重臣層の内部抗争が激しくなり、これに嫌気が差した謙信は隠居を宣言して高野山へと向かう。最終的には重臣たちの説得によって戻ってきたものの、家中は二分され、重臣の大熊氏が離反するなどの混乱を招いた。

この間、信玄は上杉方の葛山城を守る落合一族の分裂を図り、一方から内応の約束を取り付けると、弘治三年（一五五七）二月、旭山城の向城にあたる葛山城に猛攻を掛け、落城に追い込んだ。この戦いで上杉方の籠城衆はほぼ全滅した。これにより川中島の情勢は一変し、孤立を恐れた上杉方国人は、所領を捨てて北へ北へと退避を始める。

この一報を受けた謙信は四月、善光寺まで進出して武田方を犀川以南に追いやると、旭山城を奪取し、城として使用できるまで復旧させた。しかしその後、大規模な衝突は起こらず、双方は城や要害を取り合った末、九月になって謙信の方から撤収することになる。

結果的に信玄が川中島一帯を守り切った形になるが、それを覆すべく謙信主導で行われたのが第四次合戦となる。だがその戦いも含め、以後、旭山城も葛山城も歴史の表舞台に登場することはなかった。

旭山城の概要と縄張り

旭山城のある旭山は、西方の戸隠山系から見ればほぼ東端にあたり、尾根先端部が裾花川に向かって突き出た位置にある。山頂からは、北の葛山城、東の長野市街、さらに南の川中島一帯まで見渡せ、絶好の地選だったと分かる。

旭山は深い鞍部《あんぶ》によって尾根続きの南西にある富士ノ塔山と隔てられているため、独立した山のように見える。つまり西方や南方の深山から攻められる可能性は低い。

それでも用心深い信玄は、富士ノ塔山に砦を築いて背後を固めている。

また裾花川に面している北方は、巨石が連なる急斜面となっており、登攀など考えようもない。しかも川面から山頂までの比高は四百メートルにも達し、登るだけで命がけだ。

善光寺を見下ろす形になる東側も、北側とさして変わらず急峻なので心配は要らない。

結局、この城の攻め口は大手道となっている東南方向だけになる。しかしそこは信玄も心得たもので、ルート上に大黒《おおぐろ》城と小《こ》柴見《しばみ》城という二つの出城を築いている。

この大手道は、いったん南西側に迂回し、朝日山観音堂という寺院を経て大手口に達している。つまり観音堂も前衛の砦となる。

城の中核部がある旭山の山頂部は、東西に細長い形状をしており、西側が高く東側が低い。この西側部分に広い平場があったため、ここを主郭とし、東に下るように曲輪を配していったのだろう。

主郭は東西五十メートル、南北四十メートルほどの楕円形に近い曲輪で、四囲に低い土塁がめぐっている。さらに主郭の西面には櫓台とおぼしき土壇があり、櫓が設けられていたと思われる。主郭周辺には石が散乱しており、城破りの痕跡が残る。

主郭に至る大手道は複雑に屈曲させられており、常に上方から管制されている。こうした細部にもこだわるのが武田の城だ。

主郭東側には深さ七メートル、幅十五メートルの堀切が設けられ、その向かい側に二曲輪がある。この堀切に土橋は残るが、主郭の虎口は土塁によってふさがれているので、戦時には主郭の土塁上に梯子を掛けて行き来していたのだろう。

二曲輪から東に向かって連なるように三曲輪と四曲輪があり、ここから東は急激な痩せ尾根となっている。そのため曲輪らしい曲輪はなく、堀切や竪堀がいくつか配されているだけだ。

主郭の北西部には、深さ八メートル、幅十七メートル、長さ百メートル超の巨大な堀切が尾根を遮断している。この堀切は西から南にかけて弓状にめぐっており、横堀のように見える。

この横堀は塹壕《ざんごう》のように使う予定だったという説がある。つまり城兵を横一列に並ばせ、大手道をやってくる敵に向かって銃撃するつもりでいたのだ（信玄が三百挺の鉄砲を城に入れたのを思い出してほしい）。こうした塹壕に見立てた山城の横堀は丸子城や高天神城でも見られるが、鉄砲を多数そろえられる財力と、よく訓練された兵を擁する武田氏だからこそだ。城は地形に合わせて縄張りをプランするだけでなく、自軍の持てる力を勘案することも重要だ。

この横堀の周囲には帯曲輪や腰曲輪が段状に連なり、切岸によって登攀を困難にさせている。これらの曲輪も石積みの痕跡が残り、主郭の南にある七曲輪などは、石垣がほぼ完存している。

さらに南西端には小曲輪が段状に連なり、鞍部を隔てて八曲輪と呼ばれる多少広い曲輪が配されて城域は終わる。

また主郭の北方にも五曲輪と六曲輪があるが、こちらも多くの竪堀が落とされ、防備の厳重さは北西部に劣らない。

傾斜が急峻な山の場合、いくつもの曲輪を重層的に配置するのが基本だが、この城も狭小な段曲輪をいくつも連ね、それを堀切・竪堀・横堀といったパーツで補強し、防御力を高めている。また石積みを使って切岸の崩落を防いでいるのも特徴で、これは信玄が、中長期的にわたってこの城を使い続けるつもりでいたことの証左になろう。

旭山城は「上杉方をこれ以上、南へ侵攻させない」ことを戦略目標として築かれた山城であり、現に謙信は旭山城完成後、自由に東信や中信地域に進むことができなくなっている。

城というのは、確固たる戦略の中で初めて役割を果たす。それを証明している城の一つが旭山城なのだ。

戸石城

真田家の強さの一端を担った一城別郭の城

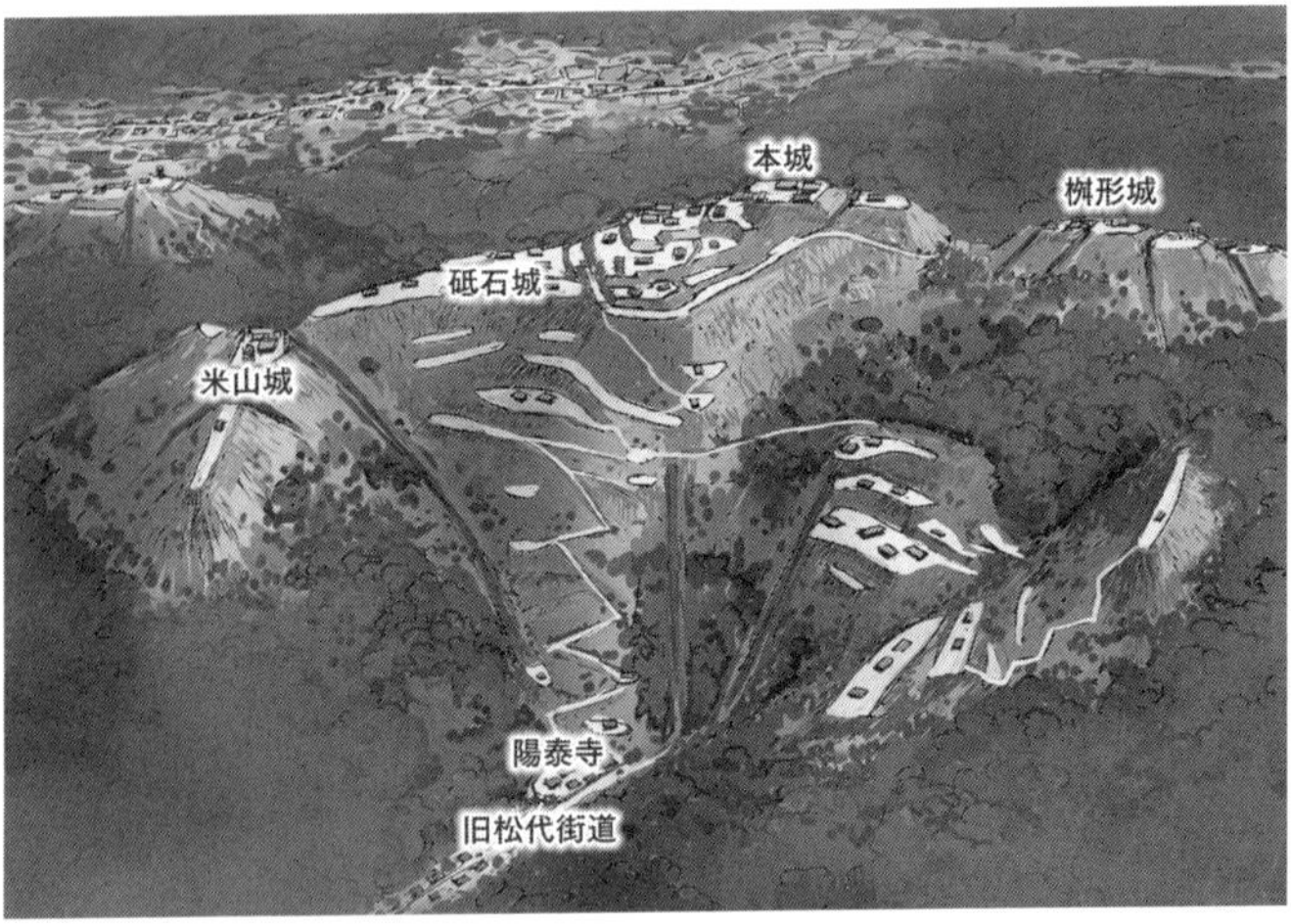

所在地	長野県上田市上野
城郭構造	山城
築城主	村上義清
築城年	不明
主な城主	村上義清、真田幸隆、真田昌幸
廃城年	不明
遺構	郭、石積、土塁、堀切
アクセス	上田駅から「真田」行きバスで「伊勢山」下車

一城別郭とは何か

一城別郭という城郭用語がある。簡単に言うと、「独立性の高い二つ以上の中心を持つ城」のことだが、ネットでは誤用も目立つので、この機会に整理しておきたい。

まず一城別郭は本城と支城の関係とは違う。本城と支城は距離の離れた城どうしで使うが、一城別郭という用語は二つ以上の中心的曲輪が近接している場合に使われる。

また別城一郭という言葉がある（らしい）。これは、二つの城が連携して防御態勢を布いている城に使われることが多い。しかし二つの城は一郭ではないので、極めて混乱を招きやすい用語だろう。

「常山の蛇勢」の構えは、すでに本佐倉城で書いたが、同じような事例として、群馬県高崎市のホームページで、箕輪城と鷹留城について「常山の蛇勢」の故事を挙げて別城一郭と呼んでいる。だが山中城や本佐倉城は、蛇の頭と尾の部分がほぼつながっているか、分断されていても極めて近接しており、五キロメートルも離れている箕輪城と鷹留城の関係とは違う。この二つの城の関係は本城と支城のはずだ。

　では一城別郭の典型例だが、よく挙げられるのが遠州高天神城だ。確かに城の中心部が東峰と西峰に分かれ、双方共にほぼ同等の規模と言える。また双方をつなぐ尾根があり、籠城戦の際には、支援し合うことも不可能ではない。だが一つの城に二つのほぼ同等の中心があり、それぞれ独立性の高い城は、それほどあるわけではない。

それゆえ同じ山や尾根に築かれた城で、本城や中核部と道だけでつながっている砦のようなものも、一城別郭と呼んでいいのではないだろうか。

有名な城で例を挙げると、小谷城、韮山城、臼井城などが、まず思い浮かぶ。これらの城は大規模な中核部と同じ山、ないしは尾根続きの山に複数の砦がある。だがその間に道はあっても曲輪はなく、明らかに別の城と言えるはずだ。

さて今回ご紹介する戸石城は、この一城別郭という概念が複雑に絡み合った城なので、そこを分かりやすく説明していきたいと思う。

戸石城の位置と構造

戸石城は、北方から張り出す太郎山山系の東端の尾根筋が手を伸ばすように南に下っていく位置にあり、付近で唯一、南西の上田平や上田原、北東の真田郷、さらに南方の海野平方面への眺望が開けている場所に築かれている。

また北信濃の交通を管制する位置にあり、北東に行けば鳥居峠を越えて上州へ、北へ行けば地蔵峠を越えて川中島へ、西に行けば上田を経て松本平へ、南東に行けば小諸へと通じている。

すなわち戸石城は北信の交通の要衝に築かれた城と言える。

この城の構成は、北から桝形城、本城、砥石城（戸石城ではない）、そして谷を隔てた西の峰の米山《こめやま》城から成り、複合型山城という呼び方もある。

なお、この城全体の呼び名が戸石城とも砥石城とも言われているが、この城の一つを構成する砥石城（こちらは戸石城とは言わない）があるので極めてややこしい。そこで本書では、城郭群全体を戸石城、戸石城の中にある一つの城を砥石城と呼ぶことにする。

さて、冒頭の一城別郭の話に戻るが、まずこの城の中核部は三城に分類される。中でも本城の規模は突出して大きく、しかも本城は北の桝形城と南の砥石城とは尾根続きなので、一つの城と言えないこともない。だが本城と南北の両城との距離が百メートル以上も離れていること、その間が堀切で分断されていることなどを考えると、桝形・砥石の両城が本城に付随する曲輪とも言い難い。そこで一城別郭となるわけだが、米山城だけは深い谷を隔てた別峰にあるので、出城とか支城と呼んだ方が適切だろう。

また近くの別の尾根筋には、東に飯縄城、西に花見城と柏山《かしやま》城、さらに南東の別の峰には伊勢崎城といった小城があり、こちらは明らかに支城となる。

つまり戸石城は、これらの城や砦を包含した東太郎山城郭群と呼ぶべきものなのだ。

戸石城の周囲の地形は、東側山麓には神川が断崖を成し、その城側を川に並行するよう旧松代街道が走っている。一方、城の西側には矢出沢川や蛇沢川が流れており、いくつかの深い谷を形成している。北側は尾根を伝っていくと東太郎山の山頂へと続いている。米山城を前衛とする南面も、登攀するには峻険なので攻撃は容易でない。つまり戸石城は難攻不落と呼ぶにふさわしい城なのだ。

この城の東山麓の谷間には、幅八メートルもある堀切を伴った内小屋と呼ばれる平場がある。この周辺は、真田昌幸の書状に伊勢山という名で出てきており、天正十一年（一五八三）に昌幸が上田城を築くまでの一時期、ここに居住していたとされる。つまり、この堀切から北が城域と考えていいだろう。

また旧松代街道沿いに南に下ると、戦時には出城機能を担ったはずの陽泰寺《ようたいじ》があり、さらに南には伊勢山の集落がある。この集落を守るように、その東の低い尾根筋に飯縄城と呼ばれる小さな砦が造られている。また集落の南には伊勢山城もある。こうしたことから、旧松代街道沿いに、南から伊勢山集落─陽泰寺─内小屋を経て、街道を外れて西に折れ（「登城ルート」と書かれた看板がある）、本城に至るコースが大手道だと分かる。

攻撃する場合も大手道に沿って攻め上る以外に手はなく、険路なので相応の損害を覚悟しないと攻略は難しかっただろう。

それでは個々の城を見ていこう。

まず北端の桝形城だが、ここからは烏帽子岳西麓の真田郷方面の眺望が開けており、真田本城はもとより、松尾古城や天白城《てんぱくじょう》といった真田氏の支城群まで見渡せる。この桝形城が戸石城の最高所で、標高は八百二十五メートルもある。曲輪は尾根伝いに三つあり、その間は掘り切られている。

桝形城を尾根伝いに百メートルほど下ると本城に至る。本城の背後、すなわち北端は大規模な堀切で仕切られており、北方からの侵入も警戒していたと分かる。ここは複数の帯曲輪が本曲輪を囲むように配されており、この城で最も堅固な構えを有している。

本城の西の守りは、西斜面に造られた福沢出丸と呼ばれる小曲輪が担っており、本城の北側に付けられた堀切を下ると着けるようになっている。この出丸をさらに下ると、西麓の金剛寺集落に出られる。つまり西側からの攻撃にも配慮し、福沢出丸を造っておいたのだろう。

本曲輪に戻り、その南端部を百メートルほど下ると砥石城に着く。こちらは南方を一望でき、物見台の役割を果たしていた。

さらに南西に向かって三百メートルほど尾根道を下っていくと、鞍部を経由して米山城に着く。ここには南北に三段に連なる曲輪があり、砥石城ほどではないが眺望も利く。

戸石城は、旧松代街道すなわち伊勢山集落―陽泰寺―内小屋を守ることを主目的にしていたという説もある。確かに、そのルートを守るための防備は厳重だ。しかし旧松代街道を南から北に攻め上る寄手に対し、山頂の城郭群から攻撃することは容易でないため、必ずしもそうとは言い切れない。桝形城、本城、砥石城から成る山頂城郭群は、戦時の詰城的役割を果たしていたのだろう。

戸石城の歴史

戸石城の築城時期と築城者については不明だが、天文十年（一五四一）の海野平合戦で、村上義清の陣所として初登場し、以後、義清の東信濃への侵略拠点になっていたと思われる。『高白斎記』などの比較的確実な記録に登場するのは、天文十九年（一五五〇）の武田信玄の戸石城攻めの時だ。この時、城を落とせなかった信玄は撤退を始めるが、村上勢の追撃を食らい、殿軍を担った横田備中守をはじめとして多くの戦死者を出してしまった。これが世に言う「戸石崩れ」である。

それでも翌年、『勝山記』に「戸石の城真田乗取」と記されていることから、武田方の手に落ちたと推定できる。すなわち、かつて村上義清によってこの地を追い出され、その後、信玄に仕えるようになった真田幸綱が、何らかの形で城を奪ったに違いない。

結局、戸石城の失陥によって、村上義清は自領の防衛がおぼつかなくなり、二里半ほど北西にある本拠の葛尾城を捨てて越後に落去し、上杉謙信を頼ることになる。それが五度にわたる川中島合戦のきっかけとなった。

問題は、この時の「乗取」という表現だが、当時の使用事例からすると、必ずしも「調略によって戦わずして奪った」とはならず、奇襲でも強襲でも何らかの攻撃を伴っていた可能性が高い。ただしこの時の真田氏の動員兵力からすると、単独でこの城を落とすのは困難だったと思われるので、調略によって奪い取った可能性も否定できない。

だが戸石城が、すぐに真田幸綱に与えられたわけではなく、信玄は城代として重臣の小山田虎満《とらみつ》を入れた。虎満は幸綱の取次（外様家臣に対する寄親・窓口）を務めており、攻略後、幸綱と共に戸石城に入っていた可能性が高い。

その後、戸石城は全く記録に現れなくなるが、いつの頃からか真田昌幸の持ち城となっており、天正十一年（一五八三）に出された昌幸の「伊勢山にいる」という書状に見えるように、上田城築城に際して、拠点として使われていたようだ。

戸石城が歴史の表舞台に登場するのは、第一次・第二次上田合戦である。

第一次合戦とは天正十三年（一五八五）、上州沼田領の引き渡し問題がこじれ、徳川家康が送ってきた軍勢を真田昌幸が撃破した時のことだ。この時、上田城に襲い掛かった徳川勢を、昌幸長男の真田信之率いる機動打撃部隊が横撃するのだが、その時の出撃拠点として戸石城が登場する。

第二次合戦は慶長五年（一六〇〇）で、関ヶ原の戦いの前哨戦の一つとして上田城をめぐる攻防戦が繰り広げられた。この時、徳川方として出陣した信之はいち早く戸石城に入り、父昌幸と弟信繁のいる上田城と対峙した（戦闘には参加していない）。おそらく第一次合戦で戸石城からの横撃が有効だったため、先んじて押さえておいたのだろう。この時、戸石城に真田方の守備兵はいなかった公算が高い。

一城別郭とは便利なようで定義が難しい用語だ。戸石城の場合もそうだが、山城の場合、地形に左右されることが多いので、自然に一城別郭になってしまったケースも多いだろう。

第十章

静岡県

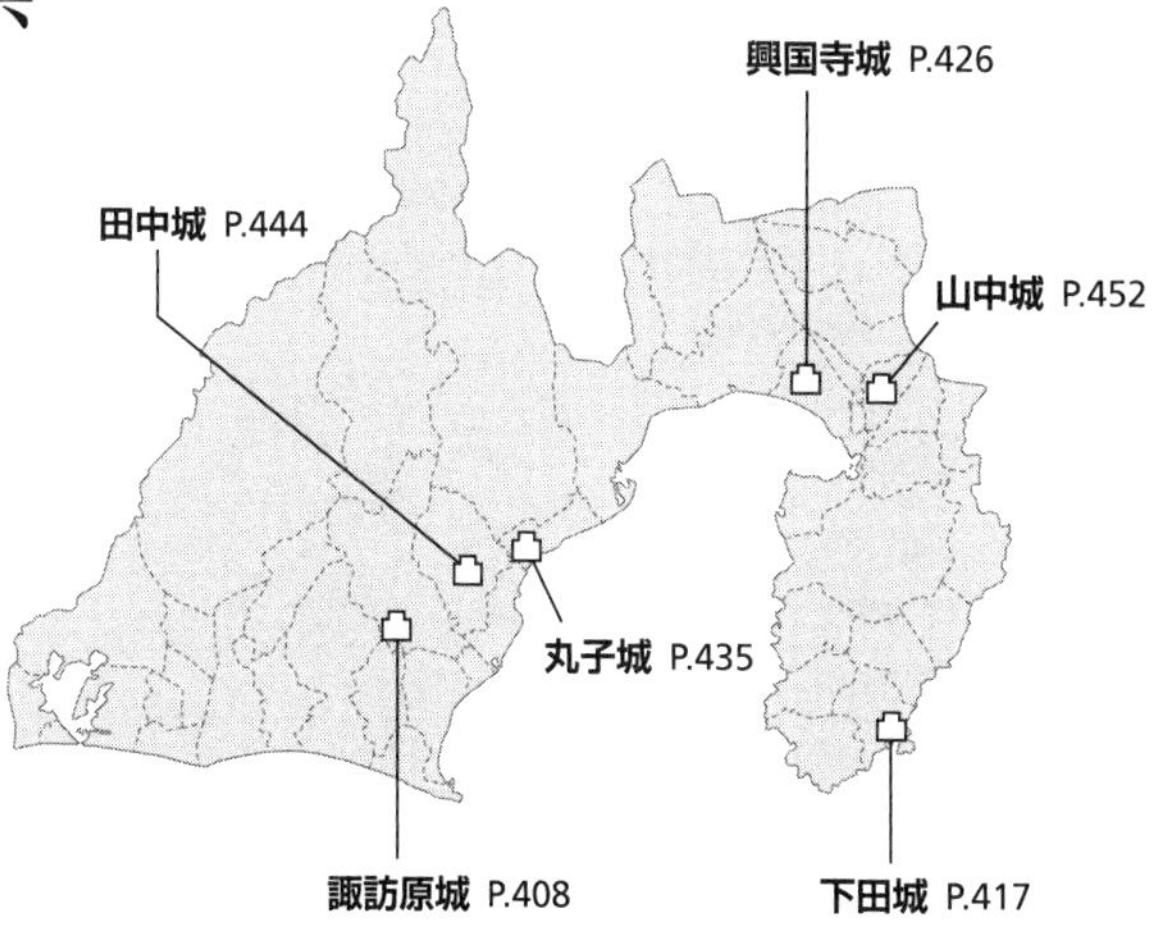

諏訪原城

巨大な丸馬出に隠された盛衰の分岐点

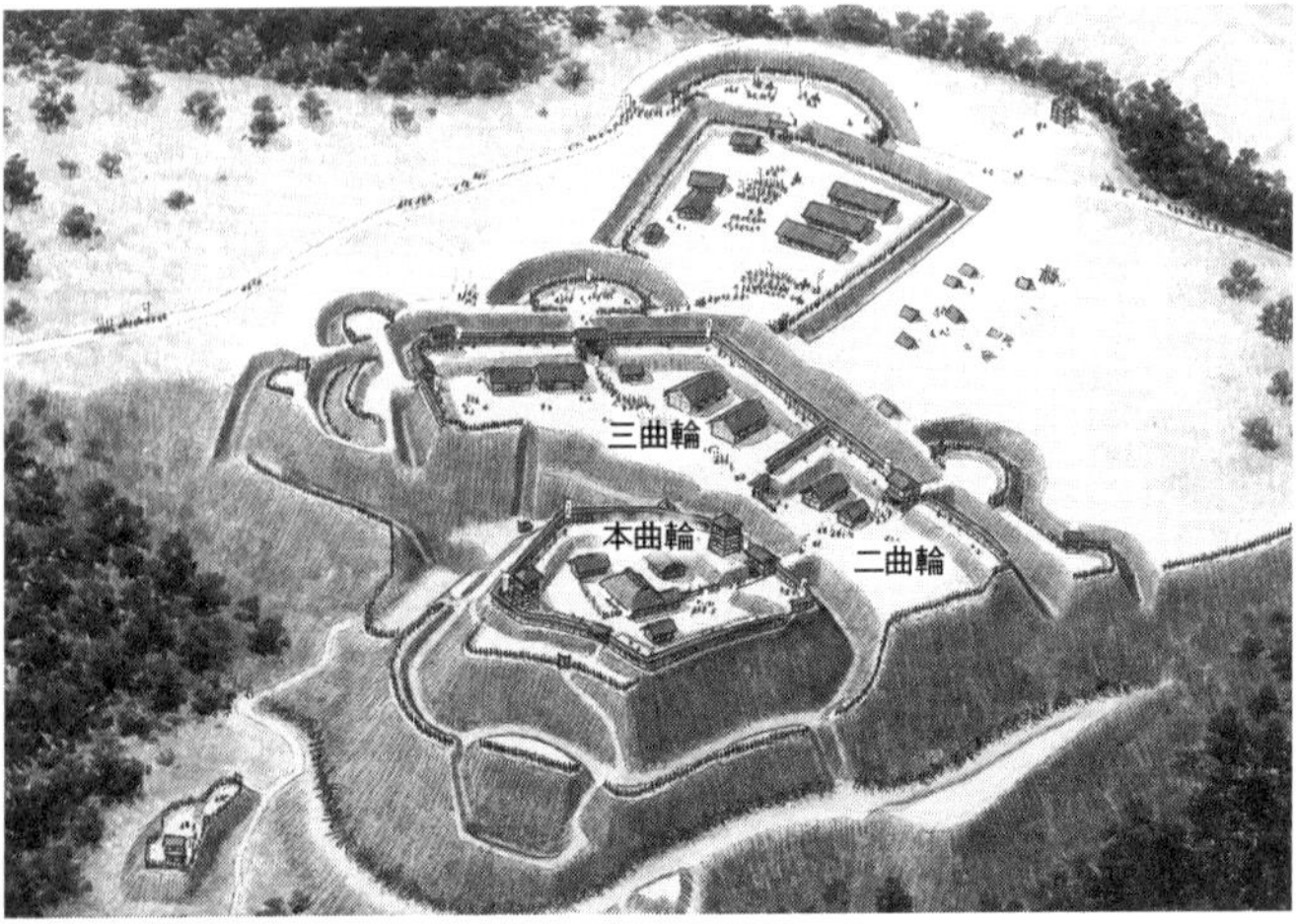

所在地	静岡県島田市菊川
城郭構造	梯郭式山城
築城主	馬場信春?
築城年	天正元年(1573年)
主な城主	今福顕倍、今川氏真、松平家忠など
廃城年	天正18年(1590年)
遺構	土塁、曲輪、堀、馬出、井戸など
アクセス	金谷駅から徒歩20分／ 金谷駅から島田市営のコミュニティバスで「諏訪原城跡」下車

戦国大名とドクトリン

国家には盛衰がある。戦国大名も同じで、勃興期には侵略型ドクトリンを貫けるが、危機に陥った時、防衛型ドクトリンにいち早く転じられるか否かが、血脈と領国を長く保てるかどうかの分岐点になる。

元亀四年（一五七三）四月、武田信玄が没することで武田家を率いることになった勝頼は、侵略型ドクトリンを継承し、徳川領の併呑を目指した。

天正二年（一五七四）二月、まず勝頼は織田方の最前線に位置する苗木《なえぎ》・明知《あけち》両城を攻略すると、飯羽間《いいはざま》、高山《たかやま》、櫛原《くしはら》、神篦《こうの》など十八城を落として東美濃を制圧した。

この作戦には、仮想敵の織田信長を威嚇すると同時に、東山道と飯田街道を遮断し、信長と家康の領国を分断するという目的があった。つまり東美濃制圧作戦は、後の東遠江侵攻の布石だったのだ。そして同年五月、満を持して二万五千の大軍を率いて甲斐を出陣した勝頼は、大井川と天竜川の間にある高天神城に攻め寄せた。

この前年に、高天神城包囲陣の兵站補給のために築かれたのが諏訪原城である。

侵略型ドクトリンを継承しつつも、信玄のような上洛ないしは美濃攻略ではなく、勝頼は徳川領を東から侵食するという現実的な作戦に移行した。その布石が天正元年（一五七三）の諏訪原城の構築であり、その成果が天正二年（一五七四）六月の高天神城の攻略だった。

一方、家康は勝頼の狙いが美濃全土の制圧だと思い込んだ。それゆえ奥三河に兵を集めていたが裏をかかれてしまった。しかも信長は再三にわたる家康の後詰要請に応じてくれず、高天神城は見殺しにされた。

勝頼としては高天神城を足掛かりとして東海道沿いに西上し、懸河《かけがわ》城から浜松城までを攻め取るつもりでいた。だがこの時点で、織田・徳川連合は十四カ国で九万六千に上る兵力を擁し、遠征軍として編制可能な兵力は七万二千に及んでいた。

一方、武田方は甲斐、信濃、駿河、東遠江、西上野、東美濃、それに飛騨二郡を領国とし、総兵力は三万四千。越後の押さえにも兵を割かねばならないので、遠征となれば兵力は二万前後になる。そのため信長を刺激しすぎると、石山本願寺や長島一向一揆征伐を後回しにした上、上杉謙信と結んで甲信の地に攻め入ってくることも考えられた。そのため遠江全土の領国化を目指すという方針を取ったのだ。だが高天神城は武田領国の西に突出しすぎており、また北方にある徳川方の懸河城から兵糧強奪の兵を繰り出されるので、瞬く間に維持が困難になっていった。そのため高天神城への兵站補給を容易にし、懸河城を牽制するという目的のために、諏訪原城の存在意義が高まっていく。

位置と特徴

静岡県島田市菊川にある諏訪原城は、駿河国と遠江国の国境付近に築かれている。両国の間を隔てているのが大井川になる。

駿遠両国を東西に貫く東海道は駿河国の島田と遠江国の金谷の間で大井川を渡っているが、東から行った場合、すぐに標高二百メートルの牧ノ原台地を登らねばならない。つまり東から見た場合、牧ノ原台地が壁のように立ちはだかり、西から見た場合、大井川と駿河国を見下ろす形になる。

諏訪原城は、東海道が牧ノ原台地に上がってすぐの北側の崖際に築かれている。つまり平時は街道管制拠点と兵站補給基地として機能させ、攻撃を受けた際には要害性を生かして時間を稼ぎ、味方の来援を待つという構想の城だと分かる。

ちなみに東海道をさらに西に向かえば、徳川方の拠点城の掛川城（今川氏時代は懸河城）が、また途中で分岐した道を南下すると高天神城に通じている。つまり諏訪原城は、武田方が両城を攻略する際に絶好の位置を占めていた。

しかも諏訪原城は牧ノ原台地が最も狭まった部分に築かれているため、寄手は兵力があっても十分に展開できない。つまり織田・徳川連合軍が攻め寄せてきても、時間を稼ぎやすい地形にあるのだ。

だがこれだけでは、城を守ることはできても敵に痛手を与えることはできない。万が一、味方の後詰が来ない、ないしは遅れた場合、諏訪原城は単独で敵を撃退せねばならなくなる。そのために採用されたのが、複数の巨大な馬出だった（後述）。

諏訪原城は兵站基地としての役割が大だったため、一つひとつの曲輪が大きく取られている。兵站基地には多くの兵員を駐屯させるため、また十分な物資を置くための広いスペースが必要になるからだ。

その縄張りは、牧ノ原台地の先端部を本曲輪とし、その前面に巨大な空堀を掘り、その外側に二曲輪と三曲輪を配するというシンプルなものだ。本曲輪と二曲輪・三曲輪間の内堀も巨大なので（幅二十メートル、深さ十メートル）、奇襲を受けて二曲輪と三曲輪が落とされても、本曲輪だけで籠城できる造りとなっている。

二曲輪と三曲輪は地続きになっており、曲輪の途中まで延びる土塁で仕切られている。同じ高さの曲輪内に土塁を設けるのは、どちらかが落とされても、一方で防御して少しでも時間を稼げるからだ。

二曲輪と三曲輪の外側には、丸馬出が三つと角馬出が二つある。それぞれの馬出の外側には堀が掘られているが、三つの丸馬出の外側は巨大な三日月堀となっている。仮にどこかの馬出（虎口）がピンチに陥っても、隣接する馬出から兵を出撃させて援護するというのが、この城の防御プランだ。

すなわち、すべての馬出を同時攻撃できるほどの大軍でない限り、この防御法は有効なはずだ。仮に寄手が大軍を擁していようと、背後に全軍を展開できる地積がないため、限られた兵力しか城攻めに投入できない。そのため馬出一つを取るために多大な損耗を強いられる。

その後、徳川氏の支配下に入ってからだと思うが、城域を拡大して寄手の展開をさらに困難にすべく、堀と土塁に囲繞された外曲輪が造られ、その前面に丸馬出と三日月堀が設けられた。これでは、寄手の後詰は台地の斜面に展開するしかなくなる。

武田氏から徳川氏に引き継がれても、この城は「寄手に攻撃の余地を与えない」という基本構想の下に築かれている。

虎口を守る工夫

虎口とは曲輪の出入口のことだ。城の曲輪は土塁・堀・切岸といった障害物によって守られているが、そうした防御線に虎口という穴を開けるのは、曲輪への出入りという利便性のために当然のように思える。しかし守ることだけを考えるなら、防御線に穴を開けず、堀に木橋を架け、土塁に梯子を掛け、人員の通行や物資の搬入を行えばよい。また穴を開けるにしても、敵が攻め寄せてくることが確実になった時にはふさいでしまえばよい。

それでも虎口を設けるのは、戦闘時に兵が迅速に出入りできるようにするための出入口が必要だからだ。つまり守りに徹するだけでは、敵を追い払うのは容易でないことの証明になる。

城というのは、虎口での攻防によって落城が決まるケースが多い。それだけ虎口は重要で、侵入阻止・出撃・収容という三要素を最も合理的に満たすための工夫を施さねばならない。

その発展過程を見ると、蔀《しとみ》や「かざし」を使って城内の動きを見せないようにすることに始まり、喰違虎口によって敵の侵入経路を制限する方法、土塁を屈曲させて虎口の左右に横矢を掛ける方法、桝形によってキルゾーンを形成するといった工夫など、様々な防御法が編み出されていった。それらは段階的発展というよりも並行的に発展していった。そうした中でも、その有用性から急速に浸透し、多くの城で採用されたものが馬出だ。

馬出とは虎口から堀を渡った外側の対岸に、土塁や堀で守られた小空間を造り、そこに兵を入れて虎口を守らせるというものだ。また守るだけでなく、寄手が攻勢限界点に達した時、逆襲を仕掛けて積極的に寄手を撃退するという方法も取れる。

しかも左右に出撃口を備えているものが多く、正面から来る敵を左右から出て挟撃することもできるし、敵の攻撃が左右どちらかに偏れば、逆方向の出撃口から突出して敵の側背を突くこともできる。そうした際には馬出の土塁から鉄砲や弓矢で援護できるので、有効な逆襲が可能になる。つまり馬出とは、侵入阻止・出撃・収容という三要素を満たした究極の防御施設なのだ。とくに武田氏は馬出を好んで用いた。武田氏は侵略型ドクトリンを戦術レベルにまで浸透させた結果、巨大馬出という防御施設にたどり着いたのかもしれない。

誤ったドクトリンの犠牲となった城

天正三年（一五七五）五月、長篠の戦いで大敗を喫した武田氏は、各戦線での後退を余儀なくされた。すなわち徳川領遠江への攻勢を取るための拠点として築かれた諏訪原城は、その存在意義を著しく低下させたのだ。

攻勢に転じた徳川勢は二俣城と犬居城を落とすと、諏訪原城へと兵を進めてきた。この時の戦いの詳細は伝わっていないが、八月末には籠城衆が放火した上、自落（放棄）したと伝わる。以後、諏訪原城は徳川氏の城となり、名称も牧野城と改められる。攻守ところを変え、諏訪原城は武田領駿河国侵攻のための策源地となった。その初期には、家康によって駿河国回復を目指す今川氏真が入れられたこともあった。

これにより高天神城は孤立したが、勝頼は新たな補給線を確立した。それが田中―小山《こやま》―滝堺―相良―比木《ひのき》―天ヶ《てんが》谷《たに》と続く駿河湾沿いの諸城による兵站線だ。だがこの兵站線も、家康が高天神城を完全包囲することで存在意義をなくし、天正九年（一五八一）三月、高天神城は落城する。

高天神城の失陥により、武田氏の勢力は遠江国から駆逐され、翌天正十年（一五八二）三月、織田・徳川・北条連合軍の同時侵攻を受け、武田氏は滅亡する。

勝頼の敗因は防衛型ドクトリンに転じられず、最後に残った財力と兵力を上野国攻略に投入し、高天神城を見捨てたことだろう。

もし長篠での大敗後、勝頼がドクトリンを防衛型に変更し、あえて高天神城から籠城衆を撤収させ、大井川の線を守ることに徹していれば、その後も武田氏は命脈を保っていた可能性が高い（武田氏滅亡の三カ月後に本能寺の変が勃発する）。その点からすると、諏訪原城は勝頼の間違ったドクトリンを象徴する城となってしまったのだ。

下田城

太平洋を睥睨する巨大海城

所在地	静岡県下田市
城郭構造	海城
築城主	北条氏
築城年	不明
主な城主	北条氏、清水康英、戸田氏
廃城年	慶長5年（1600年）
遺構	空堀、堀切、障子堀、土塁、曲輪
アクセス	伊豆急下田駅から徒歩20分

戦国時代の水軍と軍船

水城や海城といえば、比較的小さな城をイメージしがちではないだろうか。だがそれは、瀬戸内海に跋扈《ばっこ》していた海賊たちの根城に当てはまることで、太平洋に面した広大な領国を持つ北条氏の海城とは、規模も構造も根本から違ってくる。

そもそも水軍は源平時代からあった。壇ノ浦の戦いで熊野水軍を率いて平家水軍と戦った熊野新宮の別当・湛増《たんぞう》などは、その元祖に近いものだろう。

だが平時の水軍は荘園の作物《なりもの》を輸送したり、漁業に従事して糊口《ここう》を凌いだりしており、合戦に駆り出されることはおろか、海賊働きの機会さえ、さほど多くはなかったはずだ。

ところが海を制することが、様々な意味で勢力争いを有利に運ぶことが分かってきた室町時代初期には、水軍を編制する国人も現れ始めた。

『太平記』を読むと、山陽道は陸路よりも海路で移動することが多くなっていたと分かる。足利尊氏の九州落ちの際にも、少弐頼尚《しょうによりひさ》や大友氏泰《うじやす》といった九州国人が軍船を連ねて兵庫津に駆けつけなかったら、尊氏や弟の直義は討ち死にを遂げ、歴史は変わっていたかもしれない。

その後、戦国時代初期には小早船《こばやぶね》や関船《せきぶね》と呼ばれる快速の軍船が造られ、戦国時代半ばには、巨大な上に武装を強化した安宅船《あたけぶね》が出現する。

同時代に書かれた『菅流船軍秘伝書《かんりゅうせんぐんひでんのしょ》』では「安宅ほど自由で要害もよく、風波にも強いものはない」と絶賛している。まさに「海上の城」とも呼べる安宅船は、攻撃力・防御力・耐波性のどれを取っても最強の軍船だった。

また軍記物の記述だが、毛利・大友などの西国大名はもとより、東国でも武田・北条両氏などは、安宅船を中心に関船や小早船を周囲に配した艦隊を編制するようになっていた。

これにより戦国大名は兵員、武器、兵糧、馬などを迅速に戦場近くまで送れるようになり、その輸送を成功させようとする側と阻止しようという側で、海戦が勃発するようになる。

天正四年（一五七六）と同六年（一五七八）の二度にわたって大坂湾を舞台にして行われた水軍戦などは、その典型だろう。これは石山本願寺に兵糧を入れようとした毛利水軍と、それを阻止しようとする織田水軍の間で行われ、第一戦は毛利水軍が勝ったものの、第二戦は鉄甲船（舷側に鉄板を張りめぐらせた安宅船）を擁した織田水軍（実質的には九鬼《くき》水軍）が勝ち、天下の趨勢《すうせい》が決まった。

北条水軍の戦いと安宅船の大型化

『北条五代記』によると天正九年（一五八一）、北条水軍は駿河湾で武田水軍と戦った。この時、北条方には十隻の安宅船があり、関船しか持たない武田水軍に対して、戦いを優位に進めたという。

ここで言う安宅船は五十挺立ての「小《こ》安宅」と呼ばれる船で、全長は二十二〜二十四メートル、最大幅は五・五〜六・四メートルだった。

元亀四年（一五七三）に信長が琵琶湖に浮かべた百挺立ての安宅船は、長さ五十四・五メートル、幅十二・七メートルもあり、おおよそ倍の大きさになっていた。さらに天正年間後半、長宗我《ちょうそか》部《べ》元親《もとちか》が造った大黒丸という大安宅船は、十八端帆《たんほ》、二百挺櫓《ちょうろ》、大筒《おおづつ》二門という途方もない大きさで（全長や全幅は不明）、北条氏の安宅船の約四倍もあった。

このように安宅船の造船技術、とくに大型化は日進月歩で、それを係留したりメンテナンスしたりするのに見合った規模の城が必要になっていたはずだ。

下田城の話に入る前に、まず北条水軍の歴史を紐解いてみよう。

北条氏初代の早雲が今川氏の家臣だった頃、今川水軍を借りて西伊豆に上陸するなどしていた北条氏だったが、相模に進出して三浦一族を滅ぼし、その水軍を吸収することで自立を遂げていく。

早雲から二代氏綱にかけては相模湾と江戸湾の西半分を縄張りにしていたが、駿河国駿東郡を手中にした天文五年（一五三六）頃から、北条氏は西伊豆の安全確保のために水軍力を強化していく。すなわち志摩国から招聘《しょうへい》した梶原氏を北条家船手大将の座に就け、土肥《とい》の富永氏庶流、江梨《えなし》の鈴木氏、三津《みと》の松下氏らをその配下に組み込み、組織的な体制を布こうとしたのだ。

駿河湾に面する西伊豆には、北条方船手衆の小砦《しょうさい》が、網の目のように張りめぐらされている。伊豆半島南端から記していくと、妻良《めら》・子《ね》浦《うら》・雲見《くもみ》・松崎・田子《たご》・安良里《あらり》・宇久須《うぐす》・高谷《たかや》・八木沢丸山・戸《へ》田《た》・江梨・三津・長浜・獅子浜などだ。

これらの海城は、諸浦に蟠踞《ばんきょ》する海賊国人たちの拠点城だったが、すべてが北条傘下に入るや、風よけの入江から船造りを伴う拠点港まで、様々な役割を与えられていった。安良里や長浜などの大規模拠点には、船大工はもとより、金具や船釘など船金物を造る船鍛冶や鋳物師《いもじ》までいた。

天正十六年（一五八八）、豊臣軍の侵攻が避け難いと見た北条氏は、箱根路の山中城や伊豆半島北端の韮山城から、東南端の下田城までの長大な防衛線を構築し、海陸の城を駆使して豊臣方を迎え撃とうとした。

水軍拠点の強化も重要課題となり、この時に長浜・八木沢丸山（新規築造）・下田の三城が戦略拠点とされ、ほかの城は放棄同然の状態に置かれたと思われる。

伊豆半島東南端という豊臣水軍の相模湾への進出を阻む位置にある下田城は、同年に大改修が行われ、それまでの海賊城から本格的な海城へと生まれ変わった。

天正十八年（一五九〇）、いよいよ小田原合戦が勃発する。三月初旬、長浜・八木沢丸山両城など西伊豆のすべての城を制圧した豊臣水軍は下田城に迫った。包囲開始は三月下旬と推定される。

豊臣水軍は、加藤嘉明《よしあき》、脇坂安治《やすはる》、九鬼嘉隆《よしたか》、長宗我部元親、本多重次《しげつぐ》・安国寺《あんこくじ》恵《え》瓊《けい》らに率いられた精鋭で、その兵船は一千、兵は一万四千を数えた。

下田城を預けられた奥伊豆郡代の清水康英《やすひで》は、敵水軍の威容を見て籠城に徹することにした。すなわち敵水軍の撃滅など眼中になく、敵水軍を引き付けることで、小田原の船留《ふなどめ》（海上封鎖）を少しでも手薄にさせようというのだ。しかしこの意見に同調しない梶原景宗《かげむね》などは、さっさと小田原に退去してしまい、また江戸水軍を率いて入っていた江戸朝忠《ともただ》は、出撃して華々しい討ち死にを遂げた。このように足並みのそろわないまま籠城戦が開始されたので、下田城に籠もる兵力は六百足らずになった。

一方、下田城に惣懸りするよりも、包囲した方が得策と考えた豊臣秀吉は、脇坂・安国寺両水軍だけを残し、ほかの水軍を小田原の海上封鎖に回した。

包囲開始後も海陸双方で小競り合いが繰り広げられたはずだが、それらの詳細は記録にない。

四月下旬、清水康英は降伏勧告に従い、下田城を開城した。戦力差から一方的に押される中、約五十日も戦い抜いたのは下田城の抗堪力によるところが大だろう。

城を出た清水康英は河津《かわづ》の寺で謹慎後、天正十九年（一五九一）に死去した。しかし結城秀康に仕えた嫡男の政勝は、康英の武名によって一千石を賜った。

その後、結城家を出た清水氏は、小田原に戻って商人として成功する。江戸時代にも小田原宿で本陣と脇本陣を営み、平成十七年（二〇〇五）頃まで脇本陣は旅館として営業していた。かくいう筆者も宿泊したことがある。

北条氏滅亡後、下田城には徳川家家臣の戸田忠次《ただつぐ》が五千石で入封するが、関ヶ原の戦い後に転封となり、以後、下田は天領とされ、下田町奉行が統治することになる。しかし戸田氏も下田町奉行も下田城に手を加えた様子はなく、遺構のすべては、北条氏時代のものと思われる。

下田城の構造

この城は伊豆半島の東南端の下田にあり（北端は石《い》廊《ろう》崎《ざき》）、下田港を守るために造られていた。城の場所は下田湾の南端にある直径八百メートルほどの円形に近い鵜《う》島《じま》半島で、ここには入江がいくつかあり、水軍拠点としてはうってつけの場所だった。

縄張りは舟入（船着場）のある入江を守ることを主眼としており、とくに稲生沢川《いのうざわがわ》の河口付近にある入江に近づく敵に対し、いかに効果的な抗戦ができるかに注力されている。といっても半島状の山に城を築いたも同然なので、曲輪はどれも細長い上に小さく、最高所の本曲輪でも東西十二メートル、南北三十メートルしかない。

つまりこの城は、入江を守るための典型的な防塁型山城で、守備隊が長く駐屯することを想

下田城から稲生沢川河口を望む。眼下に下田城の北入江が、稲生沢川の対岸には豊臣軍の前衛陣地が置かれていたという。

定しておらず、居住性を無視し、一時的に敵の侵攻を凌ぐことだけを目的にしていたと考えられる。

その縄張りだが、標高と比高が六十九メートルの主郭から三方に延びる細長い稜線上に曲輪が広がっている。この稜線が痩せ尾根なので、すべてに土塁を築くことが困難で、曲輪の下段に堀をうがち、それに障壁を築くことで、堀障子にして防御性を高めようとしている。

この障子堀は谷地形に連なる西側と南西側にあり、背後から、すなわち西と南西からの敵を想定しており、北側の入江を守ろうという意図が色濃く表れている。また、すべての堀に障子が施されているわけではないことから、極めて短期間に普請が施されたと思われる。もしかすると籠城戦が始まってからも補強が行われていた可能性さえある。

こうしたことから想定すると、この城が「半造作」や「急普請《きゅうぶしん》」なのは明らかで、とにかく防御上、必要かつ重要な箇所から手を付け、その後は普請を放棄したような気がする。

その理由としては、障子堀が一部にしか施されていない上、尾根によっては丁寧に竪堀を入れているものがある一方、全くないものもあるからだ。

下田城は、北条氏には珍しくトータルな設計思想が不在だが、豊臣水軍の来襲を想定し、できる限りの手を尽くそうとしていることが感じられる城だ。

北条氏が滅亡する少し前の天正十六年（一五八八）、豊臣秀吉は「刀狩令」と共に「海上賊船禁止令」を出し、海賊の取り締まりを強化した。これにより日本の沿岸を自由気ままに走り回り、交易や略奪に従事していた海賊の時代は終わりを迎える。以後、海賊たちは諸大名の船手衆となり、飼いならされていくことになる。

興国寺城

駿河・伊豆国境に築かれた北条氏創業の城

所在地	静岡県沼津市根古屋
城郭構造	連郭式平山城
築城主	北条早雲?
築城年	15世紀後期
主な城主	北条氏、今川氏、武田氏、徳川氏、豊臣氏
廃城年	慶長12年(1607年)
遺構	石垣、土塁、空堀、曲輪、天守台
アクセス	原駅から徒歩30分

北条早雲と興国寺城の歴史

かつては伊勢の素浪人から国持大名にのし上がり、下剋上の象徴と考えられていた北条早雲（伊勢新九郎盛時《もりとき》・早雲庵宗瑞）だったが、ここにきて急速に研究が進み、伊勢本家の分家にあたる備中伊勢氏出身のエリートということが明らかになってきた。

父親は備中伊勢氏当主の伊勢盛定《もりさだ》で、室町幕府八代将軍義政の申次衆《もうしつぎ》をしていた。盛定は義政の独裁政治を支えた政所《まんどころ》執事・伊勢貞親《さだちか》の側近として（義弟にあたる）幕府の政治の中枢を担った一人で、駿河守護職の今川義忠《よしただ》に、自らの娘（北川殿）を輿入れさせるほどの大物だった。

早雲の母親は本家の貞国《さだくに》（貞親の父）の娘で、幕府政所執事の貞親から見た場合、早雲は外《がい》甥《せい》ということになる。

その生年も、従来の永享四年（一四三二）説に疑義が呈され、康正二年（一四五六）説が有力になってきている。かつての定説より二十四歳も若返ったことになり、駿河に下向してきてからの積極果敢な行動力も、この年齢ならうなずける。

備中国の荏原《えばら》荘で少年時代を過ごした早雲は、応仁元年（一四六七）頃、伊勢に滞在する足利義視《よしみ》に仕えたとされる。康正二年（一四五六）出生説を取れば、わずか十二歳だ。その後、いったん記録が途絶えるが、二十八歳の文明十五年（一四八三）には、九代将軍義尚《よしひさ》の申次衆になっている。

長享元年（一四八七）、三十二歳になった早雲は駿河国に下向し、駿河今川氏の家督争いに介入し、今川氏の実質的当主だった小鹿範満《おしかのりみつ》を討ち取った。そして外甥の竜王丸《たつおうまる》（後の氏親《うじちか》）に駿河今川氏の家督を取らせ、さらに駿河守護職に就任させた。

この時の功により富士下方《しもかた》十二郷を拝領した早雲は、本拠を興国寺という古刹のある地に定めた（善得寺城という説もある）。それまでは石脇《いしわき》城という普請半ばの城に食客《しよつかく》として滞在していたことを考えると、異例の出頭だ。このことから軍記物の記述にある通り、早雲が小鹿範満討伐の司令官的立場にあったことは明らかだろう。

小鹿範満を討った早雲の次なる狙いは伊豆だった。つまり興国寺城は伊豆進出の策源地として築かれたことになる。

その頃、伊豆は義母と異母弟を殺して二代堀越公方の座に着いた足利茶々丸が、韮山の堀越御所に居座っていた。茶々丸の背後には関東管領・山内上杉顕定がおり、その配下の伊豆国人たちが茶々丸を支えていた。

明応二年（一四九三）七月、ひそかに興国寺城を発した早雲は、清水湊から船を使って伊豆半島西岸に上陸し、茶々丸のいる堀越御所に攻め寄せた。隙を突かれた茶々丸は中伊豆方面に逃走するものの、茶々丸を支持する国人たちを掃討した早雲は、伊豆全土の制圧に成功する。

当初、北条氏（当時は伊勢氏）の城だった興国寺城だが、天文十八年（一五四九）に今川氏の城となり、永禄十二年（一五六九）の今川氏滅亡後、いったん北条氏の手に戻る。しかし武田氏との間で争奪戦が始まり、その後の和睦によって武田氏に明け渡された。

その間の大きな事件としては、永禄十一年（一五六八）、今川氏からこの城を奪った武田勢を北条勢が追い落とした戦いや、元亀元年（一五七〇）の信玄による興国寺城攻撃などが挙げられるが、どの戦いも詳しい経過は伝わっていない。

天正十年（一五八二）の武田氏滅亡により、興国寺城は徳川氏の城になる。しかし天正十八年（一五九〇）に家康が関東に移封されると、秀吉の家臣の中村一氏《かずうじ》が十五万石で駿河に入部し、その持ち城となる。

関ヶ原の戦い後は再び徳川氏の城になり、家康の家臣で、「どちへんなし（どちらにも偏らない＝頑固者）の三郎兵衛」という異名を持つ天野康景《やすかげ》が一万石で配された。ところが家臣の不始末から康景は改易に処され、慶長十二年（一六〇七）に廃城となる。

この事件は、徳川家の直轄地を管理する駿河代官から、康景の家臣が代官領の農民を斬殺した廉《かど》で訴えがあり、康景は公儀から家臣を差し出すよう命じられた。だが納得できない康景は、家臣を差し出さずに逐電《ちくでん》してしまう。その後、康景の消息は途絶える。康景は家臣を庇うために一万石を棒に振った「どちへんなし」として、後世まで語り継がれることになった。

結局、興国寺城は北条、今川、北条、武田、徳川、豊臣、徳川とめまぐるしく城主が変わる典型的な境目の城となった。

興国寺城の位置と概要

駿河国（静岡県の東半分）は北方から山々が張り出した地形になっており、舌状台地が多い。小鹿範満を倒して早雲が得た所領も、北方から愛鷹山《あしたかやま》の支尾根がいくつも張り出している地で、多くの舌状台地があった。早雲はその中の一つの篠山《しのやま》と呼ばれる台地に目を付け、長享元年（一四八七）頃、興国寺城の普請作事を開始する。

数多い台地の中で、早雲がこの台地に目を付けた理由は、台地の先端部が蓮池という湿地に囲われており、天然の要害地形だったからだろう。これで背後の尾根を掘り切れば、要害性が極めて高くなるからだ。こうした城の地選方法を心得ていることだけでも、早雲が並々ならぬ人物だったと分かる。

この城は東海道に面してはいないが、三の丸の前を東西に走る根方《ねかた》街道と東海道を結ぶ竹田街道が城下を通っており、城から一キロメートルほど南を走る東海道へのアクセスもよい。

この城は舌状台地の背後を掘り切っていることからも分かる通り、その先端部まで幾重にも曲輪を設けた連郭式という縄張りを取っている。早雲没後も、北条氏はこうした舌状台地状の地形に好んで城を造るが、その典型例として小田原城が挙げられる。つまり興国寺城は北条氏の城の原型になったと言える。

曲輪の配置は、尾根の根元にあたる北から北の丸（外郭）、大堀切を隔てて本丸、二の丸、三の丸という順序で、北から南に下る形で平地（蓮池）に至る。北限がはっきりしないが、この四つの曲輪が本城部分とされており、南北三百三十メートル、東西百三十メートルの長方形をしている。

さらに北の丸の東にある台地基部の削平地を隔てて並行して走る舌状台地には、一城別郭形式で清水曲輪（東曲輪）という出城が築かれている。こちらは、いくつかの曲輪が段上に連なり、外堀も備えている上、発掘調査によって堀切や掘立柱の跡なども見つかっているので、出城なのは間違いない。興国寺城見学の折には、ぜひ足を延ばしていただきたい。

また西側の谷津を挟んで同様の舌状台地上に本法寺《ほんぽうじ》があった。西曲輪とも言えるこの寺は城の扱いをされていないが、土塁や空堀も残っていることから出城と考えてよい。

興国寺城本城域部分の縄張り

それでは本城域の細部について説明していこう。

北の丸は、東西八十メートル、南北四十五メートルの大きさで、北側に土塁が築かれている。そこには空堀もあったが、今は痕跡を残す程度だ。この堀から北側は新幹線工事によって台地が切断されてしまったので、尾根続きになる背後の山々との間に、どのような防御施設が造られていたかは不明だ。

この城の一番の見どころは、北の丸と本丸の間の大空堀だが、これは本丸土塁上から計測すると、深さ二十メートル、上端の幅三十メートル、堀底幅は十五メートルという巨大なもので、発掘調査によって堀障子も検出されている。

私が訪れた折、かなり深くまでトレンチ（発掘調査）していたのに出くわしたが、その時に担当している方に質問したところ、生活の痕跡らしき物は出てきていないという。また大空堀は廃城の十年くらい前に掘られたのではないかとも言っていた。天守台や石垣も天野康景時代の遺構とのことだった。しかし、ここで掘り切らないと城としての体を成さないので、大空堀の原型は戦国時代にできていたのではないだろうか。

本丸の大土塁は、本丸からの高さが十メートルほどあり、こちらも巨大さでは引けを取らない。これだけの盛り土をするのは極めて難しいので、おそらく小高い丘を土塁状に切り崩したものと思われる。

この土塁の中央部には、天守台と呼ばれる小さな曲輪（三百平方メートル）がある。その大きさからすると、せいぜい三重の櫓が限界なので、天守と呼ぶのは微妙だろう。この天守台は北側に「張り出し」となっており、敵に対してうまく横矢が掛かるようにしてある。また天守台の石垣は荒々しい野面積みとなっており、戦国時代の息吹を今に伝えている。

大土塁は本丸を囲むように「コの字形」に北から東西へと延びており、縦土塁（登り土塁）的な形状を見せている。

本丸の広さは土塁の内側で、東西六十メートル、南北五十メートルあり、早雲の頃の本丸としては、これでも広い方だったと思われる。

本丸と二の丸の間には、かつて幅十一メートルの堀があったと言われるが、現在はなくなっている。本丸の南東端には「石火矢場《いしびやば》」と呼ばれる少し高くなった場所があり、こちらも「張り出し」となっている。

ちなみに最新の定説によると、中村一氏期に城域の変更と拡張がなされたというが、早雲の時代にも尾根先端部まで曲輪はあったはずだ。なぜかといえば、そうしないと城の体を成さないからだ。

二の丸と三の丸の境には、西向きに大手口があり、二の丸側に桝形虎口が築かれていたが、今はなくなっている。

二の丸は桝形虎口から三の丸につながっている。現在、三の丸部分も県が買収して城域となったが、かつてはガソリンスタンドや宅地があったことから、現存している遺構はない。

三の丸はこの城で最も広大な曲輪だったが、上記の理由からその面積は不明となっている。東南隅に東大手口があり、馬出状の曲輪まであったというが定かなことは分かっていない。

ちなみに、城の遺構のすべてを戦国後期以降のものとする風潮はいかがなものだろうか。早雲時代の城域は本丸までとされるが、城としての機能を考えると、台地の先端部まで曲輪がなければおかしいはずだ。たとえ削平して柵列を並べただけでも、早雲の時代も三の丸まで城域があったと考えるのが自然ではないだろうか。

いずれにしてもこの城は、北条氏創業の城として堂々たる威容を誇っているので、ぜひ一度は訪れていただきたい。

丸子城

土の城の技巧がパッキングされた完存城郭

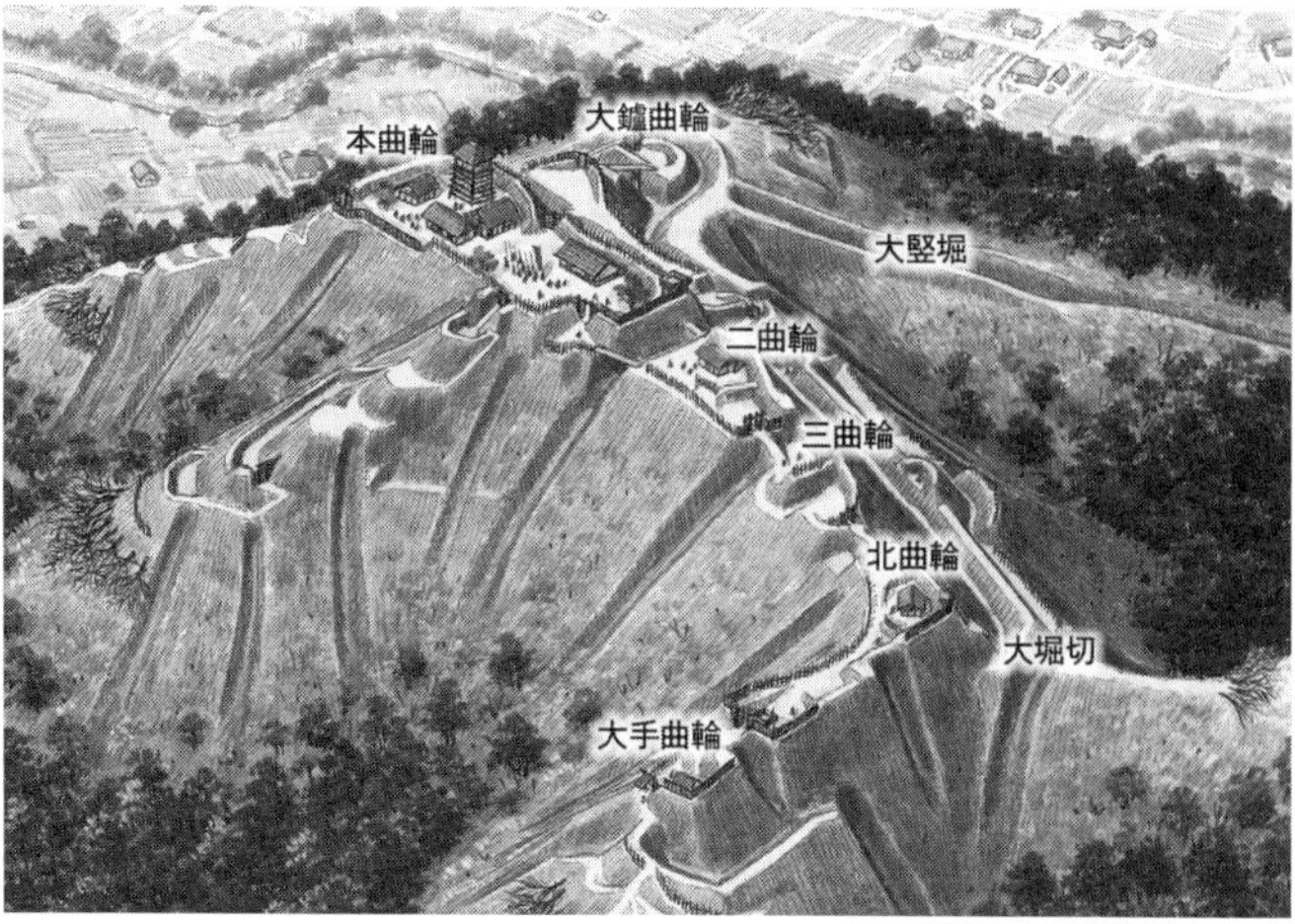

所在地	静岡県静岡市駿河区丸子
城郭構造	山城
築城主	齋藤安元?
築城年	不明
主な城主	山県昌景、屋代勝永
廃城年	天正18年(1590年)
遺構	曲輪、土塁、堀など
アクセス	静岡駅からバスで「吐月峰入口」下車、徒歩10分

駿河国と今川家

歴史上、「海道一の弓取り」と呼ばれた男は今川義元と徳川家康の二人しかいない（厳密には義元をそう呼んだ古文書はない）。この二人に共通しているのは、駿河・遠江・三河の三国を領有していたことだ。この三国に共通しているのは、海道すなわち東海道が貫通しているという一点に尽きる。つまり戦国時代、東国と畿内を結ぶ東海道を押さえることは、比類なき武勇の証しだったことになる。

とくに駿河国は、戦国時代前期に強勢を誇った今川氏の本国として、応仁・文明の乱によって荒れ果てた京都から逃れてきた公家や文化人たちの安息の地となり、その中心の駿府は「小京都」と呼ばれるほど繁栄した。

しかし駿河国は、後に豊臣秀吉が行った太閤検地（一五八二頃～一五九一頃）によると、十五万石の米しか取れない生産性の低い国だった。ちなみに遠江国は二十五万五千石で三河国は二十九万石となる。つまり今川義元が当主だった最盛期でも、今川氏の領国は三国合算で七十万石にしかならなかったことになる。これは、武田信玄の最盛期の百二十万石や北条氏政の最盛期の二百万石以上と比べても低すぎる。

では駿河国は、どうしてそれほど豊かだったのだろう。

その秘密は金山の開発にあると言われているが、それよりも日本の大動脈である東海道を押さえていたことで、そこを通る商人の運上金や商品に掛かる関税が莫大なものに上っていたことの方が大きかった。つまり「海道一の弓取り」とは富裕の証明でもあったのだ。

今川氏の本拠の駿府館は甲斐武田氏の躑躅ヶ崎館同様、単郭を基本にした方形居館だったらしく（江戸時代、その上に駿府城が築かれたため、現在は痕跡さえ残っていない）、防御に配慮していないように思われる。それは今川領国が極めて安定していたことの証左でもあるが、実際は駿府館を中心にした城郭網が築かれており、その防御力は決して低いものではなかった。

具体的に言うと、東に愛宕山砦と瀬名《せな》砦、北東に賤機山城と北砦、北西に建穂寺《たきようじ》と小瀬戸《こせど》城、西に丸子《まりこ》城、南西に水軍拠点でもある持舟城（用宗《もちむね》城）、南に久能山《くのうさん》城という具合に支城や砦が密に配されており、駿府館に通じるすべての街道が、それらによって押さえられていた。

この中で最も重要な西方の守りを担っていたのが丸子城だ。現在の東海道の位置からすると丸子城は東海道から外れているように思えるが、当時の東海道は宇津ノ谷《うつのや》峠を越えてくるので、丸子城は東海道の交通を管制する位置にあった。

丸子城の位置と歴史

駿河国には安倍川という大河が流れており、その東岸に駿府がある。つまり安倍川は駿府の西の外堀の役割を果たしていた。その安倍川の西岸、駿府館の西方一里半（六キロメートル）

にあるのが丸子城だ。つまり丸子城は駿府西方の防衛の要だった。

丸子とは「まりこ」と読む。つまり東海道五十三次で有名な鞠子宿はここになる。東海道の宿の中で最も小さなこの宿は「とろろ」が名物で、松尾芭蕉も「梅若菜丸子の宿のとろろ汁」という句を詠んでいる。

この城の山麓（北麓）にあたる丸子宿の最奥部・泉ヶ谷《いずみがや》には、連歌師・柴屋軒宗長《さいおくけんそうちょう》の草庵・柴屋軒があったが、今は吐月峰《とげつぽう》柴屋寺となっている。

この城の創築に関しては不明だが、南北朝時代に書かれた宗長の『宇津山記《うつのやまのき》』には、「宇津の山には齋藤加賀守安元《やすもと》の先祖からの居館があり」と記されており、応永年間（一三九四〜一四二八）には、この城のある一帯を所領とする国人齋藤氏が、砦を築いていたらしい。

その後、義忠─氏親─氏輝─義元─氏真と続く今川氏の全盛時代、なぜかこの城の記録は見えなくなる。唯一、文明八年（一四七六）二月に今川義忠が討ち死にを遂げることで始まる家督争いで、伊勢新九郎（後の北条早雲）によって、幼い氏親とその母の北川殿（早雲の姉か妹）が丸子谷に匿われていたという記録はある。だが丸子城のことは出てこない。

家督争いに打ち勝った氏親が今川家当主となった後も、丸子城は齋藤氏か別の家臣に守らせていたと思われるが、記録を欠くためはっきりしない。

永禄十一年（一五六八）には、今川氏真を駿河国から追い出した武田信玄が、宿老筆頭の山県昌景に二千五百の兵を付けて丸子城を守らせたとある。これは氏真が遠江国の懸河城に逃れたことで、徳川家康と手を組み、駿河回復を図ってくることを危惧してのことだ。

またこの時、武田氏によって新規に取り立てられたという説もある。確かに全城域が武田氏のトータルな築城思想に貫かれた遺構に覆われ、今川氏時代の痕跡は定かでない。それを思うと、今川氏時代は宇津ノ谷峠越えの道を管制する小砦が置かれていただけかもしれない。

天正十年（一五八二）の武田氏滅亡時にも落城の記録はないが、武田勢が持舟城から落去したという記録はあるため、隣接する丸子城には守備兵を置いていなかったか、持舟城の守備兵と共に甲斐国に退去したのだろう。

その後、駿河国は徳川家康のものとなるが、家康の関東移封に伴って廃城となった。これにより丸子城は、遺構を完存状態にしたまま現在に至る。

縄張りと遺構

丸子城は、標高百三十二メートルの三《み》角山《かどやま》の尾根先端部に築かれた山城だ。この尾根は北西から南東に延びており、さらにその南東には丸子川が流れており、北東と南西が断崖になっているため、宇津ノ谷峠越えの道を通ってきた寄手は、たとえ兵力が豊富でも兵の展開がしにくいという地形になる。

ちなみに、この城の遺構の大部分が徳川氏の手になるものという説もあるが、私はそうは思わない。まず諏訪原城（牧野城）と違って、この城の普請作事の記録が『家忠《いえただ》日記』に出てこない。さらに遺構には、武田氏の城で多用される堀切、土塁、切岸、竪堀、横堀、桝形、馬出、喰違虎口、武者隠し、馬蹄段といった土の城を代表するパーツが、すべてと言っていいほどそろっているからだ。

それでは城を見ていこう。

東端の匠宿《たくみじゅく》から西に向かって山を登っていくと、駐屯地（外曲輪）という看板が出てくる。ここは稲荷神社のある曲輪だが、外曲輪や駐屯地というよりも拡張を中断された曲輪（ないしは出城）の可能性がある。城内に十分な空間のある丸子城なので、たとえ雑兵だろうと、わざわざ何の防御も施されていない曲輪に駐屯させることはないだろう。

さらに尾根道を登っていくと三日月堀が見えてくる。この三日月堀は南端から東へと逆L字を描くように延びており、半円以上の円を描いている。

その三日月堀に囲まれた角馬出状の大手曲輪（東曲輪）には、南端の土橋から入るようになっている。その南は崖になっており、斜面には竪堀も落としてあるので容易には回り込めない。

大手曲輪から北曲輪に向かうと、土塁に囲まれた方形の曲輪が出現する（ここは北曲輪の東端部とされて名称はない）。ここには内桝形虎口状の空間があるが、大手曲輪と合わせて「重ね馬出」とする考え方もできる。

今川氏時代の丸子城は、大手曲輪と北曲輪を含めた一帯だけだったという説がある。だが北曲輪からの眺望はよくないので、ここだけでは物見城の役割を果たせない。

北曲輪周辺の見どころの一つに大堀切がある。これは北曲輪の北端の尾根を断ち切ったもので、ここから南が城域になる。

北曲輪は尾根伝いに逆L字状に南西に折れていき、右手に横堀が見えてくる。これが、この城の最大の見どころとなる東西に延びる長さ三百メートルの横堀だ。

ここでいったん横堀に下りてみると、途中に三日月堀を伴う半円形堡塁に出会う（虎口の前ではないので馬出ではない）。この堡塁は北西の崖をよじ登ってくる寄手を防ぐと同時に、万が一、横堀に侵入された際、城側と連携して両側から堀底の敵を叩くという役割を担っている。

いったん北曲輪に戻り、南に進むと三曲輪に出る。この三曲輪の先には堀切が入り、それとつながった横堀を隔てた北西側に丸馬出がある。

さらに南西に進んでいくと、三曲輪から堀切を隔てて長方形の二曲輪に、さらに南に進むと本曲輪に出る。

二曲輪からは丸子城下から駿府方面、さらに駿河湾まで見渡せる。今川氏親が丸子谷に匿われていた時は、ここに常時、物見を置いて小鹿範満のいる駿府方面を眺めさせていたのだろう。

丸子城の馬出跡？

二曲輪と本曲輪の間には堀切が入れられ、さらに直角に二度曲がった虎口が設けられているので、侵入は容易ではない。

本曲輪は南北七十メートル、東西三十八メートルの規模で、こうした山城にしては広い。この平場が取れるだけでも、この山を城にする価値があったと思われる。

本曲輪周辺で、とくに注目していただきたいのは西側の防備だ。本曲輪から西に下りていくと、堀を隔てて逆L字形の馬出（堡塁）に出る。さらに堀を隔てて三日月堀を伴った丸馬出（大鑪《おおだたら》曲輪と呼ばれる半円形堡塁）が設けられている。これが武田流築城術の特徴の一つと言われる「重ね馬出」だ。

大井川上流部の小《こ》長谷《ながや》城にも重ね馬出があり、この城の創築が天正九年（一五八一）ということから考えると、武田氏がたどり着いた結論の一つが、「虎口を守る最強のパーツは重ね馬出」だったのかもしれない。

武田氏は地形に応じて馬出を並べたり、重ねたりすることで、極めて厳重な縄張りを構築する。丸子城の本曲輪西側斜面の場合は、西側先端の丸馬出をその頭上から逆L字形の馬出が援護し、さらにそれを本曲輪から援護するという防御法を取っている。同様の防御構造が本曲輪の東側にも見られるが、こちらは傾斜が急なためか、「重ね馬出」というよりも馬蹄段構造になっている。

またこの城には、本曲輪や「重ね馬出」を取り巻くように竪堀が縦横無尽に走っており、中でも本曲輪から西に延びる大竪堀は山麓の谷底まで続いており、優に三百メートルはある。これは、あえて緩斜面に竪堀を落とすことで敵をここに誘引し、その上部の「重ね馬出」でキルゾーンを形成しようという意図からだろう。

今川義元、武田信玄、そして徳川家康といった名だたる武将たちが西の防御壁と恃んだ丸子城は、「いかに敵の血を吸い取るか」という目的を持つ「土の名城」だったのだ。

田中城

中継基地としての役割を担った丸いお城

所在地	静岡県藤枝市田中
城郭構造	輪郭式平城
築城主	今川氏
築城年	天文6年（1537年）
主な城主	山県昌景
廃城年	明治元年（1868年）
遺構	石垣、水堀、移築櫓他
アクセス	西焼津駅から藤枝市自主運行バス五十海大住線で 「六間川」下車徒歩4分

城における丸と角

江戸時代の軍学書には、「(城は)円形の徳、角形の損」と書かれたものがある。だが本当に城は丸い方がよいのだろうか。確かに甲州武田氏は丸い馬出が有効と信じ、多くの城で丸馬出と三日月堀を築いている。

こうした築城思想は馬出に限らず、武田氏の考える城の理想的な形状としては、「後ろ堅固」の地に扇を広げたような半円の城を築くことにあった。

その典型が遠江国の大井川西岸に築かれた諏訪原城で、台地の突端に主郭を置き、そこから放射線状に曲輪を広げていき、虎口に丸馬出と三日月堀を築くという扇のような縄張りを取っている。こうすると塁線が半円を描くようになり、曲輪から死角がなくなり、鉄砲や矢といった飛び道具で寄手の侵入を防ぐ際に有効に働く。

その一方、白兵戦に移った際には、防御上の不利は否めない。それゆえ武田氏の最末期に造られた新府城などは、二カ所に丸馬出はあるものの、塁線は直線を基調としたプランになっている。新府城の搦手を守る特徴的な出構も、円形というより長方形を成していることから、最終的に武田氏は鉄砲や焔硝《えんしょう》が不足し、白兵戦を想定した構えを採用せざるを得なくなったのかもしれない。

円形の曲輪は平時の使い勝手も悪い。建築物を建てる場所も塁線から遠ざけねばならず、天守や高櫓を築いても、その能力が十分に発揮できない。

それゆえ武田氏のライバルの北条氏などは塁線を直線的に取り、白兵戦に備えて「横矢掛り」と呼ばれる塁線の折れを採用することで、半円形の城のメリットも取り入れていった。これは近世城郭の大半が直線的な塁線に屈曲を入れていることからも理解いただけると思う（塁線が曲線だと、石垣が崩れやすいという理由もある）。

上野国の名胡桃城は、武田氏、真田氏、北条氏とめまぐるしく城主が代わった城だが、その都度、縄張りが改変を受けている。真田氏は武田氏時代の丸馬出を拡大して三曲輪とし、その前面に新たな丸馬出を築いたが、北条氏時代には角馬出に変えられている。

かくして丸と角の優位性争いは角に軍配が上がった、と思われがちだが、駿河国の平地に出現した丸い城が、意外な抗堪力を持っていたことで、必ずしも角が優位とは言えなくなった。それは冒頭の軍学書の言葉にも表れている。

その丸い城こそ田中城である。

田中城の歴史

田中城は静岡県藤枝市にある平城だ。戦国時代、静岡県は駿河・遠江・伊豆の三国に分かれていたが、田中城は今川氏の本拠の駿府から十四キロメートルほど南西の平野部にあり、駿府の西方を守る役割を担っていた。

当初、田中城は徳一色《とくいっしき》城と呼ばれ、国人の駿河一色氏の居城だった。創築年代は定かでないが、おそらく単郭の居館から出発し、その後、一色氏が途絶えたか衰えたかして、今川氏の番城になったと思われる。

永禄三年（一五六〇）の桶狭間《おけはざま》の戦いで今川氏が衰勢に陥ったことで、永禄十一年（一五六八）十一月、武田信玄の駿河国侵攻が始まる。この時、今川氏傘下の国人・長谷川正長《まさなが》が籠もった城として、田中城は歴史の表舞台に登場する。しかし正長は武田勢を見て驚き、戦わずして本拠の遠江国へと退いていった。ちなみに正長は、『鬼平犯科帳』で有名な火付盗賊改の頭・長谷川平蔵の先祖にあたる。

これにより無血入城を果たした信玄は、田中城を見て「これだけ堅固な城に追加普請は要らない」と言ったとされる。かくして田中城は武田氏のものとなり、大規模な修築が施される（信玄の言葉とは矛盾するが）。その後、山県昌景をはじめとした在番将が置かれたので、武田氏の直轄城とされたようだ。

元亀四年（一五七三）に信玄が死ぬと、家督を継いだ勝頼は積極的に徳川領国への侵攻を開始する。翌年には遠江東部の要衝・高天神城を攻略する。これにより高天神城が武田方の最前線拠点となり、田中城は中継拠点としての役割を担うことになる。

ところが天正三年（一五七五）五月、武田勢が長篠の戦いに惨敗することによって事態は一変する。

同年八月、攻勢に転じた徳川方により、諏訪原城が落城し、駿府館（実質的には江尻城）―田中城―小山《こやま》城―諏訪原城―高天神城という東海道を軸とした兵站線の一部が破壊された。そのため高天神城は孤立を余儀なくされる。

勝頼に長期的展望があれば、ここで遠江国の拠点、すなわち高天神城や小山城を放棄し、駿河国との境にあたる大井川の線まで引くべきだった。だがそれをしなかったため、田中城から高天神城への補給は途絶えがちになる。

その結果、天正九年（一五八一）三月、高天神城は壮絶な落城を遂げた。これにより翌年、織田・徳川連合軍の武田領侵攻作戦が始まる。この時、田中城は信州国人の依田信蕃が守っていたが、背後の駿府を守る穴山梅雪が寝返ったので、致し方なく城を明け渡して家康に投降する。その後、武田氏が滅亡したのは周知の通りだ。

『甲陽軍鑑』や『家忠日記』によると、歴史上、田中城での攻防戦が全くなかったわけではないが、寄手と城方が死力を尽くした大攻防戦は、ついぞ行われずに終わった。

かくして駿河国は家康のものとなるが、小田原合戦で北条氏が滅亡した後は、豊臣系大名の中村一氏の領国となる。それも束の間、関ヶ原の戦いの後には家康の所有に戻り、田中城には譜代の酒井忠利《ただとし》が一万石で入った。この時、惣構が築かれ、亀甲《きっこう》形だった城が、ほぼ円形に見えるようになった。

家康はその晩年、藤枝周辺の地をいたく気に入り、田中御殿と呼ばれるようになった田中城に滞在しながら鷹狩を楽しむようになった。ところが元和二年（一六一六）、この城に滞在中、鯛《たい》の天婦羅《てんぷら》を食べて食あたりを起こし、七十五歳で没する。

その後、田中城は駿府の西を守る番城的な性格が強くなり、城主も頻繁に代わり、十二氏二十一代を数えることになる。

田中城の構造

田中城のある駿河国西部の「山西《やまにし》」と呼ばれた地域は湿地帯で、城を築きにくい地盤だった。それでも東海道が近くを通っており、また散在する微高地の集落を結んだ交通路が四通八達していた。そのため国人の一色氏は、その中にあった低丘陵の頂に一重の堀だけの方形居館を築いた。これが田中城の始まりになる。

後に本曲輪となるこの居館の敷地は、南北五十六メートル、東西四十六メートルという狭小なもので、駿河一色氏の勢力が、土豪や地侍の域を出ていなかった証しになる。

一色氏から城を引き継いだ今川氏は、単郭の居館の周囲にもう一重の堀を築き、二重堀にした。これで本曲輪を取り巻くように二曲輪ができたが、まだ円形にはなっていない。

その縄張りが亀甲形（準円形）に見えるようになるのは武田氏時代だ。信玄股肱の馬場信春によって、三曲輪の東西南北の虎口と、二曲輪の南北二カ所の虎口に馬出と三日月堀が造られ、堀も二重から三重にされた。ちなみに一つの城で合計六カ所も馬出と三日月堀があるのは、この城だけだ。

東西南北の四カ所に造られた虎口のうち、大手口は武田氏の勢力圏に向いた東の平島《ひらしま》口とされた。こちらは比較的安全なので、丸馬出と三日月堀は一重だけだ。また仮想敵の徳川氏の正面にあたる西の清水口の前面には姥《うば》ヶ池という水源地が広がっていて攻撃され難いことから、こちらも一重となっている。

一方、北の藤枝口と南の新宿口の前面には、微高地が続いており、寄手にとって攻めやすい。そのため丸馬出と三日月堀が二重に施されている。

武田氏は敵の攻め口を南北の虎口と想定し、そのどちらかを攻められた場合、東西の虎口から逆襲を仕掛けて寄手を追い払うという戦法を考えていたのではないだろうか。

このように武田氏は円形の城における定型的な防御法を編み出していたが、それをやるなら後ろ堅固の地に半円の縄張りが望ましい。だが田中城のような平地では、それができないので

「それなら扇を背中合わせにしてしまえ」となり、丸い城になったのではないか。

さらに江戸期に円形の惣構（大外郭）が構築されることで、本曲輪、二曲輪、三曲輪が同心円状に広がる完全円形の城が完成する。この時、大手口も藤枝宿に通じた北の藤枝口に変えられた。

田中城は江戸時代を通して使われたが、城主がよく代わったこと、本曲輪が狭すぎること、徳川氏にとって駿河国が安全圏となったことなどを理由に、天守が築かれることはなかった。

また石垣についても、櫓門のある枡形の一部に石積みがあるほかは見られず、江戸時代を通して土の城だった。とは言うものの、「信玄公が築いた甲州流の城」として、軍学者がよく訪れて絵図を盛んに描き、それが今日まで残っている。

昭和三十一年（一九五六）に撮られた空撮写真を見ると、田中城の遺構は完存状態だった。しかしその後、宅地開発が急速に進み、今ではわずかな遺構をとどめるだけだ。それでも藤枝市や地元の方々のご尽力により、下屋敷跡に造られた「史跡田中城下屋敷」には、本丸櫓、中間部屋、茶室、農家などが移築または再現されている。これらの施設を見学し、往時に思いを馳せてほしい。

山中城

北条氏の築城ノウハウの粋を集めた「土の城の到達点」

所在地	静岡県三島市山中新田
城郭構造	山城
築城主	北条氏康
築城年	永禄年間(1558～1570年)
主な城主	松田氏
廃城年	天正18年(1590年)
遺構	曲輪、堀、土塁
アクセス	三島駅から「元箱根港」行きバスで「山中城跡」下車すぐ

山中城の位置と構造

山中城は箱根山の西南中腹、標高五百八十メートルに広がる山城だ。その曲輪群は箱根外輪山から西に延びる三本の尾根上に築かれているが、それぞれの尾根筋が太く、十分に曲輪面積が取れたことで、最終的には約二十万平方メートルという山城にしては大きな城になった。これは鉢形城、松井田城、逆井城など、他地域の北条氏の拠点城に匹敵する規模だ。

縄張りは、城内の最高所に位置する本丸と二の丸を基点に、南西に延びる尾根に北条丸・元西櫓・西の丸・西櫓が、搦手にあたる北西に延びる尾根に北の丸とラオシバ曲輪が、南に延びる尾根に三の丸と南櫓（大手曲輪）が配されている。またその先、現在の国道一号を隔てて岱崎出丸が、さらに南尾根の先端部に未完成の擂鉢曲輪が連なっている。

山中城の歴史

山中城が最初に古文書に出てくるのは建武二年（一三三五）、新田義貞と足利直義が駿河で戦い、敗れた直義が箱根山まで退却し、西麓の「水呑《みずのみ》」に堀をうがって要害を構築し、迎撃態勢を整えたというものだ。これが山中城のある地ではないかと推定されているが、定かなことは分からない。その後も「水呑」は機能していたらしく、応永十三年（一四〇六）の円覚寺文書にも、ここに関所を設けて通行税を徴収していたとある。
その存在がはっきりしてくるのは、永禄十二年（一五六九）の北条家文書になる。これには甲相駿三国同盟が破棄され、武田・北条両家が敵対関係になったことから、北条氏康が箱根山の防衛拠点として山中の地に城を取り立てたと記されている。しかし、この時の山中城の規模や縄張りは一切分かっていない。

山中城の役割

この城の特徴は、山城でありながら箱根山の中腹に築かれている点にある。「山城は山頂に中核部が築かれる」というセオリーに反しているが、山頂に造ってしまうと三島・韮山道方面への迅速な行動が取りにくくなるため、氏康は中腹の「水呑」の関を城に取り立てたと思われる。

当時の東海道と伊豆半島を縦断して下田に至る韮山道（韮山以南は下田道と呼ばれていた）は三島大社前で合流しており、三島がこの地域の交通の結節点となっていた。そのため山中城は、東国への玄関口・三島を上方から管制する役割を担っていたことになる。

また箱根山頂付近は、常に濃霧が立ち込めていて視界が悪い上、冬季は積雪で行動が制限されることから、山頂は避けざるを得なかったのかもしれない。

そうした山頂部の難点とは裏腹に、山中城の造られた中腹部には大きな面積の取れる尾根が横たわっており、その間を深い谷が走り、天然の堀の役割を果たしていた。とくに南面と北面は高低差二百〜三百メートルという急崖地形を成しており、また東側も急斜面なので、西側の防備を固めるだけで十分になる。

さらに中腹でありながら眺望も開けており、富士山麓から駿河湾まで一望できる。東の眺望だけは箱根山頂に遮られているが、北条領国なので必要がない。

狼煙が最速の連絡手段であった当時、眺望は極めて重要だった。山中城の場合、西方に異変があった場合、箱根山頂の狼煙場を経由すれば、鷹巣城・湯坂城・塔ノ峰砦を経て、小田原への連絡も迅速に行える。

山中城は、城主やその家臣団が居住ないしは常駐して地域の統治拠点としていた城ではなく、平時は関所、隣国と緊張関係になった時は街道封鎖といった役割に重きが置かれており、小田原合戦の直前までは、必ずしも籠城戦用の城ではなかった。

また街道管制と遮断という目的を果たすため、東海道を城内に通している点が、この城の特徴として挙げられる。

西から来た旅人を想定すると、岱崎出丸の西側下を通過させ、南櫓にあったはずの関で人改めをし、町家や見世が軒を連ねる城下町となっていた三の丸、二の丸、北の丸を通してから、箱根山頂に向かわせている。東から来た旅人の場合は、北の丸の虎口が何ら複雑な構造をしていないので、人改めせずにスルーさせていた可能性が高い。

山中城のように街道を城内に取り込んで交通を完全掌握しようとした城には、付近にも足柄・湯坂・御坂の三城がある。それほど厳重な街道の掌握にこだわったのは、小田原が北条領国の西に片寄りすぎており、前衛となる障害が箱根山の天険だけだったからだろう。

山中城の防衛構想

この城の強みは、障子堀（後述）という効果的な遮断線と、鉄砲による防御に有利な長い塁壁を備えている点にある。つまりこの強みをいかに生かすかが籠城戦の鍵になる。

これらのスペックを備える最初の障害になる岱崎出丸を攻略するには、寄手は西側の谷沿いに広がり、南北に展開して攻撃するしかない。ところがそれをすると、岱崎出丸に横一線となった城方の鉄砲攻撃を正面から受けることになり、制圧できたとしても甚大な損害を覚悟せねばならない。

また西櫓方面から出撃してきた部隊によって、背後から攻撃を受ける可能性もある。これは「常山の蛇勢」と呼ばれる築城法で、頭を叩けば尾が、尾を叩けば頭が攻撃するという縄張りのことだ。

岱崎出丸を攻撃している部隊が背後（西櫓方面）からの攻撃を防ぐには、寄手の別働隊が西櫓方面を包囲するか、西櫓からの援護ルートを遮断するしかない。小田原合戦においては徳川勢がその役割を担い、完全に「常山の蛇勢」を封じた。

むろん寄手にそうした動きがあれば、城方は必死に陣前逆襲を仕掛けて排除するはずだ。ところが三万七千という豊臣軍の威容に足がすくんだのか、それらしい行動が取られた形跡はない。

その結果、岱崎出丸には豊臣秀次勢が、西櫓方面には徳川勢が同時に攻撃を開始することになり、北条方は守勢一方に陥る。それでも岱崎出丸や南櫓の城方の火力は凄まじかったらしく、『渡辺水庵覚書』にも、その壮絶な攻防戦の模様が描かれている。

山中城の障子堀

続いて防御力を高めるためのパーツについて見ていこう。

山中城は「畝堀」と「障子堀」という特徴的な堀について語られることが多い。「畝堀」「障子堀」双方共に堀の中に障壁を設けたもので、堀の中での敵兵の移動を妨げる目的で造られている。単列のものを畝堀、複列で格子状のものを障子堀と呼ぶというのが従来の説明だったが、最近はこれが修正されてきている。

障子といえば、和室などを仕切る際に使う木組みの枠を思い出させるが、これは「明かり障子の桟《さん》」になる。障子とは本来「衝立」の意味で、堀の内側に衝立状の障害を設けたものが障子堀となる。

しかし複列の障子堀は、障子やワッフルのように十字には決して交わらないので、厳密に言えば障子には見えない。交わらないようにしているのは、寄手の動きを制約して曲輪から銃撃しやすくするためだ。それでも衝立のある堀は単列だろうが複列だろうが障子堀と呼ぶべきで、畝堀という用語は城郭研究の最前線では使われなくなっている。

それでは障子堀のメリットとデメリットは、どこにあるのだろう。

居住性を重視した城では、横堀を外界との遮断という本来の目的だけでなく堀底道として使うことが多い。しかし戦時には、それが寄手を利することになる。そのため堀底道の利便性を捨て、戦時に敵の移動を妨げるために造られたものが障子堀になる。すなわち堀底に落ちてしまった敵は移動ができず、城方にとって格好の標的となるわけだ。

それぞれの畝の高さは約一・八メートルで、区画の法面の傾斜角は六十度もある。堀底から曲輪の土塁の上端部までは実に十一〜十三メートルとなる上、地肌がローム層ということもあり、一度落ちたら足が滑り、登るのは極めて困難になる。

城攻めの際には、寄手は障子の上端部を伝って曲輪下に到達するしかないのだが、そうなると面で攻められず点で攻めることになる。つまり城方から見れば対面するのは一人となり、先頭の一人が狙い撃ちとなる。あくまで理論的にだが、こうなると寄手の軍勢の多さはメリットにならない。城は寄手の兵力をいかに無力化ないしは減殺するかに重点を置いて築かれるが、障子堀こそ、その目的が顕著に表された格好の事例だろう。

しかも障子の上端部は、今われわれが見ている形状よりも尖っており、たいへん歩きにくくなっていた。敵の銃撃をかわしながら曲輪下まで達するなど考えようがないのだ。

何かを追求すれば何かを犠牲にせねばならないことが多くなりがちな城造りにおいて、障子堀だけは、平時に堀底道として使えないという不便を除けばメリットばかりなのだ。

このほかにも、二の丸に造られた「屈曲スロープ型桝形虎口」、西櫓の「独立橋頭堡型馬出」など、北条氏の経験を生かした築城技術やノウハウが山中城には注ぎ込まれており、山中城が「土の城の到達点」と呼ばれるのも分かる気がする。

山中城攻防戦の実際

最後に、小田原合戦において半日で落城した要因について考えてみよう。

山城というのは本来、尾根筋に沿って曲輪を縦列に築かざるを得ないが、山中城の場合もその例に漏れず、曲輪群が各個撃破に遭いやすい縄張りを取らざるを得なかった。つまり切り札の「常山の蛇勢」を封じられてしまうと、長い塁線と障子堀以外の強みはなくなる。

　さらに城が中腹に造られているので、寄手に搦手すなわち山頂部方面に回り込まれてしまうと、高所から攻撃されることになる。現に山中城攻防戦では、ラオシバ曲輪という普請途中の平場に回り込まれて攻撃されたと伝えられている。さらに決定的だったのは、本来の構想通りの縄張りが造られる前に、豊臣勢が押し寄せてきたことだった。

　普請半ば（半造作）で敵を迎え撃つことになった証左としては、岱崎出丸最南端の擂鉢曲輪や、本丸を背後から守るラオシバ曲輪の中途半端な造りからもうかがえる。普請半ばでは、その防御力を十分に発揮できないのはもちろん、ラオシバ曲輪のように、敵に攻撃の足掛かりを与えてしまうことにもなりかねない。

　では最終的な完成形として、北条氏はどのような縄張りを構想していたのだろう。

　おそらく南櫓や三の丸の西側面に帯曲輪的なものをいくつも築いて防御力を高め、西側に長い塁線を持つ堀と土塁を走らせ（小田原城の惣構のように）、同時に搦手に回り込ませないためにラオシバ曲輪を堀と土塁で囲繞し、馬出状にしたかったのではないかと思う。もちろん補強にはきりがないので、どこまでやってもおしまいということはないのだが。

　このように山中城は、北条氏の築城ノウハウの粋を集めた「土の城の到達点」と言えるが、様々な理由から十分に力を発揮できなかった「残念な城」でもあるのだ。

おわりに

本書は、城郭研究の第一人者の一人である西股総生先生に監修いただきました。この場を借りて厚く御礼申し上げます。

最後になりましたが、参考文献は、あまりに膨大なため割愛させていただきます。すべて掲載するとなるとページ数が増えて持ち運びにも不便な上、定価も高くなってしまうからです。先達や研究家諸氏の轍《わだち》を重ねて進む非礼を、ご寛恕《かんじょ》いただければ幸いです。

二〇二一年六月吉日

本書は二〇一八年にプレジデント社から刊行された『歴史作家の城めぐり　戦国の覇権を競った武将たちの夢のあと』を加筆・修正し、新たに書き下ろしを加えたものです。

本文イラストレーション　板垣真誠　香川元太郎

本文写真提供　伊東潤
Webサイト「日本の城写真集」
嵐山町教育委員会
清泉女学院中学高等学校『玉縄城跡』（1961年3月刊）

著者略歴

伊東 潤《いとうじゅん》

一九六〇年、神奈川県横浜市生まれ。早稲田大学卒業。

『黒南風の海――加藤清正「文禄・慶長の役」異聞』（PHP研究所）で「第一回本屋が選ぶ時代小説大賞」を、

『国を蹴った男』（講談社）で「第三十四回吉川英治文学新人賞」を、

『巨鯨の海』（光文社）で「第四回山田風太郎賞」と「第一回高校生直木賞」を、

『峠越え』（講談社）で「第二十回中山義秀文学賞」を、

『義烈千秋　天狗党西へ』（新潮社）で「第二回歴史時代作家クラブ賞（作品賞）」を受賞。

著書に『茶聖』（幻冬舎）、

『覇王の神殿　日本を造った男・蘇我馬子』（潮出版社）などがある。

伊東潤公式サイト　https://itojun.corkagency.com/

ツイッターアカウント　@jun_ito_info

幻冬舎新書 625

歴史作家の城めぐり
〈増補改訂版〉

二〇二一年七月三十日 第一刷発行
二〇二一年八月三十日 第二刷発行

著者 伊東潤

発行人 志儀保博
編集人 小木田順子
編集者 森下康樹
発行所 株式会社 幻冬舎
〒一五一-〇〇五一 東京都渋谷区千駄ヶ谷四-九-七
電話 〇三-五四一一-六二一一(編集)
〇三-五四一一-六二二二(営業)
振替 〇〇一二〇-八-七六七六四三
ブックデザイン 鈴木成一デザイン室
印刷・製本所 株式会社 光邦

Printed in Japan ISBN978-4-344-98627-5 C0295
い-37-1
幻冬舎ホームページアドレス https://www.gentosha.co.jp/
*この本に関するご意見・ご感想をメールでお寄せいただく場合は、comment@gentosha.co.jp まで。